LINGUAGEM E POLÍTICA 2:

ESTRATÉGIAS, VALORES, INTERAÇÕES E PAIXÕES

Leia também

Linguagem e política 1:
princípios teórico-discursivos

Oriana N. Fulaneti
Alexandre Marcelo Bueno
(organizadores)

Norma Discini • Odair Moreira da Silva
Franciscu Sedda • Jacques Fontanille
Anne Beyaert-Geslin • Luís Alexandre Pessôa

LINGUAGEM E POLÍTICA 2:

ESTRATÉGIAS, VALORES, INTERAÇÕES E PAIXÕES

editoracontexto

Montagem de capa e diagramação
Gustavo S. Vilas Boas

Preparação de textos
Lilian Aquino

Revisão
Ana Paula Luccisano

Dados Internacionais de Catalogação na Publicação (CIP)
(Câmara Brasileira do Livro, SP, Brasil)

Linguagem e política : estratégias, valores, interações e paixões /
Oriana N. Fulaneti e Alexandre Marcelo Bueno (orgs.). –
São Paulo : Contexto, 2013.

Vários autores.
Bibliografia
ISBN 978-85-7244-817-8

1. Análise do discurso 2. Linguística 3. Política – Linguagem
4. Semiótica 5. Teoria crítica I. Fulaneti, Oriana N. II. Bueno,
Alexandre Marcelo.

13-10031 CDD-401.41

Índices para catálogo sistemático:
1. Análise do discurso político : Comunicação : Linguagem 401.41
2. Discurso político : Análise : Linguagem e comunicação 401.41

2013

EDITORA CONTEXTO
Diretor editorial: *Jaime Pinsky*

Rua Dr. José Elias, 520 – Alto da Lapa
05083-030 – São Paulo – SP
PABX: (11) 3832 5838
contexto@editoracontexto.com.br
www.editoracontexto.com.br

Sumário

Apresentação

"Política pública", "política internacional", "política econômica", "partido político", "política linguística"... A palavra "política", como substantivo ou como adjetivo, recobre um amplo espectro da vida em sociedade. Por essa razão, o campo da política é objeto de interesse em diferentes disciplinas: Sociologia, Ciência Política, Antropologia, Filosofia, História, entre outras. O presente volume é resultado do interesse que essa palavra suscita em uma área do conhecimento ainda não mencionada: a dos estudos da linguagem.

Apesar de se poder pensar que estudos que relacionam política e linguagem têm como ponto de partida a análise da palavra "política" sob o prisma da gramática, este livro não tem o objetivo de definir a palavra "política", tampouco de entrar nessa discussão com outras áreas de pesquisa. Os capítulos aqui presentes consistem na análise de temas considerados políticos a partir da definição mais comum do termo, ou seja, a que é encontrada nos dicionários.

Assim, este livro mostra as contribuições que a perspectiva dos estudos discursivos traz para se compreender como a política se organizava no passado e como ela pode ser entendida no presente. Seus textos, que consistem na análise de diferentes discursos políticos, possuem em comum o fio teórico da semiótica francesa e a abordagem de pelo menos um destes quatro elementos essenciais na constituição de práticas e discursos políticos: estratégias, valores, interações e paixões.

A semiótica apresenta, desde o seu início, um grande interesse sobre a análise de discursos políticos, interesse que não perdeu sua força com o decorrer dos anos e o surgimento de novos objetos de análise. Uma prova disso está na existência dos dois volumes que compõem esta obra e o elevado número de contribuições que chegaram desde o início deste projeto.

A presente obra está dividida em duas partes. A primeira se refere a questões políticas históricas, enquanto a segunda se debruça sobre questões políticas contemporâneas. Em outras palavras, a primeira seção apresenta análises sobre o funcionamento do discurso político tendo como ponto de partida discursos de momentos históricos específicos; a segunda seção possui textos que examinam questões políticas mais recentes.

O livro começa com o trabalho de Norma Discini no qual ela aborda o Brasil do Segundo Império ao estudar a troca epistolar entre José de Alencar e Dom Pedro II ao longo dos anos 1867 e 1868, em que o escritor procurava oferecer uma espécie de aconselhamento político ao príncipe regente. A autora mostra o entrecruzamento entre os discursos literário (da arte) e político (da vida) na produção discursiva de Alencar, na qual a poesia do romancista não se perde no emaranhado jogo político do período imperial brasileiro.

Entrando no século XX, Alexandre Marcelo Bueno discorre sobre a construção da figura de três "heróis" da campanha antinipônica no Brasil da década de 1940. O seu estudo mostra como o entusiasmo, enquanto uma paixão presente no enunciador, pode ser entendido como uma tentativa de se colocar os "heróis" antinipônicos no rol dos chamados "heróis" nacionais, por meio de uma operação chamada de "sanção contagiada".

Oriana Fulaneti estuda uma das faces mais extremas da rebeldia contra a ditadura brasileira. Por meio da análise de documentos das duas principais organizações da esquerda armada atuantes no Brasil entre 1968 e 1973, a autora aponta a estrutura de cada um dos discursos e desvela a configuração de dois estilos de discurso político que têm as paixões como elemento central.

As relações entre semiótica, cinema e política são abordadas por Odair Moreira da Silva a partir da análise do filme *A classe operária vai ao paraíso*, um dos mais relevantes do chamado cinema político italiano, subgênero surgido naquele país entre as décadas de 1960 e 1970. Em seu texto, o autor, tomando como eixo central a narratividade fílmica, tece reflexões sobre as interações existentes na luta do proletariado contra a exploração e a alienação.

O advento da globalização e suas tensões com os sentidos locais são estudados por Franciscu Sedda a partir da noção do "glocal". Tecendo um paralelo entre condições naturais e climáticas, densidade populacional e aspectos culturais, o semioticista italiano define localidade e globalidade através de complexos dispositivos semióticos que produzem efeitos de sentido e de poder contingentes e instáveis no mundo contemporâneo.

Jacques Fontanille, a partir da análise de discursos e práticas políticas de universidades francesas, descreve a organização semiótica (modos de ação, práticas e estratégias) da configuração da má-fé competitiva e traça uma tipologia das formas de vida que dela resultam.

Em um estudo comparativo em torno do mesmo fato político, Anne Beyaert-Geslin trabalha com uma entrevista e uma reportagem sobre o presidente eleito da Costa do Marfim, Alassane Ouattara, publicadas no mesmo dia pelos diários franceses *Le Monde* e *Libération*. Por meio de uma análise que aborda texto-imagem como uma enunciação sincrética, a autora fornece dois modelos de enunciação jornalística, ambos utilizando-se de estratégias que recorrem ao mesmo procedimento retórico, qual seja, o uso de recursos de gêneros ficcionais como o romance e o filme para produzir efeitos de sentido de realidade na imprensa.

Prosseguindo com os estudos de discursos da mídia e abordando a política não apenas como a disputa pelo poder, mas também como a execução do poder nos quadros burocráticos e suas relações na sociedade, Luís Alexandre Pessôa analisa a construção do discurso jornalístico sobre o viés ideológico de um livro didático de História, nos meses de setembro e outubro de 2007, no jornal *O Globo*. No capítulo que encerra esta obra, o autor mostra como, em meio à dispersão de diferentes gêneros (reportagens, editoriais e artigos de opinião) e apresentando uma perspectiva aparentemente polifônica da polêmica, o jornal insere os seus valores ideológicos.

Com a diversidade de análises aqui presentes, este livro contribui para a discussão e a reflexão da dimensão política na história da sociedade brasileira e na contemporaneidade globalizada. Se nem todos os temas pertinentes foram abordados de maneira considerada apropriada, deseja-se, ao menos, que este livro sirva como ponto de partida para novas análises, semióticas ou não, sobre a política – esse quase infinito campo de pesquisas.

Os organizadores

PARTE I
POLÍTICA E QUESTÕES HISTÓRICAS

Política e poética em José de Alencar

Norma Discini

Alencar e o imperador

Para estas reflexões, tomaremos cartas de José de Alencar a D. Pedro II, escritas entre 1867 e 1868, sob o pseudônimo de Erasmo, contra a abolição da escravatura no Brasil.[1] A distância do tempo das cartas políticas em relação à contemporaneidade torna oportuna a explicitação de certos dados que as situam em relação a circunstâncias históricas e biográficas. José Martiniano de Alencar nasceu em Mecejana, CE, 1829, e faleceu no Rio de Janeiro, RJ, 1877. Romancista, dramaturgo e político, lembrado como autor de romances emblemáticos do romantismo brasileiro, como *O guarani* (1857), entre os de "idealização heroica", e *Senhora* (1875), entre os de "*complication sentimentale*", também dedicou boa parte de sua vida à atividade parlamentar, tendo sido eleito quatro vezes deputado geral pelo Ceará e tendo ocupado por três anos o cargo de ministro da Justiça (1868-1870).[2] Vinculada à história de um país recém-liberto de Portugal, a vida de Alencar perpassa o Primeiro Reinado (1822-1831), a Regência (1831-1840) e o Segundo Reinado (1840-1889). No primeiro período reina a figura de D. Pedro I; no segundo, temos o príncipe, menino e púbere, D. Pedro; era o tempo em que figuras políticas regiam o país em nome do pequeno monarca. No terceiro período reina D. Pedro II.

Por meio das *Novas cartas políticas* de Alencar, adentraremos o Segundo Reinado da história do Brasil, sob a figura imperial de D. Pedro II, que fora príncipe regente enquanto púbere, já que seu pai, D. Pedro I, o primeiro rei do Brasil, aquele que havia proclamado nossa independência em relação à Coroa portuguesa, tivera de abdicar do trono e voltar para Portugal, após desgastes enfrentados no mesmo país por ele declarado independente. Com o próprio exército afastado, revoltas manifestas, o primeiro rei do Brasil, um português, foi então forçado a abdicar em favor do filho, Dom Pedro II, na época com apenas cinco anos (1831). Entre rebeliões e grandes confrontos como a Guerra dos Farrapos no Rio Grande do Sul, o país passou pela regência, até a maioridade antecipada do imperador em 1840. Assim se vai projetando o Segundo Reinado, época da qual emerge a interlocução epistolar de Alencar com o imperador.

A um império caracterizado por certa vulneração da figura monárquica, segue a queda definitiva da Monarquia 12 anos após a morte de Alencar. Em 15 de novembro de 1889 foi proclamada a República, fato a que sucedeu a partida da família real para o exílio. Afirma um historiador que, não como fator decisivo para tal queda, "as iniciativas do imperador no sentido de extinguir gradualmente o sistema escravista provocaram fortes ressentimentos entre proprietários rurais, e não só entre eles".[3] Procurando verificar o lugar ocupado por Alencar, observaremos esse mundo, na medida em que está relacionado ao sujeito discursivo e às visadas deste, advindas da percepção sensível e do julgamento ético. Para isso interessam as cartas políticas de Alencar, enquanto enunciados que se compõem como parte constituinte de um todo a ser percebido como corpo, voz, tom de voz e caráter; um *ethos* discursivo, que, fundamentado nos princípios aristotélicos concernentes ao *ethos* retórico, se apresenta como estilo. Falamos, então, de uma totalidade legitimadora de um modo de dizer e simultaneamente legitimada pelo próprio dito. Essa totalidade remete ao ator da enunciação pressuposto: o homem, o próprio estilo.

Esse é o viés de uma estilística discursiva, por meio da qual tentaremos escapar a riscos de anacronismos de leitura. Adotada, então, a perspectiva teórica e a orientação metodológica dos estudos do discurso na vertente da semiótica francesa, seremos lançados ao encontro com um Alencar interessado em questões políticas. Essa interação enunciativa, regida pela cena genérica subjacente ao epistolário apresentado como coisa pública, conforme convém ao discurso político, supõe um enunciador que deve reunir à voz do epistológrafo político aquela do dramaturgo, sem que seja abafada a voz do sujeito vinculado ao jornalismo opinativo: enquanto debate a escravidão nas cartas e em crônicas políticas discute a figura de D. Pedro II, Alencar dramatiza o escravo em peça teatral. O jornalista e o epistológrafo se encontram no debate relativo à prática, ora entendida como a que alia à "arte ou ciência de governar", a "arte de guiar ou influenciar o modo de governo".[4] Por meio do exame a ser feito dos textos de Alencar, ficaremos ombreados com o leitor dos oitocentos, actante enunciativo pressuposto à carta aberta, esteja ele fincado em papéis temáticos relativos ao cidadão comum e sua participação na história do Segundo Império, esteja ele investido da realeza; este, o destinatário que deveria ser "orientado".

Certamente cobra cuidados específicos examinar o posicionamento de um sujeito pressuposto às cartas políticas, firmado por meio de um ato convocatório a D. Pedro II. Temos contidas, na voz do enunciador político, expectativas sobre a atitude responsiva e ética do enunciatário imperial. Concretizações do discurso político, como carta aberta a governantes ou mesmo como crônica do jornalismo opinativo, promovem a legitimação do sujeito e de seu enunciado por meio de um vínculo próprio estabelecido com a datação histórica. No âmbito das práticas políticas, para o leitor tatear o sujeito enunciador e suas aspirações, é necessária uma "senha" particularizada, que diz respeito ao conhecimento de dados "objetivos". É o que se tentará fazer com Alencar e o citado posicionamento favorável à escravidão. Ao falar em dados "objetivos", batemos às portas da fenomenologia no circuito Husserl – Merleau-Ponty. Acrescentamos, então, com base em estudo sobre o "nascimento do conceito husserliano de 'fenômeno'",[5] que, em relação ao mundo, há o lado visto ou percebido por Alencar, como algo de "subjetivo", como fenômeno perceptivo que pertence ao autor, "enquanto o sujeito ocupa tal ou tal lugar em relação à coisa". Porém, esse lado visto do objeto também é algo de "objetivo", pertence à coisa, que "nele se fenomenaliza e vem à doação". Esse algo de "objetivo" vale, portanto, não como "objeto real", mas como "representação em sentido objetivo", quer dizer, como "significação".[6]

Da observação a ser feita da enunciação das cartas, sem reduzir o *ethos* à imagem daquele que diz, dada por um modo recorrente de dizer, procuraremos contemplar esse sujeito, que, procedente do discurso político, juntamente com o papel judicativo exacerbado, apresenta-se por meio de uma percepção sensível peculiar, dada no encontro com a concretude do mundo, na qual circulam os gêneros. A "senha" cobrada por cartas e crônicas políticas diz respeito ao vivido. Local, data, pessoas, acontecimentos envolvidos pelos enunciados estão em proximidade estreita com o fato histórico, diferentemente do que acontece com os gêneros literários. Elucida isso o pensamento acerca da linguagem do Círculo de Bakhtin, do qual desponta Voloshinov,[7] que, ao distinguir o "discurso da vida" do "discurso da arte", inclui aquele em dimensão passível de maior pressão do escopo ou guardião do "real", este concebido como "contexto pragmático". Ainda, com respaldo no pensamento de Greimas,[8] afirmamos haver para cada um desses discursos diferentes conotações veridictórias. Acrescentamos que tais conotações se organizam em gradação escalar na relação com tal escopo. O discurso político, contendo o literário como negação deste, faz supor uma linha de pressuposição recíproca entre eles, na qual podem ser marcados diferentes pontos de incidência, maior ou menor, do escopo do "real", o que acontece de acordo com os gêneros e as esferas de atividade correspondentes. A identidade discursiva, projetada já pela esfera de atividades convocada, é diferencial, logo definida negativamente por sua relação com o *outro*.

A noção saussuriana de valor linguístico,[9] aplicada na busca do entendimento do que é o ser político, pode reforçar o cotejo entre "discurso da vida" e "discurso da arte", na medida em que o político ("da vida") e o literário ("da arte"), comparáveis entre si no âmbito dos discursos, surgem como identidades nas suas dessemelhanças. O político e o literário, segundo a oposição trazida à luz, não se constituem como ideias dadas de antemão ou como termos isolados entre si. São conceitos aos quais correspondem valores fundados na negatividade da relação estabelecida: um é o que o outro não é. Quanto mais o político se firma como um discurso voltado para uma fala institucionalizada ou, se quisermos lembrar Merleau-Ponty,[10] uma *fala falada*, mais fraca será a configuração de uma *fala falante*, criadora de um mundo renovado. A definição do discurso político se dá, portanto, por meio da consideração da relação com o *outro*, no caso, o literário, não por meio da exclusão entre os termos. Passando a interpelar a relação *sujeito/mundo,* podemos identificar alguma semelhança desses procedimentos identificatórios do valor como conceito com o que se dá na observação a ser feita de Alencar: não um sujeito inserido na história do Brasil monárquico, tela apriorística ao discurso. Sujeito e mundo, tidos como constituintes um do outro, impedem pensar o contexto sócio-histórico como determinante exterior dos efeitos de sentido criados nos enunciados.

Podemos então deter nosso olhar um pouco mais nas coisas que concernem a Alencar, não como em algo pré-dado. Esse movimento mais se viabiliza se, facultados em permanecer nas proximidades do quadro de reflexões relativas à fenomenologia merleau-pontyana, pudermos contemplar a oposição *sujeito enunciante* e *mundo-objeto enunciado*, ambos com contornos diluídos. Conforme as postulações sobre a fenomenologia feitas por Husserl, das quais Merleau-Ponty,[11] à sua moda, se apropriou, toda consciência é consciência de um objeto, este que, por sua vez, só existe enquanto objeto para a mesma consciência e se doa na multiplicidade de seus perfis. A diluição dos contornos entre sujeito e objeto, que tem aí alguma incipiência, pode contribuir para que se pense a totalidade discursiva relativa a um estilo como estrutura encarnada: estrutura e forma; acontecimento e contingência. A carne está na enunciação, está na multiplicidade dos perfis, está, enfim, na facticidade do mundo feito linguagem e discurso. A estrutura está na rede de relações internas, a qual, sustentando a totalidade, não supõe apenas a soma de dizeres encadeados entre si, mas também a relação de dependência recíproca entre um ato e outro, entre um enunciado e outro: o Alencar das cartas políticas; o Alencar do jornalismo opinativo; o Alencar da dramaturgia e assim por diante. Embora irredutíveis entre si, eles lançam um esquema corporal para a totalidade. Alencar é dado na contingência de cada ato, novo a cada vez que se enuncia, o que lhe confere também uma multiplicidade de perfis. Mas um esquema, como "a constância numa manifestação"[12] o mantém. Isso se dá na medida em que determinada "razão operante" orienta a presença na apreensão dos lados do mundo.

Que venha então mais um desses lados: usando o pseudônimo Ig, Alencar foi crítico contundente da obra de Gonçalves de Magalhães, *A Confederação dos Tamoios* (1856). A historiadora Schwarcz[13] assim comenta o episódio:

> Alencar afirmava que os indígenas da *Confederação* poderiam figurar num romance árabe, chinês ou europeu. A ironia desagradou ao imperador, que, sob o pseudônimo de O Outro Amigo do Poeta, escreveu no *Jornal do Commercio* artigo de apoio a Magalhães.

A historiadora prossegue no comentário sobre os desentendimentos entre Alencar e D. Pedro II: "Eleito deputado e depois ministro da Justiça, o literato tanto se opôs à política oficial que o imperador desta maneira teria se referido a ele: 'É teimoso esse filho de padre'." Isso foi dito em alusão, supomos, a José Martiniano de Alencar, o "pai revolucionário", que, participante do movimento que chegou a proclamar a república do Ceará, tinha sido seminarista, conforme estudo feito por M. Cavalcanti Proença.[14] Shwarcz continua: "E d. Pedro foi à desforra. Em 1869, sendo Alencar o mais votado dos candidatos indicados numa lista tríplice para ocupar uma vaga no Senado, teve seu nome vetado pelo monarca, que com o ato revidava às críticas do literato à obra de Magalhães".[15]

Procurando manter um distanciamento em relação a uma lógica causalista, segundo a qual o contexto respaldaria, em relação de causa e efeito, o que se dá no texto, e procurando não pensar, como marcação cronológica de fatos supostamente dados em simples série linear, as datas históricas que enfeixam nosso *corpus*, observamos esse tempo histórico não como determinada moldura do discurso ou como instância exterior ao enunciado. A correlação entre escritor e mundo oitocentista, contemplada como confronto discursivizado entre o imperador e Alencar, em especial o autor das *Novas cartas políticas*, deverá possibilitar a depreensão de um dos perfis de um *ethos*, ode de nosso escritor romântico. Este assim teria sido visto pelo monarca, segundo alusão trazida por Schwarcz: "É homem de valor, porém muito mal-educado."[16]

Ao tomar algumas diretrizes históricas do II Império como um texto cuja imanência de significação é reciprocamente construída na relação estabelecida com as cartas políticas, firmamos o princípio de que não temos acesso direto à realidade. Mas nos mantemos atentos ao fato de que o discurso político é mais vulnerável aos fatos históricos, oferecendo um estatuto veridictório peculiar aos antropônimos, cronônimos, topônimos – nomes de atores, explicitação de datas, designação de espaços. Desse modo, podemos observar como se vai firmando, pouco a pouco, a imagem do destinatário das cartas, esse rei singular exposto ao enfrentamento público. Como a perspectiva da totalidade discursiva supostamente se preservará num *devir* estabelecido como *inclinação a...*, traremos à leitura *O Protesto* (1877), um semanário, publicação do mesmo Alencar, bem como algum excerto da peça *Mãe*, de 1860.[17] Por ora, atentemos um pouco para o pseudônimo alencariano, que desencadeia, como sistema de atrações e repulsões, a chamada foria semiótica, certa potência de significação para a totalidade discursiva das cartas, enquanto firma um encaminhamento para a valorização axiológica dos valores. Trata-se da pseudoassinatura, a qual acaba por remeter a um gênero político desenvolvido no Renascimento europeu. Contemplemos esse gênero no encontro dele com as cartas.

O gênero *specula principis* e a primeira carta

> Um bom príncipe deve ter para com os seus cidadãos a mesma disposição que um bom pai de família tem para com os de sua casa. Pois o que é um reino, se não uma grande família? O que é o rei se não o pai de muitas pessoas? Ele realmente se destaca, mas pertence à espécie humana para governar, como homem, a outros homens, como ser livre, a outros seres livres, não a animais, tal como Aristóteles nos transmitiu corretamente.[18]

O gênero *espelho dos príncipes* (*specula principis*) favorece uma orientação para o *ethos* de Alencar, no perfil depreensível das *Novas cartas políticas*, em especial da primeira. Vindo a exame *Erasmo*, o pseudônimo, somos remetidos ao autor renascentista marcado por um ideário humanista, bem como interessado na recuperação de um cristianismo primitivo e na leitura das Sagradas Escrituras. Erasmo de Rotterdam (1469-1536) é conhecido por ser um dos representantes do gênero *espelho dos príncipes*, que, tendo circulado de modo significativo na Idade Média e tendo sido fortalecido sob sua pena, é voltado para o aconselhamento relativo aos governantes. Entre as obras desse teor, está *A educação do príncipe cristão*

(*Institutio principis christiani*) (1516), em que a posição do rei está relacionada à "arte de reinar", a qual deve ser aprendida com todo empenho: "Ainda que a melhor das outras artes seja a mais complicada, não há nenhuma que seja mais bonita nem mais difícil do que a arte de governar bem. Por que acreditamos que para apenas esta não é necessário qualquer tipo de educação?"[19] Desse modo, vão sendo promovidos os fundamentos do gênero de aconselhamento político, que desenvolve "orientações sinceras para a instrução de um príncipe",[20] como está dito na apresentação da obra, dedicada ao príncipe Carlos, "que posteriormente seria imperador. O tratado foi livro de cabeceira de Carlos V", como consta do prefácio.[21] O prefaciador, ao referir-se ao autor do *espelho* como aquele que "não é alheio ao ambiente perturbador da teoria política",[22] também o coteja com o renascentista Maquiavel, "que, em 1513, escreveu *O Príncipe,* livro que define o padrão da ciência política em sua época e que será o alvo contra o qual se dirige a literatura do príncipe cristão".[23] Ressalta ainda:

> Erasmo entende pelo termo "político" a habilidade de solucionar os problemas do governo e vê que não bastava falar do príncipe de maneira abstrata e teórica, mas que era necessário penetrar na alma dos políticos de sua época e incutir nela valores cristãos correspondentes.[24]

Longe de simplesmente dominarem assuntos públicos e parecerem bons e virtuosos segundo a "conveniência do Estado, como pretende Maquiavel", os governantes católicos, na perspectiva de Erasmo, honestos por princípio, "agregam aos valores de uma vida humana e cristã os conhecimentos e técnicas próprios de seu ofício e as virtudes próprias de sua responsabilidade".[25] Ainda, tal como está ressaltado nesse estudo introdutório, ser cristão, para Erasmo, "significa não tanto estar batizado e assistir às cerimônias, mas abraçar a Cristo e, com isso, não fazer o que queiram, mas, sim, respeitar a lei".[26]

Ao falar de Erasmo e o gênero referido, somos levados ao historiador Jacques le Goff,[27] que se refere aos *espelhos dos príncipes*, ao investigar a biografia de São Luís, para o que contempla a figura desse rei-santo em documentos oficiais[28] e faz isso em especial no estudo "O rei dos 'espelhos dos príncipes"[29]. Remetendo a um príncipe alçado à dimensão do sagrado, o historiador observa a organização das sociedades antigas, a fim de identificar uma forma hierárquica, que, culminando em um chefe, tinha no rei um sujeito que concentrava em si todos os poderes, embora com ação limitada, seja no campo econômico, seja no campo religioso, entre outros. *Rex a recte regendo* – um rei deve governar retamente, fazer caminhar retamente os grandes funcionários e os súditos, tal como foi sintetizado por um bispo do início do século VII, segundo o autor. Como aquela que deve ser um modelo de concentração de virtudes, assim Le Goff apresenta a figura do rei em tais sociedades, para afirmar: "A esse modelo foram consagradas, no início do século XIII, obras particulares especializadas, os 'Espelhos dos Príncipes'."[30] Diante da temática inclinada à explicitação dos deveres dos reis "quanto a Deus primeiro, depois quanto aos sacerdotes e à Igreja, quanto a seus súditos, quanto a seu povo",[31] observemos como o gênero se ajusta às mãos de Erasmo:

> A vigilância do príncipe
>
> Dizei-me, por favor, de onde o príncipe pode tirar tempo para o lazer, dias inteiros para desperdiçá-los, como pode perder a maior parte de sua vida em jogos de azar, em bailes, em caças, em futilidades, e mesmo em outras ninharias ainda mais frívolas?
>
> Aquele que está ao timão não pode cochilar; e será um príncipe capaz de dormir no meio de perigos tão graves? Nenhum mar sofre tormentas tão fortes como as que todo reino sofre continuamente. Portanto, um príncipe sempre deve estar atento para não cometer erros, pois, se isso acontecer, prejudicará muitas pessoas.
>
> O fato de que o navio tenha grandes dimensões, ou ainda o elevado valor de suas mercadorias, ou o número de seus passageiros não torna o piloto mais soberbo, e, sim, mais atento. Assim, o bom rei, que governa muita gente, deve ser mais vigilante e não mais insolente.[32]

O príncipe virtuoso é aí provocado pelo simulacro adverso ao exemplar. Para influenciar o comportamento do monarca, temos então indicações de que o gênero firma um dever fazer que embute um dever ser articulado à função pública de governar. A prescrição pressupõe uma interdição, um dever não fazer, que também embute um dever não ser. Responsiva a um sistema de atrações e repulsões axiologizadas segundo ideais políticos, assenta-se a cena genérica na formulação-chave – "que o príncipe seja espelho para os demais: os governadores aprenderão com ele por mimetismo".[33] Mas, no ajuste feito por Erasmo, isso acontece com significativa incidência do humano sobre o sagrado. Assim se implicita também o oferecimento de um saber fazer para a construção da competência do sujeito imperial.

Beiramos a ética como prática política. Com apoio na acepção de ética trazida por Fontanille,[34] o qual afirma não pretender insistir na distinção entre "moral" e "ética", ressaltando que "ambos os termos têm a mesma etimologia (*les moeurs*, um em latim, *mos, moris*, outro em grego, *ethos*)",[35] temos ressaltado para o *espelho dos príncipes* um discurso comprometido com um modo próprio de expressar as relações com o *outro*, este posto segundo os ideais de uma coletividade. Para Fontanille, a ética, articulada ao "homem envolvido na ação prática",[36] "toca em um fato semiótico central", o qual remete à natureza e força dos laços entre "o ato e o actante".[37] O autor destaca, para o plano do conteúdo da "semiótica da ética", "uma axiologia específica à ação, à sua utilidade, ao lugar do Outro, uma axiologia projetiva".[38] Trazido para a dimensão estilística, o *ethos* é visto como sujeito que encarna tanto uma axiologia, base do posicionamento social, como uma percepção sensível, base da aspectualização do ator. Temos projetado no estilo do gênero *espelho dos príncipes*, um *ethos*, cujo "estatuto estratégico", como sugere Fontanille,[39] robustece a dimensão da responsabilidade e do controle. Na *Educação do príncipe cristão*, o sujeito esboçado pela cena genérica se empenha em influenciar o príncipe até quanto aos meios de ocupar o ócio:

> Em que consiste o lazer e a ocupação de um príncipe
>
> Se pensares em quantas atribuições tens, não te faltará o que fazer. Se te acostumas a fazer o bem comum, nunca te faltarão motivos para recriar teu ânimo, de modo que a um bom príncipe não sobra tempo para fugir do aborrecimento, entregando-se a diversões vãs.
>
> Homens muito sábios proferiram esta máxima: não se deve escolher o modo de vida mais prazeroso, mas aquele que é melhor em si. [...]
>
> Se um pintor se alegra com um quadro bem pintado, se um agricultor, um jardineiro ou um artesão desfruta de suas próprias obras, o que pode ser mais agradável ao príncipe que contemplar sua república transformada, graças ao seu trabalho, em algo melhor e mais próspero?
>
> Como não se pode negar que agir como um bom príncipe é trabalhoso, muito mais trabalhoso é portar-se como um bom príncipe. Bem menos trabalho tem aquele que segue a natureza e a consciência honesta, do que aquele que se baseia em truques e artifícios.[40]

Vamos à paráfrase: "Não te entregues a diversões vãs. Busca a alegria por contemplares a república próspera, graças ao teu bom governo". Se atentarmos para a narratividade subjacente ao discurso e evocarmos a receita da Sopa ao Pesto,[41] poderemos, por meio do destaque ao caráter normativo que concede um *saber fazer* ao destinatário da receita, de antemão interessado em preparar o prato ou de antemão necessitado disso, cotejar o espelho dos príncipes com a receita. Esta se organiza, na superfície, por meio do uso de imperativos, mas não tem como preocupação principal veicular um dever ou um *querer fazer*. Poderemos então pensar que temos no espelho, diferentemente do que acontece com a receita greimasiana, uma prescrição regida por um *dever fazer*, embora, na superfície, o texto não seja formulado mediante a proliferação de imperativos. Deveremos ter, como na receita, uma estrutura actancial que coloca em presença dois sujeitos, o destinador e o destinatário, situados ambos na dimensão cognitiva, já que o destinador do espelho também se preocupa em construir junto ao destinatário um *saber fazer*, mas não primordialmente como na receita. O destinador do espelho procura insistentemente persuadir o destinatário, por meio da instalação de um querer e de um *dever fazer*. Por sua vez o leitor da receita não precisa tanto de novos quereres e deveres, basta o saber acionado para sua competência. Se ele procura o gênero culinário, supõe-se que já queira ou deva preparar determinado prato. Para a receita, o destinatário, de antemão modalizado, "integrado num programa narrativo já elaborado, suscitado seja por um querer-fazer – convite dirigido aos amigos, por exemplo – seja por um dever-fazer – necessidade de alimentar a família", como diz Greimas,[42] se institui basicamente no programa narrativo de construção do objeto, o próprio enunciado da receita.

Ouçamos Erasmo: "De onde o príncipe pode tirar tempo para o lazer, dias inteiros para desperdiçá-los, como pode perder a maior parte de sua vida em jogos de azar, em bailes, em caças, em futilidades, e mesmo em outras ninharias ainda mais frívolas?" Ao destinatário do *espelho*, construído discursivamente sob um simulacro de certa vulnerabilidade, cabe, além de aprender a governar bem, a imputação de uma falta possível no exercício da prática política. Por isso, o gênero incita o príncipe a *querer* e a *dever* suprir tal falta, o que eleva as expectativas sobre a "arte de governar". Entre elas, está a figura monárquica, que jamais deverá equivaler a "una estatua de mármol grabada con el nombre de Creso o Ciro y adornada magníficamente con diadema y cetro":

> A boa vontade unida à prudência
>
> O primeiro dever de um príncipe é desejar o melhor. O segundo, atentar para como podem ser evitados ou suprimidos os males e, ao contrário, como os bens podem ser preparados, aumentados ou reafirmados. A um homem em particular pode ser suficiente a boa vontade, visto que as leis o advertem, e os juízes lhe prescrevem o que devem fazer. Mas, para um príncipe, ter boa vontade e desejar o melhor não é suficiente, pois, se não for tudo acompanhado de sabedoria, de que maneira pode conseguir o que deseja?
> Que pouca diferença há entre uma estátua de mármore gravada com o nome de Creso ou Ciro e decorada magnificamente com coroa e cetro, e um príncipe sem sentimentos! Não há outra diferença senão que a estátua imóvel não prejudica ninguém, ao passo que um príncipe tolo causa grandes males à república.
> Não aprecies a ti mesmo por tua presença física ou pelos bens da fortuna, mas sim pelas qualidades morais. E não te julgues pelos elogios dos demais, mas sim por tuas próprias ações.[43]

O príncipe, destacado do cidadão comum, não tanto por caracteres divinos que lhe seriam inerentes, mas por dever esforçar-se a fim de atingir a negação de seu contrário, o soberano néscio, é posto no *espelho* por meio de reguladores éticos dados no modo de uma programação: isto, sim; isto, não. Para investigar o estilo desse gênero, contribui então observá-lo no seu caráter de "discurso programador",[44] o que o emparelha às receitas culinárias, que modalizam o sujeito anteriormente a sua passagem ao ato performativo. Desse modo, cinde-se o sujeito em dois actantes: um destinador programador e um destinatário realizador, instituído, o primeiro, no papel do narrador, como sugere Greimas.[45] Fiquemos, portanto, para o *espelho dos príncipes,* com esse rumo imprimido por uma programação narrativa, a qual inevitavelmente acaba por preparar "*performances* de qualificação" relativas à construção do sujeito, bem como "*performances* decisivas do sujeito", conforme ainda sugere a mesma fonte.[46]

Mas a programação narrativa pode atrelar-se a outra, que, considerada no nível tensivo,[47] apresenta concepção diversa, afastada das modalidades do fazer. Essa programação, que versa sobre a percepção sensível, está em relação com o que sobrevém ao sujeito, o sobrevir (*survenir*), mantido na intersecção com o pervir (*parvenir*), o exercício ou o ato de programar propriamente ditos. O sobrevir é o acontecimento visto como arroubo sensível. Desse modo a presença, agora pensada em relação com a ausência, se firma como aspectualização do sujeito. O sobrevir, orientado pela ascendente intensidade do sentir, rege o exercício, articulado à extensidade, grandeza cravada na inteligibilidade dominante. A afetividade concebida na correlação entre intensidade (o sensível) e extensidade (o inteligível)[48] tem naquele termo seu ancoradouro de origem. A exclusão mútua entre o inteligível e o sensível perde a legitimidade. O exercício (*parvenir*), como programação, supõe uma lentidão perceptiva, a qual permite que se sobreleve um mundo cuja segmentação ou limites são mantidos como "legíveis", em detrimento do outro, que perde em "legibilidade" ou extensidade e ganha em afetividade, tal como sugere Zilberberg.[49] Temos, para o estilo do *espelho dos príncipes,* uma desaceleração tão mais marcada, quanto mais se preservam a divisibilidade, a progressividade e a inteligibilidade das orientações e ensinamentos. Eis um mundo que, ao gosto clássico, parece dizer tudo.

O *espelho* faz com que essa programação, como grandeza constituinte de um campo de presença, se dê no modo de um *trabalho* inclinado a alongar a brevidade das coisas, tal como percebidas, se pensarmos na temporalização como duração da própria percepção. Simultaneamente, o sobrevir, que "precipita e nos precipita",[50] permanece aí recessivo. Temos, como um dos lados privilegiados pelo *espelho*, "o tempo das preparações e dos cálculos".[51] O *logos*, como palavra instituída e institucionalizada, ou como "discurso da vida", impera, a fim de que se fundamente o discurso político na ilusão do julgamento pautado pela precisão, a qual necessariamente traz em sua latência a imprecisão e a contingência, seja do enunciado, seja da enunciação. Mas o inacabamento tem de ser silenciado no simulacro radicado na exemplaridade.

Atentemos para as missivas de Alencar ao imperador. As *Novas cartas políticas* de Erasmo, ao reunir sete enunciados, constituem uma sequência em relação à primeira série: *Ao imperador: cartas* (1865), bloco em que foram trazidos à luz problemas entre a Coroa, o Executivo e o Parlamento. Das *Novas cartas políticas*, em especial da segunda, terceira e quarta, emerge como tema central a escravidão. Apesar de ser este um dos nossos principais interesses, lancemos breve olhar sobre a primeira das *Novas cartas*. O texto menciona o papel de D. Pedro II junto à "guerra desastrosa"[52] à qual o Brasil se lançara, a do Paraguai.[53] Tendo sido feita a nomeação do narratário (*Senhor*), a carta se abre com este clamor: "Não posso mais conter a veemência do sentimento que me assoberba."[54] Na primeira parte da missiva, Alencar conclama o narratário a refletir sobre uma possível tentativa de abdicação do trono, tentativa que teria sucedido a uma derrota do Exército brasileiro, juntamente com nossos aliados (Argentina e Uruguai). O gesto abdicatório teria sido reação de D. Pedro II ao convite para um armistício vindo dos aliados. O historiador Parron,[55] estudioso de tais cartas, com apoio em fontes, explica: "Na ocasião, o Imperador insinuou que preferia renunciar ao trono a suspender a guerra", e adianta: "A primeira carta repreende D. Pedro II por ter aventado a abdicação no final de 1866, quando julgou inaceitável a proposta de alguns estadistas para a suspensão da Guerra do Paraguai."[56]

Alencar chama o imperador aos brios: "Será real que vossos lábios selados sempre pela reserva e prudência se abriram para soltar a palavra fatal? É possível que súbita alucinação desvaire a tal ponto um espírito sólido e reto?"[57] Prossegue: "Escutai, senhor, o intenso respiro da nação: escutai-o antes que venha o estertor. Rara vez, e só em circunstâncias muito especiais pode a abdicação tornar-se um ato de civismo admirável."[58] Alencar aí se refere à abdicação levada a cabo por D. Pedro I. Estende então a interlocução com o imperador e, na segunda parte da missiva, referindo-se às possibilidades de recuarmos em tal guerra, afirma:

> Semelhante possibilidade não há brasileiro que a não repila com veemência, quando entra no seu coração e tempera-se ao calor de um santo patriotismo. Mas também raro cidadão cordato alonga os olhos pelos foscos horizontes desta guerra desastrosa que não sinta escurecer-lhe a vista e vacilar o espírito.[59]

Alencar comenta a possível reação do imperador a um “desfecho”:

> Assegura-se que esta perspectiva de um desfecho à luta, antes de realizados vossos nobres desígnios, vos sobressalta. Vedes nessa paz não consagrada pela vitória esplêndida uma falência da honra nacional, página maculada para a história brasileira.[60]

Em seguida, no segmento ora destacado da terceira parte, Alencar[61] se lança na empreitada de alertar sobre o papel modelar a ser cumprido pelo soberano, ao tomar decisões políticas relativas a essa questão. O desempenho do rei deveria calar as veleidades do homem:

> PRIMEIRA CARTA
>
> SENHOR
>
> [...]
>
> III
>
> Estes sentimentos, cuja exaltação não discuto agora, são próprios de um caráter nobre e generoso. Mas, senhor, esquecestes uma cousa que deve sempre estar presente e viva na consciência dos reis.
>
> Vós, monarca, cingido do esplendor da majestade, vós, o primeiro no estado, não tendes o direito que reside no ínfimo dos cidadãos, no mísero proletário, como no vagabundo coberto de andrajos. Não sois uma pessoa; não tendes uma individualidade; não há sob o manto imperial que vos cobre o *eu* livre e independente.
>
> A nação que vos fez inviolável e sagrado, vos privou da personalidade. O coração é para os reis um deus lar, que preside a vida doméstica e ilumina as doces alegrias de família. Desde que o monarca sai deste santuário, anula-se o homem nele, e fica tão somente o representante da soberania nacional.
>
> Vossa honra é a da nação como ela a sentir; vossa dignidade a do império brasileiro. Quando o povo entenda que chegou o momento de acabar a guerra, e exprima seu voto pelos meios constitucionais, haveis de pensar do mesmo modo, senão como homem, infalivelmente como soberano.
>
> Em vós está encarnado e vivo o grande *eu* nacional. Imagem da soberania brasileira, todos os sentimentos da nação devem necessariamente refletir-se aí.
>
> [...]
>
> 24 de junho [de 1867].
>
> ERASMO.

A mobilização entre refletir a honra da nação e refletir-se nela certamente remete ao *espelho*. Porém: “Esquecestes que não há sob o manto imperial que vos cobre o *eu* livre e independente.” “Esquecestes que vossa dignidade é a do império brasileiro.”

Sancionado pela reprimenda, o rei passa a ter comprometida a capacidade de administrar, o que soa a uma provocação. Assim se apresenta o último parágrafo da carta: "Vossos lábios cometeram, pronunciando a palavra, um lapso que a mente calma de certo já corrigiu. Disseram abdicação, quando a senha do dia para todos os brasileiros, e para vós primeiro que todos é dedicação."[62] Ficam implicitadas estas formulações: "Não se admitem lapsos imperiais." Ou: "O imperador precisa aprender a ser mais dedicado." Entre sanções e provocações, o estilo ou tom do gênero *espelho* ganha, no discurso de Alencar, um estatuto funcional próprio. A provocação emparelhada à injunção, exercidas sobre D. Pedro II, incitam-no a governar segundo os interesses da nação, sintetizados no ponto de vista do destinador epistolar, um sujeito autocentrado, embora com ares daquele que lança generoso olhar sobre o bem comum.

Enquanto com Erasmo de Rotterdam o lugar do príncipe mantém-se salvaguardado na proposição da execução de um modelo, sem que se desestabilizem pactos de fidúcia, com Alencar temos momentos de crise de confiança, para que se instale o ressentimento diante de um *espelho* "prestes a partir-se". A crise fiduciária dispõe no sobreviro recrudescimento de alguns *transtornos* tensivos no encontro do sujeito com o mundo, de modo a termos, nos picos da mesma crise, certa atonia na presença do sujeito que sugere passos a ser cumpridos pelo rei para a arte de bem governar. Simultaneamente, temos maior tonicidade de presença na expressão do sofrimento próprio diante da política imperial. Poderia clamar contra a guerra ou a favor dela nessa primeira carta, mas, permitindo-se certa ambivalência quanto ao dado "objetivo", acaba por sobrepor a ele a expressão veemente do grande descontentamento diante da palavra proferida pelo rei: "abdicação". Essa palavra rapta Alencar, "sem transição", "sem cortesias", como algo que lhe sobreviesse abruptamente. Eis um sujeito "penetrado pelo inesperado", esse Erasmo dos trópicos: um sujeito que não pode conter a veemência do sentimento que o assoberba.[63]

A carta de Alencar, ao fazer uso próprio da temática do *espelho dos príncipes*, promove o alerta que se complexifica para nós por meio da escuta relativa à palavra da História como convergência interdiscursiva e da assinatura como alusão intertextual. Ao sistema de remissão do dado ao não dado, na percepção sensível e própria da enunciação, esta que inclui o leitor, aquilo que faz parte do presente das cartas pode ser visto como impregnado pela vulnerabilidade em relação tanto ao passado como ao futuro monárquicos. Esse tempo, que, segundo os parâmetros tensivos, é visto como duração regida pela afetividade, se abreviará nos assomos do sobrevir, resultando numa presença mais acelerada. À noção fenomenológica de remissão do dado ao não dado, junta-se a noção semiótica de tensividade, na investigação sobre o *corpo sensível.* Ainda naquele quadro do conhecimento, a percepção apoiada em "coordenadas virtuais" pode ser observada como a que intui as coisas concernentes ao sujeito sem nada compartimentar.[64] Desse modo a palavra pode, ela mesma, ser observada num sentido pregnante, como estima a fenomenologia de Merleau-Ponty,[65] guardadas as devidas proporções do que propõe o filósofo, voltado à expressão criadora, das artes, portanto: "É preciso que, de uma maneira ou de outra, a palavra e a fala deixem de ser uma maneira de designar o objeto ou o pensamento para se tornarem a presença desse pensamento no mundo sensível e, não sua vestimenta, mas seu emblema e seu corpo".[66] Para fundamento da noção de *corpo*, vale o que é dito sobre a *fala falante* (das artes), pois ela está, segundo o autor, em circularidade com a *fala falada* (do discurso político, no nosso caso). Toda *fala falada* um dia foi *fala falante.*

Do jornal, das cartas e do teatro

Como jornalista, embora tenha escrito para a grande imprensa da época, Alencar fez *O Protesto,*[67] apresentado pelo autor no primeiro número (5 de janeiro de 1877) como um órgão que "irá registrando em suas páginas os surdos reclamos da verdade ultrajada que a história desafrontará algum dia"[68]. Alencar expõe a que vem: "Em vez de apresentar-se como órgão da opinião, título que o uso tem deferido aos jornais, este, se jornal é, propõe-se ao inverso a arrostar a opinião."[69] Continua: "*O Protesto*, como diz o seu nome, não é uma propaganda, mas um desabafo; não é uma agressão; pode ser quanto muito uma resistência."[70]

A fala de Alencar, não como vestimenta de um pensamento, mas como "presença desse pensamento no mundo sensível", conduz ao corpo alencariano. Mediante a reapresentação desse corpo no jornal, temos confirmado, entre outros, o perfil do sujeito beligerante, que aciona o avaliador social radicado na moralização ética. O perfil do arrebatado, por sua vez, aciona o observador sensível. Assim o próprio *ethos* como estilo se apresenta sob múltiplos perfis.

Vejamos como excertos desse jornal se referem a viagens do monarca, na crônica intitulada "O ano de 1876", a qual faz um balanço desse período então encerrado. Assim se inicia o texto intitulado "Terminou um ano":

> Deu-se na crônica deste ano um fato que não é frequente; a ausência do nosso augusto soberano, que viaja pela Turquia.
>
> [...]
>
> A ausência do imperador, porém, não passou de um acidente mínimo, sem influência no governo do país. Nosso monarca, aos outros atributos divinos reúne o da *omnipresença.* Onde quer que ande está no Brasil; e estando no Brasil, acha-se na corte, como em toda parte do império.

> Sua Majestade tem desde certo tempo um primeiro-ministro mais imperialista que o Sr. Caxias, mais diplomata que o Sr. Cotegipe, mais imperceptível do que o Sr... Quem há de ser? Qualquer para não haver engano.
>
> Este grande estadista é o *Telegrafo elétrico,* do conselho de Sua Majestade o Imperador, ministro e secretário de estado dos negócios de todas as pastas.
>
> Com este ministro e o Visconde do Bom Retiro, o imperador pode comodamente governar o império, sem distrair-se das suas explorações às cataratas do Nilo, ou de suas investigações pelos campos *ubi Troja fuit.*
>
> Quem durante o ano findo podia notar a falta do nosso augusto soberano eram os palacianos que vão todos os sábados receber a santa eucaristia imperial.
>
> [...]
>
> Quanto ao país, esta circunstância passou desapercebida; e se não fossem as indiscrições dos jornais, muita gente ainda cuidaria que Sua Majestade em vez de andar lá pela Ásia traduzindo o grego de Homero com um sábio alemão estava traduzindo o alemão de Goethe com um sábio grego no Paço de S. Cristóvão.[71]

D. Pedro II, conhecido como "um monarca itinerante",[72] tamanha a frequência de viagens ao exterior, é ironizado pelo Alencar jornalista, que comenta como fato não frequente a viagem "do nosso augusto soberano" para a Turquia. Ainda, o soberano, que teria tido a ausência minimizada devido ao dom da "*omnipresença*", é apresentado como o que admite para primeiro-ministro o *Telégrafo elétrico.* Cedendo lugar à ironia, o percurso do sujeito sensível se inclina à racionalidade. Passa por uma atenuação dos sentimentos do sobrevir esse sujeito que faz se contradizerem enunciado e enunciação, ou seja, faz entender o contrário do que está dito: "A ausência do imperador não passou de um acidente mínimo para a nação" corresponde a "A ausência do imperador foi um significativo acidente para a nação". Com a racionalidade convocada prioritariamente, temos uma desaceleração sensível. Porém, essas descontinuidades imprimidas ao ritmo célere e emocional da percepção pouco podem diante da intensidade do sentir potencializada, isto é, memorizada ao longo da totalidade discursiva que sustenta o estilo.

Prossegue *O Protesto* com a crônica "Rei ou Roque",[73] em que aparece uma alusão ao sábio imperador, mecenas das artes, que "gostava de estudar línguas e ciências exóticas": "a palavra *progresso,* para ele, vinculava-se à ciência e ao intelecto", segundo Schwarcz.[74] Vamos ao jornal:

> [...] ou bem sábio ou bem soberano.
>
> São com efeito duas ocupações incompatíveis.
>
> A gestão dos negócios públicos não permite, senão como recreio, as laboriosas investigações da ciência, que absorvem e cativam o espírito.
>
> [...]

> Compreende-se que Alexandre dormisse com a *Ilíada* sob o travesseiro e deplorando não ter um Homero para cantar a sua glória.
>
> Mas que interessa à prosperidade deste império, que o seu monarca saiba de cor e salteado o texto daquele poema [...]?
>
> Não seria muito mais feliz este povo, se o seu defensor perpétuo [...] estivesse agora cogitando na difícil solução da crise financeira e perscrutando a sede dos males que nos afligem?

Continua Alencar e, ao alertar para o "erro flagrante" da "viagem imperial nas circunstâncias melindrosas do país",[75] pergunta: "Que motivo poderoso obrigou o Sr. Pedro II a ausentar-se do império em época tão árdua para o povo que lhe tem dado as mais eloquentes provas de seu amor e adesão?"[76] Após descartar o suposto motivo de moléstia da imperatriz, Alencar continua:

> Também não é argumento, o *suave refrigério* de que precisa uma inteligência ávida de saber, depois de tantos anos de assíduo reinado.
>
> Maior reinado e mais árduo foi o de Leopoldo I; e não menos longo é o da rainha Vitória; mas nenhum destes soberanos constitucionais afastou-se jamais de seus Estados durante meses, e para lugar d'onde não pudesse voltar em poucos dias.
>
> Que mais suave refrigério para um soberano do que contemplar a prosperidade de seu povo, e glorificar-se de sua obra?
>
> Se, porém, o povo não é feliz, se o seu futuro depende de problemas arriscadíssimos e aflitivos; então o soberano não tem direito ao repouso, e o refrigério neste caso não seria suave, mas bem amargo.
>
> Teria o travo do remorso.[77]

Lembremos o príncipe erasmista. O refrigério mais suave para ele deveria ser contemplar a própria nação, próspera devido a um bom governo. Convergente até certo ponto à temática do *espelho*, também o Alencar jornalista crê que pode e sabe dar lições de moral ao rei; no resíduo de um ar professoral, o resíduo do estilo do *espelho dos príncipes*. Porém, tudo ganha em intensidade. Temos a exacerbação do sujeito judicativo, radicado no observador social e investido de comprometimento com a política do país: Alencar crê verdadeiramente dever afrontar o que julga ser os desmandos do rei. Como jornalista, vinculado à maximização do sentimento da própria competência, crê poder criar um discurso de resistência. Temos viabilizada a certeza irreversível sobre o mundo construído, enquanto o sujeito ocupa o lugar daquele que, ao ordenar esse mundo, diferencia sem indagar sobre a diferença e reúne sem indagar sobre a semelhança. Desse modo, no enunciado cria-se a certeza de que tudo parece ser inteiramente penetrável. O *ethos* como perfil fundado no observador social mostra-se afeito à dominação sociopolítica.

Entretanto, da relação entre cartas e jornal, mantém-se como percepção sensível o andamento da instantaneidade, aliado a uma tonicidade superior, dominantes, ambos, no encontro *homem/mundo*. Esse mundo chega ao sujeito de modo bombástico, na medida em que o campo de presença, na ordem da memória e da potencialização, acolhe-o mais como o que sobrevém inesperadamente segundo a contingência do sobrevir, e menos como o que advém da necessidade, segundo o exercício do pervir. Assim, quanto ao observador sensível, confirma-se o corpo arrebatado pelo acontecimento tensivo. O que falamos do jornal equivale ao que acontece nas cartas. Voltemos a elas, que mais e mais se afastam do *espelho dos príncipes*, em que o *eu* destinador e o *outro*, o príncipe cristão, mantêm-se em distância necessária para que o aconselhamento programado se realize.

> SEGUNDA CARTA
>
> (SOBRE A EMANCIPAÇÃO)
>
> SENHOR
>
> II
>
> [...]
>
> Pesa-me desvanecer a grata ilusão em que se deleita vossa alma.
>
> Libertando uma centena de escravos, cujos serviços a nação vos concedera; distinguindo com um mimo especial o superior de uma ordem religiosa que emancipou o ventre; estimulando as alforrias por meio de mercês honoríficas; respondendo às aspirações beneficentes de uma sociedade abolicionista de Europa; e finalmente reclamando na fala do trono o concurso do poder legislativo para essa delicada reforma social; sem dúvida, julgais ter adquirido os foros de um rei filantropo.
>
> Grande erro, senhor, prejuízo rasteiro que não deverá nunca atingir a altura de vosso espírito. Estas doutrinas que vos seduziram, longe de serem no Brasil e nesta atualidade impulsos generosos de beneficência, tomam ao revés o caráter de uma conspiração do mal, de uma grande e terrível impiedade.
>
> A propagação entusiástica de semelhante ideia neste momento lembra a existência de seitas exterminadoras, que, presas de um cego fanatismo, buscam o fantasma do bem através do luto e ruína. Quanto pranto e quantas vidas custa às vezes o título vão por que almejam alguns indivíduos de benfeitores da humanidade![78]

"Grande erro, senhor, prejuízo rasteiro": com Alencar, a distância entre o *eu* e o *outro* se encurta a tal ponto que o *outro*, tal como instituído no *espelho dos príncipes*, nas *Novas cartas políticas*, passa a uma posição passível de reprimenda com tom que beira o insulto: "O pior insulto procura dizer ao outro o que só este é capaz de poder e de *dever* dizer sobre si mesmo ('atingir o ponto fraco')", lembra

Bakhtin.[79] Como todo gênero é relativamente estável, conforme propõe Bakhtin,[80] ao observarmos a função da incorporação do *espelho* pelas cartas políticas, torna-se realçado o atributo da relatividade ou da maleabilidade do próprio gênero. A significação funcional de um gênero varia de acordo com seu estatuto e seu modo de integração em determinada totalidade, como aquela de um estilo autoral.

Ter a pretensão de levar determinada convicção ao espírito do rei certamente mantém alguma remissão ao tom, isto é, ao estilo, bem como à temática do *espelho dos príncipes*. Mas tom e temática genéricos, uma vez recuperados, sofrem ajustamentos e até subversões nas mãos de Alencar, também quanto ao tema da escravidão. Essa carta sobre a emancipação dos escravos se abre com uma preleção sobre a fama, "um oceano para a imaginação do homem".[81] Da superfície desse mar "refrangem" "reverberações que fascinam", alerta "Erasmo": "Vosso espírito, senhor, permiti que o diga, foi vítima desta fascinação."[82]

"Erasmo" desabafa: "Deslumbrado pela visão especular, abandonastes a luz pura, límpida e serena da verdadeira glória, para seguir o falaz clarão."[83] A queixa de Alencar se direciona para a "mira única" do rei: "Proteger, ainda com sacrifício da pátria, os interesses de outros povos e favonear, mesmo contra o Brasil, as paixões estrangeiras."[84] Dizendo ser "duras de ouvir para um monarca semelhantes palavras", bem como "cruéis de enunciar para um cidadão leal", Alencar arremata: "Vossa alma, porém, carece destas verdades nuas para se rever nelas como em um espelho que reflita sua estranha perturbação."[85]

O *espelho* configurado como a superfície de "verdades nuas" que possam refletir a "estranha perturbação" da alma do imperador certamente sofre uma metamorfose. Juntamente com a exemplaridade perdida, danificam-se símbolos da nação: "Rasga-se o manto auriverde da nacionalidade brasileira, para cobrir com os retalhos a cobiça do estrangeiro."[86] O lamento de Alencar cresce, denunciando "os cortejos que já fez a coroa imperial à opinião europeia e americana", para afirmar: "A emancipação é a questão máxima do dia."[87] O desgosto se exacerba diante da atitude do imperador, ao libertar "uma centena de escravos" e promover aos poucos a emancipação deles. Assim se inicia a terceira parte:

> III
>
> Investiguemos, senhor, com a atenção que merece, este problema humanitário.
>
> A escravidão é um fato social, como são ainda o despotismo e a aristocracia; como já foram a coempção da mulher, a propriedade do pai sobre os filhos e tantas outras instituições antigas.
>
> [...]

> A escravidão caduca, mas ainda não morreu; ainda se prendem a ela graves interesses de um povo. É quanto basta para merecer o respeito. No tênue sopro, que de todo não exalou do corpo humano moribundo, persiste a alma e, portanto, o direito. O mesmo acontece com a instituição: enquanto a lei não é cadáver, despojo inane de uma ideia morta, sepultá-la fora um grande atentado.[88]

Ao explicar a escravidão como fato social, Alencar classifica-a como "bárbara instituição", mas justifica-a logo em seguida: "Mais bárbaras instituições, porém, do que a escravidão, já existiram e foram respeitadas por nações em virtude não somenos às modernas."[89] Sem mostrar concreta e figurativamente o escravo, Alencar mantém-se obsessivamente tomado pelo papel de oponente da política emancipatória, por respeito à instituição que, desse modo naturalizada e perenizada, faz o discurso perder-se da própria historicidade. Parecendo querer analisar as verdadeiras condições históricas que geraram a escravidão, a voz de Alencar é, entretanto, fisgada pelo desejo de eternizar a instituição expirante: "Toda a lei é justa, útil, moral, quando realiza um melhoramento na sociedade e representa uma nova situação, embora imperfeita, da humanidade. Neste caso está a escravidão."[90] Por meio do recorrente uso de um presente de alcance para todos os tempos, firma-se a ilusão de irreversibilidade das verdades enunciadas. Mas o discurso de Alencar "sai da história, ao eternizar-se". Inclina-se à própria despolitização. Dizemos isso com apoio em Fiorin, quando estuda o discurso relativo ao "Regime de 1964" no Brasil: "A história da 'revolução' sai da história, ao eternizar-se, e desengaja-se da política, ficando no abstrato, embora pretenda analisar o concreto. Assim, o discurso vai sacralizando-se e despolitizando-se."[91]

Quanto mais atinge o âmbito das verdades eternas, a voz de Alencar mantém na invisibilidade as infâmias sofridas pelo escravo também no tráfico negreiro. Assim, espoliando as cartas de sua natureza política, confirma-se um sujeito tensivo *transtornado*, ou seja, um sujeito a tal ponto estupefato, que apresenta um *agir* absorvido por um *sofrer*, diante dos movimentos políticos avessos à escravidão, os quais têm aval de D. Pedro II. Reiterando um querer alimentado pelo próprio não poder (não poder interferir efetivamente na política imperial), faz vicejar a obsessão.

Cabe para esse encontro *Alencar/escravidão*, *Alencar/Estado imperial* esta outra observação feita por Fiorin[92] sobre o chamado discurso "revolucionário" relativo ao golpe de 1964, com seus desdobramentos de repressão: "O Estado tem um poder originário e autônomo que prevalece sobre os indivíduos em todos os setores da vida." Segundo Alencar, para preencher um "vácuo" na história da América, torna-se não estranho o gesto de trazer como escravos os homens da "raça africana". Afinal, o "poder originário e autônomo" do Estado, este ainda como "continente selvagem", deveria prevalecer sobre cada um dos "selvagens" submetidos a não importa quantas "atrocidades cometidas".

> Se a raça americana suportasse a escravidão, o tráfico não passara de acidente, e efêmero. Mas, por uma lei misteriosa, essa grande família estava fatalmente condenada a desaparecer da face da terra, e não havia para encher esse vácuo senão a raça africana. Ao continente selvagem, o homem selvagem. Se este veio embrutecido pela barbaria, em compensação trouxe a energia para lutar com uma natureza gigante.
>
> Também não havia outro meio de transportar aquela raça à América senão o tráfico. Por conta da consciência individual, correm as atrocidades cometidas. Não carrega a ideia com a responsabilidade de semelhantes atos, como não se imputam à religião católica, a sublime religião da caridade, as carnificinas da inquisição. O tráfico, na sua essência, era o comércio do homem; a *mancipatio* dos romanos.
>
> Sem a escravidão africana e o tráfico que a realizou, a América seria ainda hoje um vasto deserto. A maior revolução do universo, depois do dilúvio, fora apenas uma descoberta geográfica, sem imediata importância. Decerto não existiriam as duas grandes potências do novo mundo, os Estados Unidos e o Brasil. A brilhante civilização americana, sucessora da velha civilização europeia, estaria por nascer.[93]

Preocupado em abonar, por meio da autoridade procedente de uma lógica implicativa (x, logo y), o argumento a favor da escravidão, "Erasmo" instruirá o imperador sobre a história dessa instituição, falando da "lucidez admirável"[94] dos próprios fatos. Assim é narrada certa sequência que avaliza a escravidão como fato histórico ainda nessa segunda carta. Designando o escravo como "instrumento necessário" para as "possessões americanas", argumentará: "Tentaram supri-lo com o índio; este preferiu o extermínio."[95] Ao ser priorizada a lógica da implicação, atenua-se esporadicamente a intensidade do acontecimento sensível, recupera-se momentaneamente a racionalidade, a programação, o agir, o pervir. Mas a racionalidade programada do encontro *homem/mundo* não se sustenta, pois a enunciação alencariana nunca deixou de afetar-se pela tendência ao descontrole do sensível, de modo a, na aceleração e na tonicidade ascendentes, perguntar sobre a escravidão como um "princípio exausto" e responder incontinente, de modo negativo. Assim, correlata à implicação, se subentende a concessão (embora x, y) na paráfrase: "Embora o Senhor, D. Pedro II, possa achar a escravidão um princípio exausto, eu nego." Constrói-se alguma espera para a reação prevista do imperador à pergunta retórica. Mas sucumbe qualquer espera do esperado logo em seguida. Por meio desses encaminhamentos da percepção sensível, retorna sempre fortalecida a intensidade do sentir, marca que se vai tornando relevante para o estilo autoral.

É a escravidão um princípio exausto que produziu todos os seus bons efeitos e tornou-se, portanto, um abuso, um luxo de iniquidade e opressão?

Nego, senhor, e o nego com a consciência do homem justo, que venera a liberdade; com a caridade do cristão, que ama seu semelhante e sofre na pessoa dele. Afirmo que o bem de ambas, da que domina como da que serve, e desta principalmente, clama pela manutenção de um princípio que não representa somente a ordem social e o patrimônio da nação; mas sobretudo encerra a mais sã doutrina do evangelho.

Espero em outra carta levar esta convicção ao vosso espírito.

[...]

15 de julho de 1867

ERASMO[96]

Para o texto dramático, lembramos o drama em quatro atos, *Mãe,* representado pela primeira vez no Ginásio Dramático do Rio de Janeiro, em março de 1860, com os personagens principais: Jorge, Elisa, dr. Lima e Joana, a negra escrava, mãe de leite de Jorge. Se as cartas políticas se despolitizam ao tematizar a escravidão no modo da instituição de todos os tempos, enquanto, no âmbito da tensividade, ao campo de presença acede um sobrevir de impacto ascendente, para que uma inteligibilidade reduzida mantenha a programação recessiva, o escravo é incorporado de modo próprio no teatro. A velha Joana nunca pôde revelar sua identidade como verdadeira mãe do "nhonhô", a quem serviu até o fim da vida. Jorge tentou entregar Joana a um credor como garantia de dívida e hipoteca, bem como tentou conceder alforria para a escrava, que resistiu. No diálogo final, por meio de embreagens actoriais enuncivas,[97] Joana, ao nomear o interlocutor como *ele*, não como *tu,* e a si mesma como *ela,* não como *eu,* conforme o faz ao longo de toda a peça, firma-se segundo um modelo de extrema humildade. Vejamos a hora da "passagem" de Joana, quando Jorge, que acabara de descobrir a verdade, grita:

JORGE – Morta!...
ELISA – Minha boa Joana!...
JOANA – Escute, iaiá Elisa... É a última coisa que lhe peço... Iaiá há de fazer meu nhonhô muito feliz!... Me promete?... Queira a ele tanto bem, como Joana queria... Mas, nem iaiá nem ninguém pode... não!...
JORGE – Minha mãe!... Por que foges de teu filho, apenas ele te reconhece?
JOANA – Adeus, meu nhonhô... Lembre-se às vezes de Joana... Sim?... Ela vai rezar no céu por seu nhonhô... Mas antes eu queria pedir...
JORGE – O que, mãe? Pede-me!...

JOANA – Nhonhô não se zanga?
JORGE – Eu sou teu filho!... Dize!... Uma vez ao menos... este nome.
JOANA – Ah!... Não!... Não posso!
JORGE – Fala! Fala!
JOANA – É um atrevimento!... Mas eu queria antes de morrer... beijar sua... sua testa, meu nhonhô!
JORGE – Mãe!
JOANA – Ah!... Joana morre feliz![98]

A "alma rude, mas delicada do africano", está em Joana e em pai Benedito, de *O tronco do ipê*, romance dito regionalista.[99] No excerto que segue, o negro escravo "trazido pelo gazeio dos meninos" que brincam é chamado de rei do Congo:

> – Viva papai Benedito! gritou Mário.
> – Viva!... berrou Martinho dando no ar uma cambalhota.
> – Viva o rei do Congo!
> – Viva! responderam todos.
> – Obrigado, meu branco, obrigado.
> Isto dizia o preto descendo a ladeira e parando a cada passo para curvar-se, abrindo os braços e beijando as duas mãos em sinal de agradecimento.
> – Este meu nhonhô quer zombar de seu negro velho!... Zomba, zomba, não faz mal! Eu gosto de ver você contente, contente, rindo com a camarinha!
> E o bom preto expandia-se de júbilo, mostrando duas linhas de dentes alvos como jaspe. Ser motivo de alegria para esse menino que ele adorava, não podia ter maior satisfação a alma rude, mas dedicada do africano.[100]

Segundo Alencar, em passagem expositiva dentro do próprio romance, o modo de falar do escravo remete a uma "irregularidade" que não devemos corrigir:

> A linguagem dos pretos, como das crianças, oferece uma anomalia muito frequente. É a variação constante da pessoa em que fala o verbo; passam com extrema facilidade do *ele* ao *tu*. Se corrigíssemos essa irregularidade, apagaríamos um dos tons mais vivos e originais dessa frase singela.[101]

Seja rude, seja de criança, será grata ao branco a alma africana. Assim, reunidos entre si, os bons escravos são separados "desses pretos, que suspiram pelo vintém de fumo".[102] O mundo como ideia preconcebida se cristaliza por meio de preconceitos. Temos indicações de que, no encontro com uma realidade supostamente transparente, aliam-se os perfis do missivista, do jornalista e do autor dramático.

Notas finais

O devir, como "princípio de mudança contínua, pura direção evolutiva",[103] apresenta-se na totalidade estilística segundo um observador social e um observador sensível. De acordo com uma "regulação do devir social", que é como se define a moralização,[104] e exacerbado como operador da deontologia, enquanto prática política, temos o observador social. Segundo um princípio de modulações, que prefiguram a aspectualização discursiva do ator e são relacionadas ao sujeito tensivo, dado na intersecção entre aceleração e afrouxamento de um andamento perceptivo, temos o observador sensível. Para o *devir* axiológico e moralizante, em que fica priorizado o observador social, temos o sujeito judicativo, radicado em especial na valorização euforia/disforia que pauta o encontro homem/mundo; para o devir como "propriedade figural", fica priorizado um "efeito de mira",[105] o qual supõe os modos de doação do mundo na relação com as visadas do sujeito. Tudo isso se dá por meio das recorrências contidas pela totalidade e por meio da reciprocidade entre cada ato enunciativo correspondente à mesma totalidade. A discursivização convoca o que acontece no nível tensivo, mas, como o pressuponente deixa-se guiar pelo pressuposto, ela tem seu fluxo orientado pela tensividade, que supõe a intensidade do afeto e a extensidade da razão, aquela regente desta.

O observador social radica, na narratividade, a relação sujeito/objeto de valor, para obtermos, neste, "um objeto que dá um 'sentido' (uma orientação axiológica) a um projeto de vida".[106] O observador sensível, antes do objeto sintático, radica uma "'sombra' que suscita o 'pressentimento' do valor",[107] ou seja, a valência. O encontro sujeito/objeto tem como "critério regulador" a valência, "considerada como potencialidade de atrações e repulsões associadas a um objeto".[108] Se as modalidades, querer, dever, poder, saber, cravam-se na narratividade por meio de um sujeito em busca de um valor, as valências, concernentes ao campo de presença e vinculadas ao nível tensivo, fundam modulações que representam uma *inclinação a...* As modulações sustentam a aspectualização do ator. "A aspectualidade manifestaria a valência da mesma maneira que as figuras-objetos manifestam os objetos de valor."[109] Temos modulações de abertura, com dominância do querer e a incoatividade inerente a ele, e as modulações de fechamento, com dominância do dever e a terminatividade inerente a ele. A incoatividade funda uma ética do encantamento; a terminatividade, uma "ética do desencantamento".[110]

A modulação procedente de uma abertura perceptiva em Alencar vincula-se a um querer cumulativo, querer ser sempre mais, o mais do mais, o que corresponde a certo encantamento com a própria voz, ora retomada do *espelho dos príncı-*

pes, ora instituída na beligerância política, ou apresentada como a *fala falante* da literatura. Para essa modulação de abertura, firma-se então "o protótipo" do querer,[111] regido por certa incoatividade. Outro perfil alencariano é tributário da modulação do fechamento perceptivo em relação ao *outro*. Nesse caso, o saber, aliado ao dever-fazer-saber (dever aconselhar o *outro*) é procedente do fechamento perceptivo vinculado ao D. Pedro II das cartas. No mesmo fechamento de modulação perceptiva em relação a D. Pedro II está o escravo, o *ele* de quem se fala nas cartas. Para o rei e para o escravo das cartas, a "ética do desencantamento"; no que tange ao monarca, "figuras da ruína"[112] política; no que tange ao escravo, a abstração que acaba por despolitizar o político, tornando entidade o que é humano.

Por sua vez, o *eu*-escravo, como interlocutor no drama e no romance, goza de uma visada mais incoativa de Alencar, compatível com os próprios gêneros, que acolhem o "plurilinguismo (isto é, as outras linguagens socioideológicas)".[113] Mas esse escravo não chega a libertar-se do peso da estereotipia. Assim, enquanto o literário assenta o escravo na ordem do preconceito – ou sujeito do bem, pai Benedito e mãe Joana, ou sujeito do mal, o escravo interesseiro por vinténs para fumo –, a modulação de abertura fica corroborada como simulacro reflexivo de Alencar (a imagem que o sujeito tem e dá de si mesmo). Cabem as palavras de Greimas e Fontanille: "Tudo se passa como se o aspecto incoativo tivesse a preeminência sobre todos os conteúdos semânticos investidos nos objetos e nos fazeres, como se apenas a meta incidente importasse, e não o objeto visado."[114] Nos jornais e nas cartas, fica formulada a ética do encantamento com a própria responsabilidade na pretensão de influenciar um bom governo. Em todos os textos, para o estilo de Alencar, fica priorizada a meta incidente sobre o objeto visado, o que lança luzes mais fortes sobre o modo de visar do que sobre o próprio objeto visado. Assim, Alencar perde D. Pedro II e perde o escravo, em seus múltiplos perfis de humanidade. A ética do encantamento de si, favorecida por uma inclinação solipsista, faz ver o mundo em refração peculiar, fundamentada num tipo de "razão operante" subjacente à totalidade.

Essa "razão operante" ajustada ao devir confirma a totalidade integral, isto é, não numérica apenas, a qual sustenta, em relação de complementaridade, a unidade integral, que é o próprio efeito de individualidade estilística. Como diz Merleau-Ponty,[115] temos "uma razão de ser que orienta o fluxo dos fenômenos sem estar explicitamente posta em nenhum deles, um tipo de razão operante". Tudo se afina à relação de reciprocidade entre as partes de um todo e entre o todo e cada uma das partes, o que faz com que o narrador de um texto contenha, em modo virtual, os narradores de todos os textos concernentes à totalidade; e o ator da enunciação, "enquanto se define pela totalidade de seus discursos",[116] seja, num único enunciado, uma presença também virtual.

Esse tipo de "razão operante" respalda ainda a práxis enunciativa como o ir e vir do sujeito no mundo. A observação sobre tal práxis faculta-nos promover a citação de fatos biográficos e históricos, que se apresentam como uma massa de dados já enformada por meio de outras práticas, como aquela do historiador. Essa massa enformada de dados entra em cena não como "a origem ou mesmo a condição das significações".[117] As informações ditas anedóticas valem como "objeto em um *modo* determinado, se só podemos dirigir-nos a ele por intermédio desse *meio* que é a significação".[118] Então os fatos históricos e biográficos não são concebidos como "'objeto puro e simples', [...] um conteúdo positivo que estaria *ao lado* das significações",[119] tal como um suposto referente Vênus, um pré-dado para duas significações: "estrela da manhã"; "estrela da tarde". "Nunca temos diante de nós duas coisas, a significação e o objeto puro e simples, supostamente dado sem a mediação de alguma significação."[120]

Por conseguinte, aqueles dados históricos e biográficos interessam na medida em que, ao oferecer uma das significações de fatos ocorridos no Segundo Império, tal como ligados a Alencar, têm a função de subsidiar ao nosso olhar as refrações promovidas pelo estilo autoral em relação a esse mesmo objeto, que se doa de modo próprio à totalidade alencariana. Enquanto tais dados são vistos como multiplicidade de significações, o estilo autoral se afirma como forma arbitrária e idioletal. Não se trata, portanto, de saber como a "subjetividade" de Alencar pôde conhecer um exterior, mas sim como uma multiplicidade de perfis do Segundo Império se encontra com diversas visadas do sujeito.

Ainda sobre a totalidade, se retomarmos as instâncias enunciativas de enunciador e narrador, lembramos que, para cada ato e para cada enunciado, temos um enunciador e um narrador; para a totalidade de enunciados, temos um enunciador, um ator da enunciação, que respalda o *ethos* como estilo. Na mediação entre um narrador e outro, implícito cada qual a um enunciado e subjacente à totalidade deles, estão o observador social e o observador sensível concernentes à mesma totalidade: aquele ideologiza o mundo, apresentando a moralização dos valores; este vai às valências dos valores e, num contínuo perceptivo, se realiza segundo o sensível (a intensidade do sentir) que rege o inteligível (a extensidade do exercício).

O sujeito do estilo permanece no limiar da cena genérica, de modo a não se confundirem as funções de estilo autoral e de estilo de um gênero, e de modo a este ser instrumento daquele. Podemos também concluir que é possível depreender um *ethos* do enunciador de determinada totalidade, embora esta se organize segundo a incidência de diferentes gêneros, por sua vez calcados em distintas esferas de comunicação. O discurso, como práxis enunciativa, direciona o uso de recursos de textualização, por sua vez constituintes de determinado modo de presença manifestado por meio da fala *falada* (discurso político) e da fala *falante* (discurso literário), retomando para nós os conceitos merleau-pontyanos. Confirma-se uma *palavra encarnada,* que, mais do que recorrência de um modo de dizer, funda o próprio estilo segundo relações de reciprocidade entre as partes constituintes de uma totalidade.

Por fim, para além das tentativas de formulação teórica, que sejamos alertados sobre o fluxo livre da poética, que junta à cena da morte de Joana, outras, romanescas, para que seja celebrada a arte alencariana "no desejo eterno de submeter a realidade ao ideal"[121] e na propensão à "densidade lírica",[122] atingida em grau máximo na fala de Iracema, quando "o estame de sua flor se rompera": "– Enterra o corpo de tua esposa ao pé do coqueiro que tu amavas. Quando o vento do mar soprar nas folhas, Iracema pensará que é tua voz que fala entre seus cabelos."[123] A fratura estética, que traz consigo o arrebatamento do leitor para um mundo intocado, não foi suscitada por nossas reflexões, que priorizaram o discurso político.

Notas

1 Trata-se da série de missivas *Ao imperador: novas cartas políticas de Erasmo* (Rio de Janeiro, Typ. de Pinheiro e Cia.).

2 O destaque feito às duas tendências relativas à obra de Alencar encontra-se em estudo feito por Antonio Candido (1969, p. 221).

3 Boris Fausto, *História do Brasil*, 12. ed., São Paulo, Edusp, 2006.

4 Antônio Houaiss e Mauro de Salles Villar, *Dicionário Houaiss da Língua Portuguesa*, Rio de Janeiro, Objetiva, 2001.

5 Carlos Alberto Ribeiro de Moura, *O nascimento do conceito husserliano de "fenômeno"*, 2011 (versão xerocopiada), p. 8.

6 Idem, ibidem.

7 V. N. Voloshinov, Discourse in Life and Discourse in Art, em V. N. Voloshinov, *Freudianism*, New York, Academic Press, Inc., 1976, Appendix I, pp. 93-116.

8 Algirdas Julien Greimas, *Du sens II. Essais sémiotiques*, Paris, Éditions du Seuil, 1983.

9 Ferdinand de Saussure, *Curso de linguística geral*, São Paulo, Cultrix, 1970.

10 Maurice Merleau-Ponty, *Fenomenologia da percepção*, São Paulo, Martins Fontes, 1999.

11 Idem, ibidem.

12 Louis Hjelmslev, *Prolegômenos a uma teoria da linguagem*, 2. ed., São Paulo, Perspectiva, 2003, p. 139.

13 Lilia Moritz Schwarcz, *As barbas do imperador: D. Pedro II, um monarca nos trópicos*, 2. ed., São Paulo, Companhia das Letras, 2007, p. 134.

14 José de Alencar, *Obra completa*, Rio de Janeiro, José Aguilar, 1959, v. I, p. 14.

15 Lilia Moritz Schwarcz, op. cit., pp. 134-5.

16 Idem, p. 135.

[17] José de Alencar, "Mãe. Drama em quatro atos", em *Obra completa*, Rio de Janeiro, José Aguilar, 1960, v. IV, pp. 291-348.
[18] Erasmo de Rotterdam, *Educación del príncipe Cristiano*, 2. ed., Madrid, Tecnos (Grupo Anaya), 2007, p. 52. Tradução nossa.
[19] Idem, p. 17.
[20] Idem, p. IX.
[21] Idem, ibidem.
[22] Idem, p. X.
[23] Idem, ibidem.
[24] Idem, p. XI.
[25] Idem, ibidem.
[26] Idem, p. XVII.
[27] Jacques le Goff, *São Luís. Biografia*, Rio de Janeiro, Record, 1999.
[28] Idem, pp. 283-462.
[29] Idem, pp. 367-82.
[30] Idem, p. 358.
[31] Idem, ibidem.
[32] Erasmo de Rotterdam, op. cit., pp. 72-3.
[33] Jacques le Goff, op. cit., p. XVIII.
[34] Jacques Fontanille, Sémiotique et éthique. *Nouveaux actes sémiotiques* [en ligne]. Prépublications, 2006 - 2007: Le sens éthique et les figures de l'ethos. Disponível em: <http://revues.unilim.fr/nas/document.php?id=1795>. Acesso em: 07 jul. 2011.
[35] Idem, p. 3.
[36] Idem, p. 2.
[37] Idem, p. 3.
[38] Idem, ibidem.
[39] Idem, p. 2.
[40] Erasmo de Rotterdam, op. cit., pp. 73-4.
[41] Algirdas Julien Greimas, op. cit.
[42] Idem, p. 160.
[43] Erasmo de Rotterdam, op. cit., pp. 77-8.
[44] Algirdas Julien Greimas, op. cit., p. 168.
[45] Idem, ibidem.
[46] Idem, p. 164.
[47] Claude Zilberberg, *Élements de grammaire tensive*, Limoges, Pulim, 2006.
[48] Idem, ibidem.
[49] Idem, p. 142.
[50] Idem, p. 233.
[51] Idem, ibidem.
[52] José de Alencar, *Ao imperador: novas cartas políticas de Erasmo*, Rio de Janeiro, Typ. de Pinheiro e Cia., 1867-1868. Disponível em: <http://www.brasiliana.usp.br/bbd/handle/1918/00175510#page/16/mode/1up>. Acesso em: 27 de mar. 2011, p. 3.
[53] Ao longo deste trabalho, examinaremos as duas primeiras cartas, escritas em 1867.
[54] José de Alencar, op. cit., 1867, p. 1.
[55] José de Alencar, *Cartas a favor da escravidão*, org. de Tâmis Parron, São Paulo, Hedra, 2008, p. 40.
[56] Idem, p. 18.
[57] José de Alencar, op. cit., 1867, p. 1.
[58] Idem, p. 2.
[59] Idem, p. 3.

[60] Idem, ibidem.

[61] Idem, pp. 3-4.

[62] Idem, p. 8.

[63] As expressões entre aspas dizem respeito à obra citada de Zilberberg (2006, p. 143).

[64] Sobre as coisas que concernem ao sujeito, para que o tenhamos como corpo sensível, dado na ordem de certa "sedimentação", saber contraído, porém não massa inerte, Merleau-Ponty lembra: "Quando me desloco em minha casa, sei imediatamente e sem nenhum discurso que caminhar para o banheiro significa passar perto do quarto, que olhar para a janela significa ter a lareira à minha esquerda, e, nesse pequeno mundo, cada gesto, cada percepção situa-se imediatamente em relação a mil coordenadas virtuais (1999, p. 182).

[65] Maurice Merleau-Ponty, op. cit., p. 247.

[66] Idem, ibidem.

[67] *O Protesto*, designado *Jornal de Três*, apresentando crônicas, fascículos de romances, até piadas, em artigos comenta fatos políticos, enquanto em outros gêneros narrativiza fatos da política do Segundo Império, trazendo à cena narrada atores sociais de então, como o Duque de Caxias e o Barão de Cotegipe. Tivemos acesso aos números: 1 (5 de janeiro de 1877); 2 (20 de janeiro de 1877); 4 (28 de fevereiro de 1877); 5 (20 de março de 1877), mas por ora selecionamos apenas os números 1 e 2. O jornal é patrimônio da Biblioteca Nacional do Rio de Janeiro.

[68] José de Alencar, *O Protesto*, v. 1, n. 1, 5 jan. 1877, p. 1.

[69] Idem, ibidem.

[70] Idem, ibidem.

[71] Idem, ibidem, p. 4.

[72] Lilia Moritz Schwarcz, op. cit., p. 357.

[73] José de Alencar, *O Protesto*, Rio de Janeiro, Imprensa Industrial, n. 1, 5 jan. 1877; v. 1, n. 2, 20 de jan. 1877, p. 21.

[74] Lilia Moritz Schwarcz, op. cit., p. 149.

[75] José de Alencar, *O Protesto*, op. cit., v. 1, n. 2, 1877, p. 22.

[76] Idem, ibidem.

[77] Idem, ibidem.

[78] José de Alencar, 1867, op. cit., pp. 12-3.

[79] Mikhail Bakhtin, *Estética da criação verbal*, São Paulo, Martins Fontes, 1997, p. 161.

[80] Idem, ibidem.

[81] José de Alencar, 1867, op. cit., p. 9.

[82] Idem, ibidem.

[83] Idem, ibidem.

[84] Idem, ibidem.

[85] Idem, pp. 9-10.

[86] Idem, p. 12.

[87] Idem, p. 12.

[88] Idem, p. 13.

[89] Idem, p. 14.

[90] Idem, pp. 14-5.

[91] José Luiz Fiorin, *O regime de 1964: discurso e ideologia*, São Paulo, Atual, 1988, p. 71.

[92] Idem, p. 100.

[93] José de Alencar, 1867, op. cit., p. 17.

[94] Idem, ibidem.

[95] Idem, p. 18.

[96] Idem, p. 20.

[97] José Luiz Fiorin, *As astúcias da enunciação*, São Paulo, Ática, 1996.

[98] José de Alencar, 1960, p. 347.

[99] José de Alencar, "O tronco do ipê", em *Obra completa*, Rio de Janeiro, José Aguilar, 1958, v. III, pp. 619-812.

[100] Idem, p. 646.

[101] Idem, p. 647.

[102] Idem, ibidem.

[103] Algirdas Julien Greimas; Jacques Fontanille, *Semiótica das paixões: dos estados de coisas aos estados de alma*, São Paulo, Ática, 1993, p. 33.

[104] Idem, p. 153.

[105] Idem, p. 34.

[106] Idem, p. 44.

[107] Idem, ibidem.

[108] Idem, p. 27.

[109] Idem, ibidem.

[110] Idem, ibidem.

[111] Idem, p. 35.

[112] Idem, ibidem.

[113] Mikhail Bakhtin, *Questões de literatura e de estética. A teoria do romance*, São Paulo, Hucitec, 1988, p. 94.

[114] Algirdas Julien Greimas; Jacques Fontanille, op. cit., p. 35.

[115] Maurice Merleau-Ponty, op. cit., p. 81.

[116] Algirdas Julien Greimas; Joseph Courtés, *Dicionário de Semiótica*, São Paulo, Contexto, 2008, p. 45.

[117] Carlos Alberto Ribeiro de Moura, *Racionalidade e crise: estudos de História da Filosofia Moderna e Contemporânea*, São Paulo, Discurso Editorial e Editora da UFPR, 2001, p. 299.

[118] Idem, p. 223.

[119] Idem.

[120] Idem, pp. 223-4.

[121] Antonio Candido, *Formação da literatura brasileira (momentos decisivos)*, 3. ed., São Paulo, Livraria Martins Editora, 1969, 2º volume (1836-1880), p. 224.

[122] Idem, p. 233.

[123] José de Alencar, "O tronco do ipê", op. cit., 1958, p. 302.

A figura do "herói" na campanha antinipônica no Brasil

Alexandre Marcelo Bueno

A imigração japonesa no Brasil completou, em 2008, 100 anos de seu início. Naquele ano, uma série de comemorações foram realizadas para reafirmar a importância da presença desses imigrantes para a sociedade e o Estado brasileiros. Ao mesmo tempo, um número considerável de discursos foi construído para mostrar as contribuições desse grupo imigrante para o país. Atualmente, a imigração japonesa é bem-vista pela sociedade brasileira: é praticamente impossível pensar em alguém afirmando que os japoneses foram uma ameaça à integridade nacional, que o japonês não queria se relacionar com brasileiros ou que a cultura trazida pelos imigrantes nipônicos foi prejudicial para o país.

No passado, contudo, a imagem positiva dos japoneses e da imigração japonesa não foi, exatamente, um consenso na sociedade e no Estado brasileiros. Desde o século XIX, a presença de imigrantes asiáticos encontrou uma forte resistência (baseada muitas vezes em preconceitos e intolerâncias) por parte do que se pode chamar de elite política e cultural brasileira. As restrições aos asiáticos no país, ou mesmo propostas para sua completa exclusão, adentraram o século XX e permaneceram no centro das discussões a respeito da política imigratória brasileira em um momento no qual a presença japonesa já estava mais do que consolidada no país.

Um exemplo do sentimento antijaponês pode ser encontrado no texto a ser analisado, cujo título deixa esse espírito bem claro. Trata-se do artigo "Os três heróis da campanha antinipônica no Brasil", de autoria de Antonio Xavier de Oliveira e publicado em 1945 na *Revista de Imigração e Colonização.*[1] Nesse texto, o autor elevou à categoria de "herói nacional" três brasileiros (Félix Pacheco, Arthur Neiva e Miguel Couto) que se destacaram na luta contra a imigração japonesa no Brasil.

Félix Pacheco, Arthur Neiva e Miguel Couto ficaram conhecidos como os principais defensores da proibição da imigração japonesa no Brasil durante a Assembleia Nacional Constituinte de 1933. Como o próprio governo brasileiro não queria uma divergência direta com o Japão (até então uma potência militar em ascensão), a solução foi encontrada no artigo 121 da Constituição de 1934. Esse artigo determinou o número de imigrantes de cada nacionalidade que poderiam entrar no país naquele momento. Foi assim definido o limite de entrada de cada grupo imigrante em 2%, porcentagem calculada sobre o número total de cada nacionalidade que entrou no país nos cinquenta anos anteriores.[2] Sendo a imigração japonesa a última a se iniciar (e naquele momento era a que mais crescia em número de pessoas), logo se percebe que o intuito desse artigo constitucional foi o de diminuir drasticamente o número de novos imigrantes japoneses no país.

Mesmo não sendo completamente excluído do processo imigratório do Brasil, como desejaram muitos políticos brasileiros, essa medida refletiu, em certa medida, a imagem negativa do japonês no país e a pressão de parte da sociedade nacional para que a presença nipônica fosse diminuída (quiçá eliminada) do espaço social brasileiro. Um bom exemplo da força desse tipo de pensamento preconceituoso pode ser ainda observado no próprio texto a ser analisado: apesar de terem se passado mais de dez anos do episódio da Assembleia Nacional Constituinte, os defensores da exclusão dos imigrantes japoneses ainda eram percebidos como "heróis nacionais", cuja atitude política deveria, mais uma vez, ser lembrada e homenageada.

Procurar-se-á, nesta análise, examinar como foram construídas as imagens dos chamados "heróis" da campanha antinipônica no Brasil, assim como os valores em jogo para se construir a imagem negativa dos imigrantes japoneses. Por fim, verificar-se-á como a dimensão passional e sensível é utilizada na tentativa de transformar esses políticos em "heróis da nação".

A construção do herói político

Para além das disputas ou exercícios de poder nas relações entre Estado e sociedade, baseados frequentemente em princípios racionais, há outra dimensão da política a ser explorada. Trata-se dos "mitos políticos". Segundo Girardet, "O mito político é fabulação, deformação ou interpretação objetivamente recusável do real."[3] Enquanto lugar do imaginário político de um país, os "mitos" são imagens coletivas fixas que determinam como a "realidade" (política ou não) pode ser entendida. Com a ideia de "mito político", é possível examinar a política em sua dimensão passional e sensível, como uma espécie de complemento às análises políticas tradicionais, que examinam os sistemas racionais que norteiam a política.[4]

A imagem do mito, contudo, não perdura *ad infinitum*. Como todos os discursos sociais cristalizados, há espaço para o surgimento de novas imagens políticas. É nesse momento que entra em ação a práxis enunciativa, por meio das operações de atualização, realização e, principalmente, potencialização.[5] Essas operações, que envolvem imagens e discursos em busca por espaço e prevalência sociais, podem buscar a fixação de novas imagens e, consequentemente, de novos heróis até se chegar ao de um novo "mito político".

Dentre os "mitos políticos" trabalhados por Girardet, este trabalho focará o tema do salvador, mencionando, quando for necessário, os temas da conspiração e da unidade. Também chamado de herói por Girardet, o mito do salvador possui quatro modelos: 1) o do homem velho e experiente, cuja função é a de "apaziguar, proteger, restaurar e apresentar valores de permanência e conservação; 2) o do jovem que apresenta o brilho da ação imediata, vigor e impetuosidade; 3) o fundador de uma nova ordem institucional; e 4) o profeta anunciador dos novos tempos."[6]

As definições citadas ainda não são suficientes para a representação um pouco mais completa da figura do herói, pois todos os modelos foram pensados em significações já dadas. Para se pensar no processo de construção da figura do herói, é preciso recorrer à História para se completar o quadro. A noção de *herói* surge, como quase todos os padrões culturais das sociedades ocidentais, na Grécia a partir dos relatos dos feitos de Hércules, Aquiles, Ulisses e tantos outros. Mas o que diferencia um herói de um indivíduo ordinário? O *Dicionário de mitologia grega e romana* apresenta uma primeira definição para isso:

> É chamada herói, na mitologia, toda a personagem que exerceu, sobre os homens e sobre os acontecimentos, uma determinada influência, que lutou com bravura, ou realizou feitos de uma tal temeridade, que se elevou acima dos seus semelhantes, os mortais, e que pôde ousar aproximar-se dos deuses, merecendo assim depois da morte, uma veneração e um culto particulares.[7]

Por essa definição, o herói mitológico realiza um ou vários fazeres extraordinários, inesperados. Dessa forma, o herói é um sujeito definido pelo regime concessivo, responsável pelo ato excepcional efetuado quando ninguém acredita ser possível fazer isso. Mas herói mitológico possui, além das características acima, ainda uma outra: ele, em geral, já nasce com uma marca distinta dos demais homens, pois o herói é filho de um deus ou uma deusa e recebe ajuda e proteção deles quando necessário.[8]

E como surge o herói da modernidade, nascido de pessoas comuns, mas que se torna uma figura destacada perante os demais? Em outras palavras, como se constrói a figura do herói na modernidade? Quais são os grandes feitos realizados por homens comuns que os elevam a essa categoria superior de humanidade? Para pensar essas questões, pode-se partir de um gênero mais estável, representante dos sentidos mais comuns e aceitos pela sociedade. O *Dicionário eletrônico Houaiss*[9] apresenta, assim, mais algumas pistas para a reflexão:

> herói
> substantivo masculino
> **1** Rubrica: mitologia.
> filho de um deus ou uma deusa com um ser humano; semideus
> **2** Rubrica: mitologia.
> mortal divinizado após sua morte; semideus
> **3** Derivação: por extensão de sentido.
> indivíduo notabilizado por suas realizações, seus feitos guerreiros, coragem, abnegação, magnanimidade etc.
> **4** Derivação: por extensão de sentido.
> indivíduo capaz de suportar exemplarmente uma sorte incomum (p. ex., infortúnios, sofrimentos) ou que arrisca a vida pelo dever ou em benefício de outrem
> **5** Derivação: por extensão de sentido.
> figura central (de um acontecimento, um período)
> Ex.: *os h. da Revolução Francesa*
> **6** Derivação: por extensão de sentido.
> pessoa que se distingue ou é centro de atenções
> Ex.: *o h. da festa*
> **7** Derivação: por extensão de sentido.
> principal personagem de uma obra de literatura, dramaturgia, cinema etc.
> **8** Uso: informal.
> indivíduo que desperta enorme admiração; ídolo

Algumas das definições anteriores (um, dois e três) estão claramente relacionadas à imagem do herói mitológico. As demais definições podem ser relacionadas ao herói mítico, mas já é possível aplicá-las ao herói moderno: o feito extraordinário do herói, por exemplo, pode beneficiar outra pessoa. Parte das definições seis e oito são importantes para se fechar o ciclo da construção do herói: se ele existe, é porque há também um reconhecimento daqueles que não se enquadram nessa imagem, ou seja, das pessoas comuns que "elegem" esses heróis, porque foram beneficiadas pelo seu fazer ou porque elas admiram seus feitos. O herói comporta, assim, um fazer excepcional, quase como um verdadeiro acontecimento diante dos olhos dos meros mortais em qualquer esfera, seja ela mitológica ou política.

Pode-se, porém, fazer ainda uma distinção, a título de hipótese, entre o herói mitológico e o herói moderno: enquanto aquele realiza um ato extraordinário (entra-se, assim, no regime de concessão), o herói moderno realiza um feito comum que tenta se tornar extraordinário (ou seja, uma implicação que deseja se tornar uma concessão). Essa tentativa de se passar da implicação para a concessão ocorre por meio de discursos laudatórios feitos por outrem e envolve a práxis enunciativa para se tentar fixar a imagem de um determinado sujeito como "herói".

Antes do elogio ao herói, é preciso, como foi dito, reconhecer o herói e o seu fazer excepcional. O reconhecimento do fazer do herói ocorre na sanção cognitiva. É nesse momento do percurso narrativo que o herói recebe seu título de distinção por conta de seu fazer, considerado extraordinário por aquele que o sanciona.

Em um trabalho que analisa as relações entre Discurso e História em livros didáticos de História do ensino fundamental, Barros mostra como são construídas as figuras de dois heróis nacionais: Tiradentes e D. Pedro I. Um elemento importante apontado pela autora para a formação da figura do herói está presente na instância da sanção. Segundo palavras da própria, "[...] o julgamento, o reconhecimento ou a sanção criam o herói [...]".[10]

De modo simplificado, é possível dizer que a figura do herói surge na narrativa porque ele é reconhecido e dito dessa forma pelo destinador-julgador. Pode-se, assim, começar a discutir quais são as formas de sanção que reconhecem uma determinada ação e a elevam a outro patamar dentro do discurso ora analisado. Como o herói é uma figura coletiva, é preciso também pensar como a moralização pode estar presente em sua construção, uma vez que o herói pode mobilizar, como foi dito, diferentes paixões, individuais e coletivas.

A hipótese deste trabalho parte do seguinte questionamento: como as operações de sanção e de moralização estão envolvidas nessa construção? Em outras palavras, que particularidades cognitivas e sensíveis estão envolvidas no julgamento que distingue uma ação superior de outra comum? Como, então, a construção da imagem do herói se reflete, particularmente, na esfera política por meio da práxis enunciativa? E mais, como ela é construída dentro da questão imigratória japonesa no Brasil das primeiras décadas do século XX? Essas são as perguntas que este capítulo pretende responder.

A construção dos "heróis" da campanha antinipônica: pontos de vista e valores em relação ao "inimigo nipônico"

Nesta seção, serão destacados os principais traços dos sujeitos que combateram a imigração japonesa no Brasil. Realçar-se-á os pontos de vista e os valores desses "heróis", assim como os de Antonio Xavier de Oliveira. O início do texto apresenta uma série de oposições que vão orientar a maneira como o enunciador constrói a imagem dos "heróis nacionais" e dos "inimigos" a serem combatidos:

> Louvado seja Deus, senhores, que por seus desígnios impenetráveis, porque infinitos, ainda uma vez permitiu a vitória do Bem contra o Mal, da Luz contra as Trevas, do Amor contra o Ódio, da Liberdade contra a Escravidão, da Democracia contra o Totalitarismo, do Mundo contra a Alemanha, da Humanidade contra o Japão.[11]

Pelo trecho citado, há dois eixos valorativos que orientam o enunciador em suas considerações a respeito da construção de seus dois objetos textuais (os heróis e os inimigos): primeiro, o eixo bem *vs.* mal (que está na base dos dois outros pares de termos subsequentes a ele) e o eixo liberdade *vs.* opressão (que também se desdobra nas demais oposições textuais restantes). Contudo, as duas oposições finais, pela peculiaridade que encerram, merecem mais algumas considerações. Para se explicar essa oposição, é preciso sair do nível textual e adentrar o nível mais profundo do discurso analisado para relacionar todos os termos:

Eufórico		**Disfórico**
Bem	vs.	*Mal*
Luz	*vs.*	Trevas
Amor	*vs.*	Ódio
Liberdade	vs.	*Opressão*
Democracia	*vs.*	Totalitarismo
Mundo	*vs.*	Alemanha
Humanidade	*vs.*	Japão

O Mundo e a Humanidade prosseguem no eixo do bem e da liberdade, enquanto a Alemanha e o Japão estão ao lado do mal e da opressão. O quadro anterior mostra, claramente, como a Alemanha e o Japão são considerados antíteses do Mundo e da Humanidade, ou seja, como uma verdadeira oposição ao Mundo e à Humanidade. Por essa razão, é possível substituir o nome desses países e colocar, provisoriamente, em seu lugar, as oposições lexicalmente diretas aos termos eufóricos dos valores do enunciador:

Liberdade	vs.	*Opressão*
Mundo	*vs.*	"não mundo"
Humanidade	*vs.*	"desumanidade"

A Alemanha ("não mundo") e o Japão ("desumanidade") são caracterizados, por essa operação de substituição dos termos de oposição, com o traço de ausência: ausência de "mundanidade" e de "humanidade". Consequentemente, por estarem do lado oposto a tudo o que o enunciador valoriza como eufórico, eles são os inimigos a serem combatidos para preservar os valores do bem e da liberdade.

Além do mais, o eixo bem *vs.* mal está na base das isotopias religiosas, enquanto o eixo liberdade *vs.* opressão é responsável pelas isotopias propriamente políticas. Enquanto os heróis nacionais possuem, ao menos em parte, traços que podem ser remetidos à esfera religiosa (às vezes próximos à ideia de santos), os japoneses serão tratados apenas como pertencentes à esfera política, pois não são nunca pintados como demônios, apesar de eles serem considerados sujeitos de um fazer malevolente.

Além de estar revestido desses dois eixos de valores (o religioso e o político), o enunciador mostra também outra isotopia necessária para avaliar os três heróis da campanha antinipônica. Trata-se da dimensão cognitiva em seu estado mais puro, cujo tema será, no nível discursivo, o da ciência e o do conhecimento, como se pode ver a seguir.

> Todas as honras lhes sejam: foram eles [Félix Pacheco, Arthur Neiva e Miguel Couto] os que melhor sentiram o fenômeno que acabo de delinear em resumida síntese [a ameaça nipônica no Brasil] [...] Ai! do Brasil se, na oportunidade própria, a ação daqueles três brasileiros predestinados de inteligência, de cultura e de patriotismo, não se houvera alçado contra quase toda a nação, esclarecendo o seu governo, iluminando as suas classes cultas, orientando a sua imprensa e vencendo, afinal, grande pugna que mais apaixonou as discussões na notável Assembleia Constituinte de 1933-1934.[12]

> Homem de cultura séria e publicista conhecedor dos problemas nacionais, jornalista e homem de Estado, mas, sobretudo, patriota sadio e consciente, Félix Pacheco pressentiu a gravidade do fenômeno japonês no Brasil e na América, como perigo iminente, ao mesmo tempo que Miguel Couto.[13]

> Sábio de Manguinhos, higienista de S. Paulo, vencedor da broca cafeeira e, como tal, salvador da economia do grande Estado bandeirante; político e governador da Bahia, Arthur Neiva foi, sobretudo, um patriota consciente e sincero.[14]

> Senhores, aquele homem bom e santo, que em vida, se chamou Miguel Couto, é hoje 11 anos após sua morte, o mais perfeito símbolo da Pátria Brasileira. Por seu saber e por suas virtudes; por seu amor ao Brasil e pelos ensinamentos de seu exemplo a 40 gerações de brasileiros; por sua coragem e civismo e pelos dons divinatórios de que era dotado com os quais impediu que a Nação se houvesse tornado a presa fácil do povo mais imperialista do globo, obstando

> a que o Japão introduzisse em nossa Pátria dez milhões de soldados do Micado [...]. Foi, no mundo, sábio entre os mais cultos, grande entre os maiores e bom entre os melhores; e no Brasil, o primeiro entre os mais sábios, o maior dentre os maiores, e o melhor dentre os melhores, pois que ninguém jamais o excedeu em saber, em bondade e em patriotismo.[15]

Dos trechos anteriores, pode-se reter alguns traços que definem os "heróis" da campanha antinipônica no Brasil. A presença do "sobretudo", em dois trechos citados, instaura uma hierarquia que desdobra o sujeito em dois: de um lado, o papel temático do homem do saber (do saber-fazer e do saber-sentir). De outro, o discurso instaura o papel patêmico do homem patriota, que ama e deseja defender sua nação. Por conta da ação do enunciador, há uma modulação da figura do patriota: ele não é apenas o que ama seu país, mas também o que ama de forma intensa e contínua, muito acima da média dos homens, como será visto na próxima seção deste capítulo.

Dotados da competência modal do saber (textualizada pelos inúmeros léxicos, como "inteligência", "cultura", "conhecedor dos problemas nacionais", "sábio" etc.), o "herói" nacional pode, enfim, "ensinar" à sociedade brasileira e ao Estado nacional como se defender da ameaça japonesa no país. Os "heróis" também anteveem o "perigo iminente" da invasão japonesa no Brasil ("Félix Pacheco pressentiu", Miguel Couto tem "dons divinatórios"). Em relação aos modelos propostos por Girardet, essa é a imagem do herói dotado de experiência e que pode proteger, para preservar, os valores da sociedade.[16] No discurso analisado, os papéis temáticos de homem do saber e de patriota se misturam e respondem, principalmente, pelo seu fazer-saber, ou seja, pela sua participação na campanha antinipônica, como um divulgador da ameaça japonesa à sociedade brasileira.

A própria ameaça mantém uma relação peculiar com os chamados "heróis". Por saberem e sentirem a ameaça, eles podem antecipar seus possíveis resultados para o Brasil e para os brasileiros, nos moldes de uma manipulação, justamente, por ameaça. Por isso, eles são sujeitos que falam a "verdade":

> Dura verdade, fria como uma lâmina, fulminante como um raio – seja – mas verdade que devia ser dita. Assim era Félix Pacheco.
>
> Sua obra grandiosa foi profícua e construtora neste setor em que deu tudo de sua inteligência, de sua cultura e de seu amor ao Brasil. Sem ela, sem essa mais alta tribuna, de onde em toda sua vida falou ao país sempre a verdade, ainda que dura verdade, certamente, não teria logrado ressonância nacional a palavra dos que, na Assembleia Nacional Constituinte, batalhamos o bom combate em defesa da própria existência material do Brasil.[17]

Recorrer à "verdade" nua e crua, nesse caso, pode ser um índice do caráter passional de Félix Pacheco: sua seriedade (saber ser) e sua firmeza de caráter (dever ser), entendidas como uma disposição, são moduladas e isso o leva a realizar essa ação pontual e intensa de dizer a "verdade" (ser honesto). Em relação à proposta de Girardet, o modo de ser de Félix Pacheco se encaixa no modelo do herói que apresenta a ação imediata com vigor e impetuosidade.[18] Do ponto de vista do enunciador, há uma sensibilização (ou seja, uma aspectualização da organização modal) do fazer de Félix Pacheco, uma vez que esse fazer é duro, rápido e intenso o suficiente para convencer a sociedade de que a presença de japoneses é, de fato, uma ameaça à integridade nacional. Ao mesmo tempo, pode-se observar que há também uma moralização, já que ter "firmeza de caráter" e dizer a "verdade" são aspectos altamente valorizados por qualquer sociedade.

Mas não basta ao discurso dizer, é preciso também mostrar o dito. Por isso, o artigo analisado é permeado por trechos de falas dos referidos heróis. Elas, como eram de se esperar, se referem ao "inimigo japonês" e aos planos de ocupação e de domínio do território brasileiro. A seguir, alguns temas recorrentes na construção da imagem do inimigo serão apresentados, tanto nas falas dos "heróis" como nas palavras do próprio enunciador.

Se existe um herói nacional construído pelo discurso, há também um inimigo a ser combatido e, principalmente, vencido. Em diversos trechos, o artigo procura construir uma determinada imagem do imigrante japonês, assim como do Japão. Essa imagem gira em torno de alguns poucos temas específicos: o da invasão sorrateira (pois disfarçada de imigração) e o da ambição expansionista nipônica.

De um modo geral, o comportamento dos heróis da campanha antinipônica se divide em duas partes para justificar sua postura: de um lado, construir uma imagem negativa da imigração japonesa e de sua presença no país; de outro, estabelecer que não se trata de uma postura racista ou xenofóbica, mas sim de preservar os interesses brasileiros diante de uma ameaça iminente.

Podemos ver a primeira postura nos trechos que seguem, em falas dos três heróis nacionais e do narrador:

> "Indigestão japonesa" – chamou a tudo isso o insigne Félix Pacheco. Mas tal indigestão, no seu espírito arguto, não se traduzia, apenas, pela dádiva de nossas terras a um povo de guerreiros conquistadores, senão também, e principalmente, ao magnífico ambiente que aqui se preparou favorável às suas maléficas intenções.[19]

> Não vinha essa gente [japoneses], como proclamavam os seus agentes, nos ajudar a formar o nosso povo e, consequentemente, a nossa nacionalidade. Fanática da pátria de origem, não aceitava a adotiva; e, somática e psiquica-

> mente, inassimilável, vinha apenas constituir núcleos de pelotões de guerrilhas, disfarçados em núcleos coloniais estanques, na verdade quistos raciais isolados em nosso meio, dentro de nossa vida, penetrando a nossa alma ingênua, espionando tudo o que é nosso, a que vota ódio mortal senão desprezo e nojo. É da sua psicologia milenária, com relação a todos os demais povos da terra, brancos ou pretos, hindus ou chineses, russos ou americanos.[20]

> Se, porventura, nós não tomarmos providências a respeito, então, os japoneses hoje, chineses amanhã, malaios e hindus mais tarde, assírios, que disso já tratam, enfim, povos de todas as raças, tangidos pelas situações econômicas dos países em que se acham, ou expulsos das pátrias em que se encontram, algumas vezes há mais de mil anos, como ocorre com alguns núcleos de judeus na Alemanha, poderão vir para o Brasil, em crescentes migrações, deslocando o trabalhador nacional e aumentando seu paupérrimo pela sua exclusão de empreendimentos feitos no seio da própria pátria.[21]

> Imigração, corealização, japonização; ou, ainda, comparado ao ataque da serpe – o bote, a constrição, a deglutição. Nós já estamos no segundo período – esfera de influência, ocupação, corealização ou constrição. Os jornais japoneses blasonam, todos os dias, a sua "esfera de influência" no Brasil. Para mim, o nosso caso é perdido. É tarde; é muito tarde, diria o famoso orador sacro.[22]

> São dele [Félix Pacheco], ainda, estas palavras candentes de santa revolta, num apelo de patriotismo aos homens aos quais incumbia salvaguardar o Brasil das garras de um inimigo traiçoeiro e perverso, aqui aboletado como se estivera em sua própria casa.[23]

Os trechos anteriores mostram como os japoneses são representados: como inimigos traiçoeiros e perversos, disfarçados, inassimiláveis, dotados de ódio mortal, espiões e, ainda, como serpentes. A figura desse animal tem em sua base a aspectualização do processo de "invasão japonesa": ela começa lentamente e, no momento oportuno, ocorre o bote, ou seja, uma ação rápida, pontual e certeira. Além disso, o tema da espionagem faz parte do "mito político" do que Girardet chama de conspiração: nesse mito, o inimigo está infiltrado na sociedade de acolhimento para buscar informações importantes que possam ajudar no projeto de conquistá-la. O mito da conspiração tem ainda por característica gerar o medo coletivo e, consequentemente, mobilizar a sociedade para o combate ao inimigo.[24]

O fazer malevolente do japonês está disfarçado de imigração e cabe, assim, aos "patriotas esclarecidos" revelar a verdadeira ação e intenção dos nipônicos no país. Dessa forma, é construído o tema da ameaça japonesa no Brasil. Consequentemente, os "heróis" da nação antecipam, como já foi dito, essa ameaça disfarçada de imigração e a desvelam para defender o país e para preservar o bem-estar dos brasileiros. A nação brasileira a ser defendida é construída, por conseguinte, como uma unidade que está sendo ameaçada pela presença nipônica:

> A vastidão das nossas áreas despovoadas reclama, de fato, gente que as habite e explore em benefício de nosso próprio progresso e riqueza. Mas não esqueçamos que essas áreas enormes são e devem ser sempre nossas, e que por toda ela vagueiam populações legitimamente brasileiras que, nem por escassas e combalidas pela falta de assistência oficial, deixam de ser o melhor patrimônio nosso, a segurança da nossa unidade étnica e política, assim como da nossa unidade moral e religiosa.[25]
>
> Não se trata, porém – repito –, de imigração: trata-se da própria existência nacional.[26]
>
> Se não se acautelar em tempo e por todos os modos, o Brasil dentro em pouco será uma possessão japonesa.[27]
>
> Não há nenhum problema de imigração japonesa: há, sim, um problema de defesa nacional, de segurança da Pátria, de vida ou de morte do nosso Brasil.[28]

O Brasil é representado, então, como uma unidade em diferentes dimensões: a étnica, a política, a moral e a religiosa. Retomando o processo aspectualizado do tema da "invasão japonesa", é possível perceber que o fazer-sentir dos "heróis nacionais" constitui o fazer malevolente nipônico como uma inserção gradual e contínua de elementos heterogêneos na unidade constitutiva da nação, ao menos em seus estágios iniciais. Por isso, a etapa final da "invasão japonesa" não visaria instaurar uma heterogeneidade, mas substituir a homogeneidade caracterizadora da nação brasileira pela da nação japonesa, segundo o ponto de vista do enunciador e dos demais "heróis" da campanha antinipônica.

Defender a nação brasileira da "invasão japonesa" é a ação principal dos "heróis" louvada pelo discurso. Essa ação é o clássico embate entre sujeito e antissujeito, e o Brasil é o objeto e o espaço em que se trava essa luta. Por isso, evitar a entrada e a presença do antissujeito no país (isto é, eliminá-lo) é a forma encontrada para se livrar da ameaça e da tensão subjacente a ela.

Como foi dito, a segunda parte do *modus operandi* dos "heróis" brasileiros está em negar, explicitamente, qualquer postura racista contra os japoneses.

> Seria ridículo que tivéssemos preconceito de raças; mas, de pretos, bastem-nos os quinze milhões que aí já estão contribuindo para nosso *amálgama* racial, o lento *melting-pot*, que se nos vai criando em todo o vasto âmbito do território pátrio.[29]

> Nunca alimentamos sentimentos de xenofobia, mas prezamos demais a nossa Pátria para não querer que ela seja uma presa fácil aos ensaios imperialistas de não importa que grande Nação necessitada de expandir-se.[30]

A estrutura básica dos dois enunciados não possui a lógica da implicação (aquela que diria "não somos xenófobos ou racistas, então aceitamos estrangeiros de todos os lugares do mundo"), mas a lógica da concessão que organiza, basicamente, o enunciado da seguinte maneira: "se não somos xenófobos ou racistas, então não aceitamos japoneses em território nacional". Contudo, ao mesmo tempo que nega qualquer preconceito racial, os "heróis" e o enunciador apresentam suas preferências em termos de imigrantes. Como se vê logo adiante, o imigrante ideal para eles é o imigrante branco, de origem europeia: "Só será permitida a imigração de elementos da raça branca, ficando proibida a concentração em massa, em qualquer ponto do país."[31]

Dessa forma, por trás da justificativa de que os japoneses são perigosos, sobretudo por ser um tempo de guerra, há uma ideia difusa de que os melhores braços de trabalho para o Brasil continuam a ser os dos trabalhadores europeus. Essa ideia, difundida desde o século XIX, procura, em seu limite, fundar uma civilização europeia nos trópicos, como muito bem esclarece Octávio Ianni:

> [...] as "elites" brasileiras decidiram priorizar a imigração de "europeus", "brancos", "ocidentais", membros da civilização "ocidental-cristã", relegando as populações nativas ou indígenas, os africanos e os seus descendentes e, inclusive, os orientais. Foi uma política imigratória de cunho "arianista", inspirada no "darwinismo social" do evolucionismo do pensamento europeu em apogeu na época.[32]

Os "heróis" nacionais apresentam, como se viu, alguns traços que os definem claramente. Eles são inteligentes, competentes em suas respectivas áreas de atuação (jornalismo, política, ciência), conseguem antever a ameaça japonesa e agem com o intuito de defender o país dessa ameaça. E eles são esclarecidos, porque são cultos e inteligentes, e negam qualquer forma de racismo contra os japoneses (e outros grupos, como os judeus e os negros). Esses traços, entretanto, recebem ainda uma sobredeterminação passional que necessita ser entendida: o entusiasmo do enunciador ao proferir as ações e as qualidades desses "heróis".

Ver-se-á, a seguir, algumas considerações a respeito dessa importante operação passional para a constituição e a consolidação da figura do "herói", ao menos no discurso ora analisado.

A sanção contagiada: quando o entusiasmo entra na política

Como vimos anteriormente, a sanção é a operação fundamental para a instauração da figura do herói. Basicamente, o reconhecimento, enquanto uma sanção cognitiva euforizada, determina quem é o herói e quem é o vilão. Mas o discurso analisado apresenta outra peculiaridade em sua construção da figura do herói: o reconhecimento não ocorre apenas em termos racionais, como se fosse a conformidade entre a ação realizada do sujeito e o contrato inicialmente estabelecido entre ele e o destinador-manipulador.

A sanção realizada pelo enunciador é, comumente, baseada nas modalidades epistêmicas (crer). Como foi visto, o enunciador tem certeza (em termos semióticos) de que as ações dos heróis da campanha antinipônica foram atos de coragem e de inteligência em favor da nação brasileira. No entanto, não basta dizer isso para compreendermos a dimensão passional de seu julgamento. Se há um crer-ser que se desdobra em uma certeza, ela ainda parece ter algo a mais para transformar os sujeitos de seu discurso em heróis.

Se a sanção cognitiva não é suficiente para explicar a forma como o destinador-julgador reconhece e louva seus "heróis", é preciso recorrer, então, à dimensão sensível e patêmica no momento do reconhecimento. É possível, assim, entender que a sanção presente no discurso de Antonio Xavier de Oliveira é, em certa medida, contagiada pela ação desses heróis. Três trechos do texto mostram como a sanção não se limita ao reconhecimento do estatuto de "heróis" para os três sujeitos:

> Tua obra imorredoura tem vivido e viverá sempre na ação dos teus sucessores naquela casa do Brasil – o velho "Jornal do Comércio" – que foi mais teu do que de qualquer outro. Nesta grande questão nacional presidida pelo teu espírito, ele continuará sendo sempre uma sentinela da tua Pátria, no conselho avisado aos governos; um vigilante contínuo, enquanto houver um quisto racial nipônico em tua terra; e uma barreira intransponível, enquanto houver a remota possibilidade de ainda entrar um japonês no Brasil.
> Ave! Félix Pacheco! Grande brasileiro e grande patriota.[33]

> Grande Neiva! Grande brasileiro e grande patriota!
> Do alto de uma nobre tribuna desfraldaste um dia uma bandeira e defendeste a grande causa de tua terra natal – "o Brasil para brasileiros"
> Fica tranquilo, lá na mansão dos bons aonde subiste:
> A Pátria te será eternamente grata.[34]

> Invocando, mais uma vez, a memória de Miguel Couto, nele encarno a figura do homem brasileiro – bom, leal, sincero e patriota. É bem um símbolo da nacionalidade.
> E por seus grandes serviços à Pátria, pode ser colocado ao lado de Caxias e de Rio Branco, para a eterna veneração dos pósteros.
> Sim, Mestre!
> Teu Brasil jamais será o – "Império do Sol Poente".[35]

O contágio, tal como postula Landowski, faz com que se reconheça o desejo do enunciador em fazer parte do grupo de sujeitos da ação que ele avalia. A reciprocidade entre actantes é a base do conceito de contágio. Dessa forma, ambos os sujeitos envolvidos na interação criam novos sentidos, não mais baseados no regime da junção (conjunção/disjunção). Como diz Landowski,[36] o contágio pode explicar a organização de uma interação baseada em estados de alma e estados somáticos dos sujeitos em interação. Por isso, não há mais um julgar a distância e em uma posição hierarquicamente superior, mas sim o predomínio do sentir durante o fazer mútuo de dois sujeitos.

Contudo, acredita-se, neste trabalho, que o destinador-julgador parte, na realidade, de uma posição inferior a dos "heróis" (vide o qualificativo usado para se referir a Miguel Couto). Essa posição inferior do destinador-julgador (comumente em um lugar superior em relação ao sujeito do fazer) é o que permite a ocorrência do contágio. Dessa forma, o destinador-julgador se transforma em uma espécie de adulador (uma figura eminentemente passional e tão presente no campo político) e passa a louvar a ação dos sujeitos. Pode-se ainda dizer que o enunciador transforma esses sujeitos, e suas ações de defesa da pátria, em atos dos quais ele desejaria fazer parte.

Conforme a proposta de esquema passional canônico de Bertrand,[37] na qual haveria uma equivalência entre as etapas do percurso da ação e do percurso passional, é possível pensar em tentativa de se passar da sanção para a moralização por meio da sanção contagiada. Assim, o texto de Antonio Xavier de Oliveira é uma forma de se passar da sanção cognitiva, puramente racional, do reconhecimento e baseada no contrato fiduciário anteriormente estabelecido, para a moralização, enquanto forma de cristalização de uma determinada imagem passional comumente aceita pela sociedade. A sanção contagiada seria responsável pela tentativa de ascender até a moralização um reconhecimento (sanção cognitiva) da ação dos "heróis nacionais" que combateram a "ameaça japonesa" e teriam, finalmente, sua imagem cristalizada e aceita pela coletividade.

No caso do artigo analisado, e com o correr do tempo histórico, essa cristalização não chegou a se realizar, uma vez que nenhum dos "heróis" que combateram os japoneses foi reconhecido com esse estatuto e, por isso, ficou aquém de heróis como, os já citados, Rio Branco e Duque de Caxias.

Conclusão

Heróis não são eternos nem todos se estabelecem no panteão das grandes figuras do imaginário social. Assim como os discursos que os constroem e os sustentam, heróis nacionais são figuras negociadas na arena discursiva da sociedade e da história. Isso acontece porque temas e valores são mutáveis e podem permanecer ou fenecer ao longo do tempo. No caso do texto analisado, os heróis da campanha antinipônica não se tornaram, como era desejado pelo enunciador, heróis nacionais (talvez heróis para alguns poucos seguidores de tal mentalidade). Isso não significa que a retomada desse discurso seja algo totalmente inócuo. Pelo contrário, a recuperação de um discurso como o que foi analisado pode colocar em xeque outros "mitos" sociais e políticos brasileiros, como, por exemplo, a imagem do Brasil como um país desprovido de conflitos, a imigração como história de sucesso, a inteligência superior das elites nacionais etc.

Além disso, examinar o entusiasmo neste texto pode servir de base para novas pesquisas e reflexões a respeito de uma paixão pouco explorada na análise política e na figura do adulador – figura talvez um pouco obscura, mas de conhecimento de todos. De qualquer forma, tratou-se nesta análise de um tipo particular de entusiasmo que, como outras paixões, pode variar conforme a cultura, a sociedade e o tempo em que surge. Cabe, então, a continuidade da pesquisa e da reflexão em torno desta e de outras paixões no campo político.

Notas

1 Antonio Xavier de Oliveira, "Os três heróis da campanha antinipônica no Brasil", em *Revista de Imigração e Colonização*, Rio de Janeiro, ano VI, n°s 2-3, 1945.

2 Márcia Takeuchi, "A comunidade nipônica e a legitimação de estigmas: o japonês caricaturizado", em *Revista USP*, nº 79, 2008, pp. 177-8.

3 Raoul Girardet, *Mitos e mitologias políticas*, São Paulo, Companhia das Letras, 1987, p. 13.

4 Idem, pp. 9-10.

5 Jacques Fontanille; Claude Zilberberg, *Tensão e significação*, trad. Ivã Carlos Lopes, Luiz Tatit e Waldir Beividas, São Paulo, Discurso/Humanitas, 2001, pp. 174-5.

[6] Raoul Girardet, op. cit., pp. 73-8.

[7] Joël Schmidt, *Dicionário de mitologia grega e romana*, Lisboa, Edições 70, 1985, p. 141.

[8] Idem. Contudo, ainda segundo Schmidt, saindo do plano mítico, no período clássico grego (V a.C.), filósofos, políticos e poetas foram, após suas mortes, cultuados como os heróis da mitologia.

[9] Houaiss, *Dicionário Houaiss da língua portuguesa*, Rio de Janeiro, Objetiva, 2009, CD-Rom, versão monousuário, 3.0.

[10] Diana Luz Pessoa de Barros, Discurso e história: colonização e heróis nacionais, *Cruzeiro Semiótico*, Porto, Associação Portuguesa de Semiótica, v. 1, n. 16, 1992, p. 19.

[11] Antonio Xavier de Oliveira, op. cit., p. 235.

[12] Idem, p. 237.

[13] Idem, ibidem.

[14] Idem, p. 241.

[15] Idem, p. 246.

[16] Raoul Girardet, op. cit., p. 73.

[17] Antonio Xavier de Oliveira, op. cit., p. 240.

[18] Raoul Girardet, op. cit., p. 75.

[19] Antonio Xavier de Oliveira, op. cit., p. 238.

[20] Idem, ibidem.

[21] Artur Neiva, apud Antonio Xavier de Oliveira, op. cit., p. 245.

[22] Miguel Couto, apud Antonio Xavier de Oliveira, op. cit., p. 252.

[23] Antonio Xavier de Oliveira, op. cit., p. 240.

[24] Raoul Girardet, op. cit., p. 54.

[25] Félix Pacheco, apud Antonio Xavier de Oliveira, op. cit., p. 239.

[26] Miguel Couto, apud Antonio Xavier de Oliveira, op. cit., p. 249.

[27] Idem, ibidem.

[28] Miguel Couto, apud Antonio Xavier de Oliveira, op. cit., p. 251.

[29] Artur Neiva, apud Antonio Xavier de Oliveira, op. cit., p. 242.

[30] Félix Pacheco, apud Antonio Xavier de Oliveira, op. cit., p. 239.

[31] Artur Neiva, apud Antonio Xavier de Oliveira, op. cit., p. 244.

[32] Octávio Ianni, *Pensamento social no Brasil*, Bauru, Edusc, 2004, p. 156.

[33] Antonio Xavier de Oliveira, op. cit., p. 241.

[34] Idem, p. 245.

[35] Idem, p. 254.

[36] Eric Landowski, *Passions sans nom. Essais de socio-sémiotique III*, Paris, PUF, 2004, p. 62.

[37] Denis Bertrand, *Caminhos de semiótica literária*, trad. Grupo Casa, Bauru, Edusc, 2003, p. 374.

A esquerda armada brasileira

Oriana N. Fulaneti

Este capítulo consiste no estudo do discurso das duas principais organizações armadas atuantes no Brasil entre 1968 e 1973, a Ação Libertadora Nacional (ALN) e a Vanguarda Popular Revolucionária (VPR). Para realizá-lo, efetuamos uma análise duplamente comparativa, procurando sempre mostrar a importância dos aspectos passionais na constituição e compreensão desses discursos. Como primeiro aspecto de comparação, confrontamos a estrutura e o funcionamento dos discursos da ALN e da VPR; como segundo, investigamos as alterações dos traços discursivos presentes nos textos dos dois grupos no início e no final da luta, ou seja, nos momentos em que as organizações se percebem respectivamente em ascensão e em queda. O nosso objetivo, ao fazer essa análise, é também duplo. Por um lado, contribuir para ampliar o conhecimento sobre a luta armada brasileira; por outro, mostrar alguns aspectos da relação entre estilo semiótico e discurso político.

Iniciamos com a apresentação de discursos[1] – sobre os acontecimentos, as ideias e a estrutura da sociedade – que consideramos relevantes para a formação e interpretação do discurso da luta armada brasileira. Em seguida, apresentamos alguns elementos teóricos que direcionam nossa análise. No estudo dos discursos, na terceira parte, analisamos separadamente o material da ALN e da VPR, abordando, em cada uma das totalidades, o momento da ascensão e o da queda. Por fim, apontamos algumas semelhanças e diferenças entre os dois discursos estudados e tecemos nossas considerações acerca da abordagem semiótica de discursos políticos.

Notas preliminares

O ano de 1959 inicia-se com uma notícia nas primeiras páginas de muitos jornais ao redor do planeta: a tomada de uma ilha caribenha por rebeldes.[2] À frente do levante, um cubano forte e carismático e um médico argentino, belo e talentoso na arte de liderar guerrilhas. A Revolução Cubana é narrada por muitos em tom romântico, com episódios de heroísmo nas montanhas de Sierra Maestra. Enquanto os guerrilheiros instalavam-se no poder em Cuba, distante dali, argelinos travavam uma longa batalha contra o Império francês, vencido em 1962. Esses acontecimentos são exemplos que evidenciam, de acordo com o historiador inglês Eric Hobsbawn, uma mudança no cenário do movimento revolucionário internacional:

> Depois de 1956, a URSS e o movimento internacional sob sua liderança perderam o monopólio do apelo revolucionário, e da teoria e ideologia que o unificavam. Havia agora muitas espécies diferentes de marxistas, várias de marxistas-leninistas [...].[3]

As instituições vigentes passam a ser questionadas, inclusive as antigas estruturas dos partidos comunistas, como ocorreu com a tentativa de "democratização" do socialismo tcheco, reprimida por tanques soviéticos na "Primavera de Praga". No Brasil, as insatisfações resultaram na formação de novos grupos de esquerda, entre os quais destacamos a Organização Revolucionária Marxista – Política Operária (ORM-Polop),[4] com base em setores estudantis e intelectuais.

Movimentos políticos contestatórios espalham-se por todo o mundo, deixando como um dos principais representantes para a posteridade as "barricadas do desejo" parisienses. A negação das tradições vem acompanhada do desenvolvimento e da valorização da cultura e dos costumes jovens, marcados pelo *blue jeans* e pela música *rock*.

Essa onda de manifestações alimentada por um intenso desejo de mudanças radicais manifesta-se também no Brasil, que vivia sob um regime ditatorial desde 1964, quando um golpe de Estado liderado pelos militares derruba o então presidente João Goulart.

Em setembro de 1969, em pleno "ano de chumbo", nosso país torna-se notícia na imprensa mundial: embaixador americano é sequestrado no Brasil. Os responsáveis pela ação publicam um manifesto no qual se apresentam:

> Grupos revolucionários detiveram hoje o Sr. Charles Burke Elbrick, embaixador dos Estados Unidos, levando-o para algum lugar do país, onde o mantém preso. Este ato não é um episódio isolado. Ele se soma aos inúmeros atos revolucionários já levados a cabo: assaltos a bancos, nos quais se arrecadam fundos para a revolução [...]; ocupação de quartéis e delegacias, onde se conseguem armas e munições para a luta pela derrubada da ditadura; invasões de presídios, quando se libertam revolucionários, para devolvê-los à luta do

> povo; explosões de prédios que simbolizam a opressão; e o justiçamento de carrascos e torturadores. [...]
> Estamos dando o último aviso. Quem prosseguir torturando, espancando e matando ponha as barbas de molho. Agora é olho por olho, dente por dente.[5]

No contexto de ditadura militar no país e de experiências revolucionárias internacionais, alguns militantes do período que antecede o golpe e muitos jovens ainda em formação política optam por resistir ao regime pela via armada. Eles lutavam contra o capitalismo, o imperialismo, o autoritarismo e a ditadura. Vários grupos armados foram constituídos, oriundos principalmente de divisões internas das organizações políticas existentes antes do golpe, dentre as quais se destacam o Partido Comunista Brasileiro (PCB) e a Política Operária (Polop). Frutos da mesma conjuntura, esses grupos tinham muitas semelhanças entre si: compartilhavam pressupostos teóricos comuns; desenvolviam ações parecidas, essencialmente em grandes cidades (embora visassem à construção de uma guerrilha rural); seus membros eram, em sua maioria, jovens entre 20 e 25 anos, brancos e pertencentes às camadas médias intelectualizadas.[6]

Com o sequestro de Elbrick, a "guerra revolucionária" intensifica-se e as reportagens passam a noticiar, progressivamente, o massacre dos combatentes armados. Praticamente todos foram derrotados pela repressão. Clandestinidade, prisão, tortura, exílio e até mesmo a morte foram experiências vivenciadas pelos guerrilheiros.

Essa militância extrema, predominantemente juvenil, exerce um forte poder de atração sobre as pessoas. Alguns consideram uma escolha absurda, outros a admiram, mas poucos ficam indiferentes diante dela. Integrando o coro dos atraídos pelo tema, passamos muito tempo nos perguntando: por que esses jovens entraram em uma luta com tamanha desigualdade de recursos? Por que continuaram, mesmo diante de tantas adversidades? Quais as maiores dificuldades vividas? Quais as estratégias empregadas para enfrentá-las?

Em busca dessas e de outras respostas, decidimos analisar os materiais deixados pela Ação Libertadora Nacional e pela Vanguarda Popular Revolucionária. Essas duas organizações estiveram à frente de grande parte das principais ações revolucionárias realizadas pela esquerda armada brasileira, consistiram nos grupos com o maior número de militantes e, além disso, delas fizeram parte dois dos maiores líderes da guerrilha urbana nacional: Marighella e Lamarca.

Para reunir material da ALN e da VPR, coletamos documentos que se encontram publicados e fizemos uma vasta pesquisa em arquivos que abrigam acervos importantes sobre a luta armada brasileira. O *corpus* de nosso trabalho compõe-se, dessa forma, de documentos de gêneros discursivos variados – panfletos, manifestos, periódicos, textos teóricos, manuais, cartas, normas, estatutos etc. – produzidos por cada uma das Organizações,[7] entre 1968 e 1973.

Elementos de semiótica e estilo

A ênfase de nossa pesquisa recai, no âmbito da semiótica discursiva, sobre a emersão da unidade em uma totalidade. Para isso, gostaríamos inicialmente de recuperar a noção de *estilo* tal como foi desenvolvida por Discini.[8] De acordo com a autora, todo discurso é resultado de inúmeras escolhas enunciativas: valores; tipo de narratividade; projeções das categorias de pessoa, tempo e espaço; referências de autoridade; seleção dos temas e a forma de explorá-los; vocabulário; relações interdiscursivas etc. A recorrência desses traços, ou de alguns deles, ao longo dos textos delineia um estilo, que nos remete a uma voz, uma corporalidade, uma presença, um olhar sobre o mundo, em suma, uma enunciação que imprime sua individualidade na regularidade de seu modo de enunciar. O estilo surge, assim, como resultado das recorrências encontradas em todos os níveis dos textos produzidos, ou seja, fundamental, narrativo, discursivo, e em relação com outras totalidades (interdiscurso).

À abordagem anterior, acrescentamos o aspecto figural, que permite captar estilos tensivos. A vertente semiótica desenvolvida essencialmente a partir das pesquisas de Claude Zilberberg considera que as grandezas discursivas veem-se qualificadas, primeiramente, em termos tensivos. Segundo o autor,[9] a tensividade é o lugar imaginário em que a intensidade – ou seja, os estados de alma, o sensível – e a extensidade – isto é, os estados de coisas, o inteligível – se unem uma a outra. Aquela se associa à força, à energia, ao acento do sentido; esta concerne a algo mais átono, mais enfraquecido. Tanto a intensidade como a extensidade são consideradas dimensões que, por sua vez, possuem subdimensões; o andamento e a tonicidade, correspondentes ao eixo da intensidade; a temporalidade e a espacialidade, ao eixo da extensidade. Operando o cruzamento de dimensões com subdimensões, é possível projetarmos as ondulações das características discursivas e, assim, depreendermos a mobilidade de um discurso, que se vê ora mais ora menos marcado por determinados traços, podendo estar em perspectiva ascendente, descendente ou estável. Assim, por exemplo, a variação na intensidade do andamento resulta em um efeito de sentido de aceleração, que faz com que o discurso seja percebido de modo mais ou menos acelerado; ou ainda, em aceleração, em desaceleração etc.

A reiteração dos modos de enunciar revela também estilos tensivos. Em nossa análise, como pretendemos mostrar a seguir, os discursos da ALN e da VPR podem ser sintetizados, em grande medida, pela oposição entre concentração *vs.* difusão. De maneira bastante resumida, Zilberberg fala em sistemas de significação concentrado e difuso, afirmando que o primeiro corresponde a um fechamento do espaço e a um tempo voltado para dentro, "implosivo", enquanto o segundo é caracterizado por uma abertura espacial e uma temporalidade mais expansiva.[10] Embora nossa abordagem não se restrinja às subdimensões tensivas, acreditamos que essa caracterização inicial do semioticista francês nos serve de base para a construção de duas categorias de estilo presentes nos discursos da luta armada brasileira.

Desse modo, no estudo que apresentamos a seguir, procuramos reunir o conjunto de traços discursivos da ALN e da VPR e sintetizá-los no que estamos chamando de *estilos semióticos*.

O discurso da esquerda armada brasileira

Apesar de serem frutos da mesma conjuntura e atuarem na mesma realidade, ALN e VPR apresentam diferenças em suas configurações e trajetórias discursivas, o que revela nuances da luta armada e das estruturas de discursos políticos. Como foi dito anteriormente, pretendemos investigar o que muda de um discurso para outro no momento em que estão iniciando o projeto e, portanto, vislumbram a própria ascensão; e quando se percebem em declínio, após sofrerem muitas derrotas para a ditadura e terem dificuldades de reagir. No intuito de tornar a análise comparativa mais proveitosa, realizamos inicialmente o estudo dos discursos de ascensão da ALN e da VPR, confrontando-os, e, em seguida, repetimos o mesmo procedimento com o discurso da queda.

A LUTA ARMADA EM ASCENSÃO

ALN: ascensão explosiva

O discurso inicial da ALN desenvolve-se em oposição a dois outros principais, com os quais estabelece uma relação de ruptura, alimentada pela revolta e pelo desejo de vingança. O primeiro deles corresponde ao discurso da ditadura militar brasileira:

> 1. Implacável e impiedosa a ditadura recorreu à violência brutal. Ela persegue, bate e atira nas ruas; o medo e a insegurança prevalecem. No cárcere, as torturas são indescritíveis. Assassina e fuzila prisioneiros e suspeitos.
> Ao terrorismo que a ditadura emprega contra o povo nós contrapomos o terrorismo revolucionário;[11]
>
> 2. Agora, o governo ameaça o povo com novas medidas de aprofundamento da ditadura, enquanto outros setores especulam com possibilidade de manobras e golpes liberalizantes. Uns e outros o que pretendem, na realidade, é manter a velha e carcomida estrutura que infelicita os brasileiros.
> Os acontecimentos das últimas semanas deixaram ainda mais claro que devemos responder à violência da reação com a violência do povo, que o lema é olho por olho, dente por dente;[12]

As paixões da revolta e da vingança com relação à ditadura militar revelam-se essenciais na construção do guerrilheiro, sendo configuradas, no correr das linhas, por meio de um percurso que traça mais ou menos a seguinte narrativa: tem-se inicialmente um sujeito que deseja a conjunção do Brasil e dos brasileiros com determinados valores, como a *prosperidade*, a *autonomia* e a *liberdade*.[13] No entanto, a subida dos militares ao poder fortalece a política imperialista americana e instaura em nosso país um regime de empobrecimento, dependência e forte opressão. Quebram-se, assim, as expectativas desse sujeito, que se decepciona e se ofende. Decepcionado, o sujeito se revolta, pois pretende livrar-se da axiologia imposta pela ditadura nos campos político, econômico e ideológico.

Por outro lado, centrando-se na repressão, na tortura e nos assassinatos realizados pelo governo militar, esse sujeito, além da revolta, desenvolve também um desejo de vingança. O discurso da ALN, construído em uma lógica de guerra, tem como eixo central a luta entre revolucionários e militares, apontados como os grandes inimigos a serem combatidos. Ao longo dos textos, a ditadura é apresentada como causadora de sofrimento à população; política e economicamente incompetente; traidora nacional, defensora de uma ideologia que favorece os estrangeiros imperialistas e as classes dominantes; um sujeito cruel, que iniciou injustificadamente uma guerra injusta contra a população oprimida.[14] Por tudo isso, trata-se de um inimigo que deve ser vingado e odiado.

A guerrilha, nesse cenário, surge como uma guerra de reação, na qual homens insatisfeitos e inconformados combatem com "a mesma moeda" as atitudes de um adversário *amoral*, *odioso* e *cruel*. Tal perspectiva de luta é reforçada por uma das palavras de ordem mais empregadas nos primeiros textos do grupo de Marighella: olho por olho, dente por dente!

Um segundo discurso fundamental na constituição discursiva da ALN se instaura em oposição àquele da esquerda que optou por fazer resistência ao regime, mas não pela via armada:

> 3. Nossa estratégia é partir diretamente para a ação, para a luta armada. O conceito teórico que nos guia é que a ação faz a vanguarda. Seria imperdoável que perdêssemos tempo organizando uma nova cúpula, lançando os chamados documentos programáticos e táticos, inaugurando novas conferências, de onde surgiria outro Comitê Central com os vícios e deformações já conhecidos.[15]

A ruptura com os grupos da esquerda não armada faz emergir novos percursos na instalação do guerrilheiro, atribuindo-lhe outras faces. Nesse caso, tem-se, inicialmente, um sujeito contrário à ditadura, confiante de que seu destinador (revestido principalmente pelo PCB) irá colocá-lo em conjunção com os valores almejados, ou seja, o poder e, consequentemente, a *autonomia* e a *liberdade*. No entanto, a ação esperada não se realiza. Decepcionado, o sujeito perde a confiança em seu destinador, contra quem se revolta, e passa a adotar um novo destinador, ou seja, outro método de luta, de acordo com o qual a única maneira de alcançar o objeto-valor desejado é a luta armada, a guerra revolucionária, o que torna o sujeito que a realiza um ser diferenciado, especial.

Romper com os outros grupos de esquerda encontra-se em completa consonância com um dos princípios mais importantes da ALN: o da ação. O que interessava era partir para a guerra. Diversas passagens dos textos revelam crítica às longas discussões ou à maneira de fazer política até então dominantes. A ALN defende a fundação de *novas práticas e éticas políticas*, realizadas por meio de uma *Organização de novo tipo*.

As paixões da revolta e da vingança funcionam como um motor que impulsiona ações com alvo bem certeiro: derrubar a ditadura por meio da guerra revolucionária. Essa vontade de agir, de fazer a revolução, pode ser observada, por exemplo, nos temas mais frequentes no discurso da Organização. Além da crítica à ditadura e às outras esquerdas, os textos discorrem sobre o perfil e a formação de um guerrilheiro e sobre a preparação da guerrilha:

> 4. O guerrilheiro urbano é um homem que luta contra uma ditadura militar com armas, utilizando métodos não convencionais. Um revolucionário político e um patriota ardente, ele é um lutador pela libertação de seu país, um amigo de sua gente e da liberdade. A área na qual o guerrilheiro urbano atua são as grandes cidades brasileiras. [...]

> [...] o guerrilheiro urbano tem certa vantagem sobre o exército convencional ou sobre a polícia. Esta é, enquanto a polícia e os militares atuam a favor do inimigo, a quem as pessoas odeiam, o guerrilheiro urbano defende uma causa justa, que é a causa do povo.
> As armas do guerrilheiro urbano são inferiores às do seu inimigo, mas vendo do ponto de vista moral, o guerrilheiro urbano tem uma vantagem que não se pode negar. Esta superioridade moral é o que sustém o guerrilheiro urbano.[16]
>
> 5. A perspectiva no Brasil é de uma luta prolongada, para cujo desfecho não há pressa nem há prazos.
> Iniciamos a guerra revolucionária, com a guerrilha urbana marchando lenta mas sistematicamente, atacando os interesses dos grandes capitalistas nacionais e estrangeiros, levando a insegurança e a incerteza às classes dominantes, desgastando e desmoralizando as forças militares dos gorilas.
> Da área urbana passaremos à luta armada direta contra os latifundiários, através da guerrilha rural.[17]
>
> 6. Hoje, ser "violento" ou "terrorista" é uma qualidade que enobrece qualquer pessoa honrada, porque é um ato digno de um revolucionário engajado na luta armada contra a vergonhosa ditadura militar e suas atrocidades;[18]
>
> 7. Pequenas organizações ou grupos com vida própria e militantes revolucionários solitários ou franco-atiradores também integram nossa organização [...] *sob a condição de aceitarem, defenderem e cumprirem sem reservas todos nossos princípios estratégicos, táticos e orgânicos.*[19]

Ao longo dos textos da ALN, observa-se que o sujeito revolucionário é projetado como *valente*, *audacioso*, *corajoso*, *ousado* e *combativo*. No conjunto das qualidades a ele atribuídas, predominam as habilidades físicas (mencionam-se, entre outras: ser ágil, rápido, saber dirigir carros, aviões e navios, entender de mecânica, de primeiros socorros etc.) e as qualidades morais, havendo uma insistência na necessidade de seguir uma conduta rígida, exemplar, totalmente submetida à *ética revolucionária*. Para ser guerrilheiro, não basta querer, é preciso poder, ter todos os requisitos anteriormente mencionados. Além disso, é necessário estar disposto a entrar no código revolucionário, ter "orgulho de ser terrorista". A imagem do guerrilheiro presente nos textos é superpositiva, de um sujeito diferenciado, que merece admiração.

O assunto da guerra revolucionária é abordado no material da ALN de modo bastante focado na implementação da guerrilha brasileira contra a ditadura. Assim, praticamente não há, ao longo dos textos, discussões sobre o caráter da revolução, suas filiações teóricas, sua inserção na conjuntura internacional. O que se encontra são menções às fases da luta, às estratégias para executá-las, às formas de operação etc. Trata-se de um discurso que revela uma visão de mundo centrada em prioridades, no caso, o essencial para a realização da guerrilha.

Com relação ao revestimento semântico de categorias espaciais e temporais, o discurso aborda essencialmente o Brasil na ditadura militar, não havendo praticamente menção a outros países nem a outros períodos. Predomina o *aqui-agora*. De modo semelhante, a actorialização instaura sobretudo um sujeito (revestido, na maioria das vezes, como *guerrilheiro* ou *revolucionário*) e um antissujeito (*governo*, *ditadura, Dops*, *espiões*, *torturadores* etc.), ou seja, os atores centrais da guerra revolucionária brasileira.

A maioria dos textos apresenta subdivisões internas e possui frases e parágrafos predominantemente curtos. Há pouca citação e raras são as referências a autores consagrados no campo discursivo da esquerda revolucionária ou a outras revoluções.

Os elementos anteriormente apontados no discurso da ALN permitem-nos tecer alguns comentários sobre o seu estilo. Retomemos algumas das características: a) exclusividade da luta armada como forma de resistência; b) valorização da ruptura e desvalorização de medidas conciliatórias (valores de absoluto); c) ênfase no ódio à ditadura; d) revestimento das categorias espaciais e temporais restrito ao Brasil do presente; e) projeção actancial privilegiando os combatentes da guerra; f) formação do guerrilheiro privilegiando as questões práticas e morais; g) temas que abordam, sobretudo, a guerra revolucionária no Brasil, voltados para suas ações; h) parágrafos curtos e textos com subdivisões; i) escassez de citações.

O foco na ação, que elege prioridades e não se dispersa, motivado pelo ódio ao inimigo e pelo desejo de vingança resulta em um discurso com traços passionais marcantes, localizado predominantemente no eixo da intensidade. O modo como esse discurso é construído, com revestimentos de projeções actanciais, temporais e espaciais reduzidos e poucas citações produz efeitos de sentido de concentração; por outro lado, o emprego de frases e parágrafos curtos resulta em efeito de sentido de aceleração. A reunião dos traços anteriores, ou seja, intensidade, concentração e aceleração, confere ao discurso de ascensão da ALN um caráter explosivo.

VPR: ascensão cautelosa

> 8. A utilização correta do marxismo como ciência, isto é, sua aplicação que não é nem repetição, nem revisão, consiste pois em utilizar as leis descobertas por Marx em relação ao proletariado, e que encontraremos em “O Capital”: em

> seguida, devemos mostrar como estas leis se manifestam na realidade histórica atual – o que equivale a explicar esta realidade nova com auxílio destas leis; finalmente, uma vez corretamente analisada esta realidade, procurar a estratégia que lhe corresponda.[20]
>
> 9. É necessário acreditar. É necessário amar a causa e a O. É necessário ver de forma inflexível que, sem a O., jamais atingiremos nosso objetivo – o socialismo.[21]
>
> 10. Um revolucionário morre de cabeça erguida e com altivez, *enquanto um traidor morre feito rato, arrastando-se nos esgotos*.[22]
>
> 11. Uma organização de combatentes não pode permitir a entrada e saída de militantes com explicações vagas ou inadequadas.[23]
>
> 12. Quando ela [a ditadura] submete um quadro revolucionário à sua corte de justiça está submetendo o proletariado. Ela não condena simplesmente o quadro ela condena a causa do próprio proletariado – o socialismo.[24]

Em nossa pesquisa em arquivos, encontramos textos da VPR de autoria e gêneros variados, a saber: documentos com reflexões acerca da teoria e da prática da luta armada, normas da Organização, informes, estatuto etc., todos originados entre 1969 e 1970.

A leitura dos documentos revela que, assim como o discurso da ALN, o da VPR também se constitui em oposição aos discursos da ditadura e da esquerda não armada; entretanto, como procuraremos mostrar ao longo da análise, as abordagens são distintas.

O discurso da VPR funda-se na oposição capitalismo *vs.* socialismo, com euforização do segundo. Narrativamente, o programa descritivo opõe socialistas e capitalistas na disputa pelo *poder.* O objetivo principal é vencer o imperialismo, o verdadeiro inimigo, sendo a ditadura brasileira apontada apenas como um inimigo tático, mero representante local do capitalismo integrado.

No contexto global da disputa de poder entre capitalistas e socialistas, esse discurso confere especial atenção a dois aspectos negativos do capitalismo. Primeiro, o seu funcionamento, o *imperialismo integrado,* apresentado sob a perspectiva da relação de dominação e dependência que se estabelece entre as grandes e pequenas economias mundiais; segundo, as consequências negativas desse sistema na vida das pessoas.

A estratégia de conquista de adesão centra-se no fazer saber, isto é, trata-se de um discurso que procura mostrar que conhece a realidade e tem consciência política de que apenas a revolução socialista pode transformar a sociedade capitalista e seus vícios. Essa transformação (programa narrativo) é apresentada como fruto da conciliação entre a teoria e a prática, tensão que permeia todo o discurso da VPR. Assumindo-se como filiado ao marxismo-leninismo, o enunciador da VPR afirma que a construção de uma tática de luta adequada depende de uma análise de conjuntura acertada, o que, de acordo com ele, só é possível quando se sabe bem a teoria marxista-leninista.

A valorização teórica encontra-se também na base da ruptura com a esquerda não armada. Assim, podemos ler nos documentos da VPR críticas à concepção de revolução tanto do PCB quanto da Polop, principais organizações com as quais a VPR estabelece relações interdiscursivas.

De acordo com esse discurso, a construção da luta se faz por meio de uma Organização institucionalmente forte, sempre seguindo os princípios da causa revolucionária. Dessa forma, para que o militante possa fazer a revolução, é necessário que ele se integre a um todo maior, que envolve a causa e a Organização. Muitos documentos encontrados correspondem a comunicações internas do grupo ressaltando os deveres de seus membros – normas de conduta em centros urbanos, normas de comportamento na prisão, normas de desligamento, estatuto etc. –, o que revela a adoção de um formato de militância que preza pela organização revolucionária.

As qualidades do sujeito revolucionário compõem-se, nesse discurso, com modalidades da ordem do crer, do saber e do dever. O crer possui um estatuto tão importante que, em algumas passagens, encontra-se intensificado pelo uso da expressão *fé política*, ou seja, a crença na vitória da revolução. Entretanto, a análise do conjunto dos textos permite depreender que não se trata de uma simples fé, mas de uma *fé política*, que se baseia no saber, no conhecimento da ciência marxista. Um revolucionário é um sujeito *convicto*, que sabe o que quer e tem *certeza* disso, qualidades que se veem manifestadas por expressões como *firmeza ideológica* ou *clareza,* muito presentes ao longo dos textos. Demanda-se também do revolucionário que ele tenha paixões benevolentes (principalmente o amor) pela sua causa e pela sua organização.

Por outro lado, o sujeito que não corresponde às expectativas da Organização é visto diante dos seus pares como *fraco*, *traidor*, *indigno*, *sem firmeza ideológica*, antivalores empregados com muita frequência por esse discurso. Há, dessa forma, uma intimidação moral que aproxima a Organização revolucionária de uma sociedade da honra, na qual se estimula a vergonha de seus pares, o que se encontra reforçado pela constante presença da questão do julgamento interno e da figura do *Tribunal Revolucionário*.

Diferentemente do discurso da ALN, no discurso da VPR as habilidades físicas são menos valorizadas. Reiterando a importância do compromisso com a causa e a Organização, os textos que discorrem sobre a preparação para a luta apontam frequentemente as fragilidades da guerrilha e a força do inimigo, aconselhando sempre cautela, o que indica preocupação em preservar o militante e, sobretudo, a Organização. Essa visão está em consonância com a maneira como a VPR nomeia a primeira fase da guerra revolucionária: defensiva estratégica.

No discurso da VPR, a questão central não é romper com as outras esquerdas brasileiras e partir para a ação contra a ditadura, mas sim romper com as outras esquerdas e partir para a conquista de adeptos da luta armada. Semioticamente, seu foco recai sobre a manipulação, mais precisamente, sobre o estabelecimento de diferentes contratos, entre os quais se destaca aquele entre a vanguarda e as massas, objetivo a ser alcançado na primeira fase da revolução, que se encerra com a adesão das massas ao projeto revolucionário e o reconhecimento da vanguarda como destinadora.[25] De modo semelhante, surge também o contrato entre dirigentes e bases; entre a VPR e outros grupos armados etc.

Os textos discorrem ainda sobre uma comunicação que não necessariamente envolve a construção de um contrato, a relação entre os "homens da repressão" e os revolucionários, estimulados a agir de maneira mais racional e calculada possível para poderem vencer um grande inimigo. Não há, portanto, uma relação passional com a ditadura.

Observando mais atentamente o modo como o enunciador constrói o discurso da VPR, verificamos um estilo no qual predomina a apreensão de amplitudes e a exploração de aspectos inteligíveis. Assim, em muitos documentos, encontramos menção a outros momentos históricos; a experiências revolucionárias internacionais, bem como referência à organização da produção e às condições dos proletários em diversas regiões capitalistas. O capitalismo é apresentado como um sistema de exploração e opressão, por meio de uma abordagem panorâmica e global, que busca integrar diferentes lugares e épocas, sempre com ênfase nas questões econômicas e na luta de classes. Considera-se que o revestimento semântico das categorias espaçotemporais representa um bom termômetro deste enfoque. No primeiro caso, encontramos, entre outros, as seguintes referências espaciais: Inglaterra (berço da Revolução Industrial), Rússia (terreno de uma revolução socialista), Estados Unidos (símbolo do imperialismo), França, Alemanha, China, Brasil, Cuba, Argentina, Chile, Peru, Recife, Mato Grosso, Goiás, Minas Gerais, campo, cidade, fazendas, fábricas, escolas, favelas etc.

Com relação à semantização das categorias de tempo, tem-se: 1880, 1882, 1920, 1960, 1968 e 1969.

De modo complementar, verifica-se que o revestimento actorial realiza-se prioritariamente por meio de termos pertencentes ao "mundo econômico". Veem-se, desse modo, de um lado os capitalistas, antidestinadores e antissujeitos, revestidos por: *imperialismo*, *imperialismo integrado*, *burguesia*, *burguesia imperialista*, *ditadura*, *patrões*, *grandes capitalistas*, *gigantescos trustes internacionais*, *organizações mundiais*. De outro lado, os socialistas, destinadores e sujeitos, preenchidos ao longo dos textos por: *socialistas*, *revolucionários*, *proletários*, *domésticas*, *prostitutas*, *favelados*, *povo*, *camadas de funcionários*, *população em desemprego*, *população em subemprego*, *biscates*, *feirantes*, *ambulantes*, *vendedores*, *camponeses*, *mulheres*. Há, dessa forma, dois grandes grupos que se opõem.

Vale ressaltar ainda a presença, no corpo dos textos, de citações teóricas (*O capital*, *Obras escolhidas de Marx e Engels* etc.) e simples alusão a obras (Celso Furtado, Lenin etc.).

Alguns traços apontados ao longo da análise anterior nos parecem relevantes para a configuração de um estilo discursivo da VPR: a) presença de diferentes tipos de documentos, de autoria variada; b) capitalismo *vs.* socialismo como oposição fundamental; c) valorização do conhecimento teórico e defesa da filiação ao marxismo-leninismo; d) valorização da Organização Revolucionária; e) qualidades revolucionárias enfatizando amor e compromisso com a causa; f) ênfase na manipulação; g) projeções actanciais, espaciais e temporais revestidas de modo abrangente; h) emprego de citações teóricas.

Essas características revelam que o discurso de ascensão da VPR procura inserir a luta armada em um projeto político internacional. Assim, o enunciador, assumindo a teoria marxista-leninista como destinadora, apresenta-se como um sujeito que sabe não apenas a teoria, mas também o modo correto de empregá-la a favor da revolução socialista. Para reforçar esse *ethos* do conhecimento, faz uso de citações teóricas, além de mencionar experiências revolucionárias e imperialistas de diferentes partes do mundo. Reiterando a valorização da objetividade e do saber, afirma a importância da conquista de adeptos sobretudo por meio da comunicação, da construção de um contrato, e não da ação. A reunião desses elementos confere ao discurso um ritmo mais lento, assim como um estilo mais expansivo.

Ao estabelecermos uma comparação entre as principais características do discurso de ascensão da ALN e da VPR, chegamos ao seguinte quadro-síntese:

ALN	VPR
Documentos predominantemente de autoria de Marighella.	Documentos de gênero e autoria variados.
Oposição fundamental: continuidade *vs.* ruptura.	Oposição fundamental: capitalismo *vs.* socialismo.
Ruptura com o formato e a prática da esquerda existente.	Ruptura com as teorias políticas existentes na esquerda.
Ditadura: grande inimigo a ser odiado.	Ditadura: representante do capitalismo internacional, inimigo tático.
Guerrilheiro: sujeito com muitas habilidades físicas e qualidades morais.	Revolucionário: sujeito com firmeza ideológica, convicção, amor à causa e à Organização.
Orgulho de ser terrorista; violência justa.	Orgulho de honrar a causa e a Organização.
Preparação para a guerra: ênfase nas ações práticas e bem-sucedidas dos revolucionários.	Formação para a guerrilha: defensiva, ênfase na força e estratégia do inimigo.
Conquista da adesão via exemplo da ação.	Conquista da adesão centrada na comunicação.
Revestimento semântico de categorias de pessoa, tempo e espaço mais restrito.	Revestimento semântico de categorias de pessoa, tempo e espaço mais amplo.
Negação da importância teórica; ausência de citações. Grande quantidade de exemplos práticos e concretos.	Valorização teórica, presença de citações e notas de rodapé.
Estilo semiótico: mais concentrado, intenso, explosivo.	Estilo semiótico: mais expandido, extenso, menos explosivo.

De modo resumido, comparando os dois enunciadores, observamos que o enunciador da ALN revela-se mais vigoroso e explosivo, como se já se encontrasse em ação; em contrapartida, o da VPR mostra-se mais contido, menos entusiasmado, como se estivesse se preparando para agir.

LUTA ARMADA EM DECLÍNIO

ALN: queda lenta

Se o material da ALN referente ao lançamento da primeira fase da guerra revolucionária revela um estilo concentrado e um enunciador explosivo, os documentos difundidos a partir da segunda metade de 1970 possuem características sensivelmente distintas, as quais apontaremos a seguir.

Enquanto os textos produzidos até 1969 são, em sua grande maioria, assinados por Marighella e resultam em efeito de sentido de unidade e homogeneidade, os textos do "declínio", de autoria variada, deixam transparecer vozes dissonantes em seu interior, inseridas, grande parte das vezes, em um debate polêmico: seguir ou não lutando?

A questão central passa a ser encontrar meios que justifiquem e viabilizem a continuação da luta. Nesse sentido, os temas voltam-se, de forma geral, para a compreensão das derrotas sofridas, o que se faz avaliando o percurso até então traçado pela Organização; e para a elaboração de estratégias e táticas viáveis para o prosseguimento da guerra revolucionária. O encadeamento dessas temáticas e sua finalidade encontram-se resumidos em uma frase bastante repetida ao longo dos textos: corrigir os erros e avançar na luta.

> 13. A debilidade do movimento armado está precisamente em ter atraído para suas fileiras grande número de elementos provenientes da pequena burguesia e que, pela rapidez dos acontecimentos, não puderam ser educados segundo a concepção marxista e não puderam compreender a nova situação da luta revolucionária.[26]

> 14. E nunca será demais dizer que estes traidores [pequeno-burgueses], mesmo vivos, estão mortos. Perderam o que de melhor tem o Homem e receberam o que este tem de mais ignóbil. Seus nomes não ficarão. E se forem lembrados, o serão como símbolo e produto de tudo aquilo que queremos destruir.[27]

> 15. O extermínio sistemático dos revolucionários poupa o governo das incômodas estatísticas de processos, inquéritos, presos políticos e pessoas procuradas. Preocupada com a veiculação destes números no exterior e seus reflexos na imagem do país a ditadura acionou um plano que visa eliminar toda oposição até fins deste ano. [...] Com isto se liquida física e juridicamente com a figura do preso político, numa "solução final" orientada e testada pelo imperialismo no Vietnã – a chamada "Operação Fênix" – e mais recentemente na Guatemala, só para citar dois casos mais divulgados.[28]

> 16. Que nenhum revolucionário se iluda. O combate será longo e difícil. É preciso desmascará-los [os liquidacionistas] para que a luta revolucionária avance. Mas para isso precisamos nos preparar ideologicamente; aumentar nosso nível de conhecimento político e militar; fortalecer a Organização, ampliando o estudo e aprofundamento de nossa linha política, desenvolvendo as formas de vida orgânica e de solidariedade interna; aumentar nossos vínculos com as massas exploradas, como condição para expansão da luta armada.[29]

Na construção da autocrítica, o discurso da ALN atribui as causas das derrotas sofridas pela Organização, sobretudo, à prática do grupo, não conferindo muita importância às atitudes do *inimigo* ou à conjuntura política. As falhas nas ações são apontadas como as maiores responsáveis pelas perdas. Assim, justifica-se a manutenção do projeto político, desde que realizado de modo mais certeiro.

Surge nas narrativas a figura do *pequeno-burguês*, principal agente dos erros cometidos e das consequentes quedas e perdas, sendo a ele atribuída uma série de qualidades e valores negativos, entre os quais se destacam: *aventureiro*, *fraco*, *inseguro*, *vacilão*, *irrealista*, *sem firmeza política*, *traidor*, *liquidacionista* etc. Ao longo dos textos, é possível construir para esse *não sujeito* a seguinte trajetória: inicialmente, ele adere à luta armada por impulso emocional e aventureirismo, sem o conhecimento profundo da luta política da Organização, adesão essa que só ocorre quando o movimento se encontra em ascensão. Em um segundo instante, quando o movimento entra em refluxo, esse indivíduo, incapaz de suportar derrotas e superar erros, cai no derrotismo e no desespero (*fraco*). Por ser fraco e não ter consciência de classe, abre mão da causa e da Organização. Assim, os documentos contêm afirmações da necessidade de se combater os *pequeno-burgueses*. Verificamos dessa forma que, juntamente com as derrotas, começam a emergir nos textos as discordâncias de ideias e as paixões negativas no interior do grupo, como a desconfiança, a decepção, a raiva e até o ódio.

Ao lado desse não sujeito, projetam-se os verdadeiros revolucionários, "os melhores filhos", aqueles que prosseguem na luta. Se nos textos iniciais a imagem do guerrilheiro ideal encontra-se traçada principalmente com habilidades físicas e força moral, no momento de dificuldades as qualidades enfatizadas correspondem ao compromisso com a causa revolucionária e a fidelidade a ela. Nesse sentido, um *verdadeiro revolucionário* é construído nesse discurso como um sujeito que possui as seguintes qualidades: *paciência, perseverança, dedicação, seriedade, responsabilidade, compromisso, firmeza, disciplina, confiança, clareza política* e *vigilância de classe*. Pela projeção do revolucionário ideal, é possível observarmos a passagem do predomínio da incoatividade explosiva para uma duratividade mais branda.

Afirma-se a necessidade de os militantes não se esquecerem do caráter histórico da luta, da grandiosidade da causa e do exemplo de combatentes como Che Guevara e Marighella que, apesar de mortos, tornaram-se heróis. A valorização da luta e do compromisso com a causa encontram-se presentes em uma das palavras de ordem mais empregadas nos documentos dessa segunda fase: "se dez vidas eu tivesse, dez vidas eu daria".

Se a avaliação do passado revela um discurso autocentrado e apaixonado, contrariamente, em relação à ditadura e à construção de novas táticas de luta, o discurso da ALN mostra-se mais "frio", racional e objetivo. Nesse sentido, encontramos em grande parte dos textos difundidos a partir de 1971 uma análise de conjuntura na qual são examinadas algumas questões com enfoque prioritário para o aspecto econômico. O Brasil é abordado como parte da estratégia global do imperialismo norte-americano, representando um aliado fundamental para que os Estados Unidos exerçam o domínio de toda a América Latina. Além da abordagem de uma perspectiva da "estratégia global do imperialismo norte-americano", há ainda, em algumas passagens, exemplos de outras experiências de ditadura consideradas semelhantes à nossa. Verifica-se, portanto, que, diferentemente dos primeiros textos, que projetavam paixões negativas contra a ditadura, nestes a relação com o inimigo é instaurada por meio de efeitos de sentido de objetividade e distanciamento.

Um terceiro assunto constante no discurso de "declínio" da ALN corresponde à construção de táticas para a continuidade da luta. Por um lado, afirma-se a manutenção dos mesmos princípios e métodos traçados pelo líder Marighella; por outro, surge a inserção da guerra revolucionária em um contexto de luta de classes e, consequentemente, na luta internacional. Os textos afirmam a necessidade de incorporação de novas táticas de luta e de novas alianças. Ressalte-se, porém, que essas abordagens sobre a guerra revolucionária não são consideradas novas nem contraditórias em relação às propostas de Marighella, apenas uma *ampliação* e um *aprofundamento da luta*.

A luta armada brasileira passa, então, a ser abordada em um contexto internacional, com a projeção de aliados e inimigos de diferentes países. A apresentação da guerra revolucionária sob uma perspectiva mais ampla vem acompanhada da expansão do foco discursivo da ALN, o que pode ser observado, por exemplo, por meio do revestimento semântico das projeções espaçotemporais: no primeiro caso, encontramos referências ao Brasil, Peru, Guatemala, Vietnã, Espanha, América Latina etc.; no segundo, tem-se *1960*, *1964*, *1970*, *1972*, *1973*, além dos advérbios *hoje* e *atualmente*.

Com relação à actorialização, chama-nos a atenção a diminuição do uso do substantivo *guerrilheiro* e o aumento de sinônimos revestindo semanticamente o sujeito que realiza a ação revolucionária: *combatente*, *direção da guerrilha*, *revo-*

lucionário, *vanguarda revolucionária*, *dirigente revolucionário*, *revolucionários marxistas*, *militante*, *quadro,companheiro* etc.

Os parágrafos tornam-se, em sua maioria, mais longos e os textos passam a apresentar menos fragmentação interna, fazendo com que o ritmo de leitura fique mais lento. Além disso, surgem citações e menção a teóricos, o que era muito raro nos primeiros documentos.

As características mostradas anteriormente nos permitem depreender, no discurso de "declínio" da ALN, um enunciador que quer prosseguir lutando e busca meios para isso. Apesar das adversidades e das dificuldades, este enunciador mostra-se firme e *continua* acreditando na guerrilha. Como parte de suas saídas, procura ampliar o espectro do combate, abordando a luta armada de forma integrada a uma luta internacional, buscando aliados dentro e fora do país, antiditadura e anti-imperialismo. Assim, o discurso da queda, em relação ao da ascensão, é mais expansivo, menos concentrado e apresenta um ritmo mais lento.

VPR: queda brusca

Os documentos da VPR veiculados no período que estamos chamando de segunda fase da luta armada, se comparados aos da primeira, são menos numerosos e se manifestam em menor variedade de gênero discursivo. Os materiais estudados foram produzidos essencialmente para a realização de discussões entre os membros da Organização, e revelam a existência de divergências internas, principalmente em relação à temática da continuidade da luta.

Os textos analisados apresentam diversas passagens nas quais o destinador caracteriza enfaticamente o momento vivido como de *crise*. A leitura que esse destinador faz da guerra revolucionária é a de que os guerrilheiros estão sendo vencidos rápida e progressivamente pela ditadura, o que torna a conquista desejada, a conjunção com o poder, cada vez mais difícil.

Observemos os fragmentos a seguir.

> 17. A evolução da esquerda tem se dado através de uma crise cujo componente básico tem sido o isolamento político da vanguarda em relação à massa, crises de segurança e crises políticas internas desgastantes [...].
> É preciso encontrar um caminho que nos leve à superação da situação atual.[30]

> 18. O estado normal do coletivo parece ser de letargia, de prolongada e contínua hibernação.[31]

> 19. O fator tempo será decisivo, pois enquanto a burguesia segue velozmente na adoção de medidas que alteram a conjuntura, a esquerda voltada para dentro de si não consegue nem contra-atacar, quando deveria estar atacando.
> [...]
> É necessário, hoje, agora, partir para ações políticas capazes de mudar a qualidade de nossa atuação.[32]

O discurso de queda da VPR é construído com base na oposição semântica fundamental continuação *vs.* parada, em que o primeiro termo significa manter a luta, e o segundo, desistir dela. Em muitos textos, essa oposição encontra-se associada a morte *vs.* vida. O destinador-julgador avalia a trajetória do sujeito como sendo a da passagem da continuação para a não continuação, o que, segundo ele, não se deve apenas às vitórias do antissujeito, mas sobretudo ao fato de o sujeito não saber como dar continuidade às ações que vinha realizando. Esse lugar da não continuação é percebido pelo destinador como uma paralisia, o que o deixa inquieto e desperta nele o desejo de mudar a situação imediatamente.

Em termos narrativos, a saída da situação de crise e imobilismo corresponde à transformação almejada narrativamente. A busca desse objetivo realiza-se de duas maneiras complementares: a sanção da trajetória da luta armada (autocrítica) e a construção de um objeto-valor, uma nova linha política.

A sanção da trajetória teórica, embora avalie os diferentes pontos de vista adotados pela VPR como um percurso de aprimoramento, conclui que a concepção revolucionária do grupo ainda era frágil e insuficiente:

> 20. Sabíamos, desde o início, que estávamos em vias de uma definição revolucionária mais profunda e que o estágio atual das definições era pobre para servir como guia teórico de uma prática revolucionária de grande envergadura.[33]

Se o percurso temático relativo às perspectivas teóricas trata de melhoras, a evolução das análises de conjuntura é apresentada como uma sucessão de fracassos, concluindo que a Organização ainda não havia acertado na análise de realidade, o que acarretava outros problemas:

> 21. Ora, acontece que a Org. não elaborou até hoje uma tática eficaz, isto é, uma proposição política capaz de adaptar-se às condições do momento presente e transformá-lo. E isto pela razão fortíssima que ainda não conhecemos corretamente a conjuntura.[34]

De modo geral, os documentos da VPR produzidos no momento de queda referem-se pouco às ações armadas e, quando o fazem, é de forma bastante resumida. Os sequestros são as experiências mais valorizadas. As avaliações positivas das ações, embora presentes, são frequentemente seguidas de ponderações negativas:

> 22. A prática de outubro/69 (Congresso) até hoje (fevereiro/71) foi realmente *intensa*:
> a) uma *importantíssima* experiência de guerrilha no campo que nos ensinou *demais*;
> b) um volume de ações *muito grande*;
> c) três sequestros *importantes*;
> d) extensão da Org. em vários sentidos, buscando contatos e experiências de trabalho.
>
> No entanto, a Org. se cresceu em importância e influência perdeu em força efetiva [...].[35]

As derrotas da guerrilha são atribuídas mais a problemas políticos do que a erros pessoais ou técnicos. A crítica da VPR não divide a experiência das atividades de guerrilha em fase ascendente e descendente, mas traz em sua análise a ideia de que a luta armada brasileira nunca esteve em ascensão. Nesse sentido, destacamos o seguinte trecho:

> 23. A verdadeira "crise de segurança", como passamos a apelidar as quedas em cadeia, surgiu em janeiro de 69, um mês após o AI-5. Até hoje não passou um tempo maior que um mês, na esquerda, onde não houvesse quedas ou mortes.[36]

Verifica-se que a sanção das trajetórias passadas é bastante pessimista, revelando um enunciador *abatido*. Outra característica relevante desta avaliação é que ela se volta principalmente para as questões da VPR: concentra seu "percurso histórico" em um curto período de tempo (1969-1971); privilegia como foco de análise mais os militantes armados do que a ditadura.

Se o passado é visto como um conjunto de equívocos, o então presente é marcado por uma série de discordâncias. A realidade de derrotas e a sensação de imobilidade trazem à tona muitos conflitos, quase todos motivados pela mesma paixão, a *desconfiança*. Entre as polêmicas presentes nos textos, destacamos: militantes que defendiam a necessidade de parar de lutar *vs*. militantes que afirmavam o dever de prosseguir na luta; revolucionários que permaneciam no Brasil *vs*. militantes que se encontravam no exterior.

À semelhança do discurso da ALN, a procura por um bode expiatório torna-se constante no discurso da segunda fase, resultando na projeção, no enunciado, da oposição entre o *verdadeiro revolucionário* e o *pequeno-burguês*, aquele que parece revolucionário, mas não é. As dificuldades do momento são interpretadas como provas para diferenciar esses dois tipos de militantes armados.

Ressaltamos que, embora o objetivo principal continue sendo derrubar o regime, os documentos tratam, com muita frequência, o revolucionário "pequeno-burguês" como um inimigo. Verificamos, desse modo, um estreitamento do foco discursivo, pois o obstáculo central se desvia, em muitos textos, da ditadura para as atitudes "pequeno-burguesas" dos militantes armados, notadamente aqueles que defendem a desmobilização. A sensação de estar sendo derrotado abala a confiança e traz à tona sentimentos negativos, como a desconfiança, a descrença, a insegurança e o medo.

Outra diferença relevante em relação ao discurso de ascensão corresponde à mudança no significado da morte para a guerrilha. Naquele discurso, muito fundado na crença e no amor ao projeto revolucionário, viver sem lutar equivale a morrer e, portanto, é inconcebível para um "verdadeiro revolucionário" abandonar a luta. A vida deveria entrelaçar-se à luta e, se necessário, morrer-se-ia lutando. Com a crise de confiança na linha política e com a série de derrotas, a estratégia de luta e a vitória (pelo menos daquela forma de luta, naquele momento) deixam de ser percebidas como certas e, dessa forma, a morte deixa de ser uma consequência inevitável, ou uma contribuição para a revolução, e se esvazia, tornando-se gratuita, inútil. Assim, podemos encontrar em alguns trechos a presença do medo da morte.

A continuidade da luta fica, nesse discurso, condicionada a dois fatores. Primeiro, a um elemento moral, pois é preciso ser um *verdadeiro revolucionário* para enfrentar os momentos difíceis e manter o compromisso com a revolução. Segundo, *saber* qual o caminho a ser seguido. Nesse sentido, tanto a avaliação da experiência da Organização quanto a análise de conjuntura correspondem a programas narrativos modais, que acumulam o saber para a elaboração de uma nova tática revolucionária.

Apesar da existência de uma crise entre os membros da VPR, todos os documentos investigados apontam para a mesma direção: a continuidade da luta armada. Para isso, afirma-se a necessidade de construção de uma nova tática. Estabelece-se que, para a viabilização da continuidade da luta, é preciso inseri-la em um projeto político mais amplo. No entanto, não encontramos ao longo dos textos a concretização da linha política e das novas formas de ação. A leitura cuidadosa dos temas relativos à "nova versão da Guerra Revolucionária" permite-nos observar que as soluções propostas para superar a situação de crise correspondem, em larga medida, a um aprofundamento das teses de Jamil, ou seja, das propostas do discurso de ascensão.

Abordando mais especificamente a questão da discursivização, verificamos um predomínio da debreagem enunciativa nas categorias de tempo e espaço. Os cronônimos presentes nos textos são principalmente *hoje*, *agora*, *1968* e *1971*. O discurso está sempre voltado para o passado recente, ou para o futuro e, embora o momento de referência seja o presente, diversas passagens do enunciado afirmam o desejo de tornar o *agora* rapidamente passado, mostrando o estado de aflição em que se encontravam os sujeitos. A espacialização opõe o *aqui* (Brasil) ao *lá* (exterior), em alusão à oposição entre os guerrilheiros que continuavam lutando no Brasil e os que estavam no exílio. A semantização das categorias de pessoa prioriza o revestimento de atores envolvidos no funcionamento da luta e da Organização armadas, com pouco destaque à luta internacional. Observamos, por meio dessas debreagens, que o discurso da VPR na segunda fase é bastante focado, a perspectiva adotada é a da autocrítica, isto é, a da avaliação dos problemas internos do grupo.

O modo de dizer mostra a imagem do enunciador e deixa entrever o estilo dos textos que, no momento de queda, é marcado pela alternância de efeitos de sentido. Assim, por um lado, observamos a imagem de um sujeito confiante de que sua causa e de que seus métodos representam o único caminho possível, o percurso correto a ser seguido. No entanto, por outro lado, o fato de a autocrítica ser bastante focada nas questões da própria Organização; a sanção sempre negativa das experiências passadas de luta, que enxerga apenas fracassos; o julgamento moral e a projeção negativa da imagem dos combatentes que decidiram parar de lutar; a temporalização com aspecto terminativo, em caráter de urgência, entre outros, fazem emergir nesse enunciador traços de um sujeito inseguro que, em crise de confiança, aflito e ávido por mudanças, acelera o seu ritmo, pois tem pressa em solucionar o problema. Trata-se, portanto, de um discurso no qual predomina o estilo intenso, concentrado e acelerado.

Esse estilo discursivo encontra-se em consonância com a publicação repentina de um comunicado intitulado "Medidas imediatas", que decreta, em 07/08/1971, a desmobilização da Organização:

> 24.
> [...]
> 3) – O Comando considera como objetivos <u>imediatos</u> [...]:
> a) a tentativa de preservar a vida dos militantes restantes; b) a necessidade de uma redefinição política retirando-se um balanço crítico objetivo da fracassada militância anterior.
> 4) – Para isto, determina de forma imediata: – a) A Organização está desmobilizada. b) está convocado o II Congresso Nacional.
> [...]
> 9) – O novo Comando julga-se em condições de assumir tal posição tão radical e absolutamente divergente do Comando anterior por – a) Ser esta a posição

> da maioria dos quadros da O.; b) Considerar que tal posição está plenamente justificada pelos fatos e que nenhuma outra foi apresentada de forma objetiva a não ser a espera suicida e indefinida.[37]

Tendo perdido a crença na luta, esse enunciador perde a confiança, passando a duvidar de seu poder-fazer. Assim, sua espera torna-se aflita, excessiva e, por fim, insuportável.

Tecendo uma comparação entre os discursos de *queda* da ALN e da VPR, produzimos um quadro-síntese com as características e diferenças que consideramos mais relevantes:

ALN	VPR
Maior quantidade de documentos, gêneros e autores em relação à primeira fase.	Menor quantidade de documentos e gêneros em relação à primeira fase.
Sanção das trajetórias da Organização e da luta armada: aspectos positivos e negativos.	Sanção das trajetórias da Organização e da luta armada: essencialmente negativa.
Responsabilidade pelas derrotas sofridas: erros práticos dos militantes.	Responsabilidade pelas derrotas sofridas: falha na concepção de luta.
Análise de conjuntura: aborda a ditadura e sua política econômica no contexto do imperialismo. Avalia a situação da guerra revolucionária como difícil.	Análise de conjuntura: aborda, sobretudo, as ações da ditadura contra os militantes armados. Avalia a situação da luta armada como de crise.
Principais paixões: decepção e raiva em relação aos combatentes que decidiram parar de lutar.	Principais paixões: decepção e raiva dos combatentes que decidiram parar de lutar. Insegurança e medo de continuar lutando.
Táticas de continuidade: ampliação e aprofundamento da luta já existente. Tentativa de incorporar novos aliados, nacionais e internacionais, e novas formas de luta ao formato já existente.	Táticas de continuidade: defesa de mudança de linha política. Propostas de ações muito semelhantes às da primeira fase.
Projeções espaçotemporais: mais amplas em relação à primeira fase. Aborda outros países, sobretudo da América Latina e da Europa, e outras temporalidades.	Projeções espaçotemporais: mais reduzidas em relação à primeira fase. Reduz o foco à Organização e à luta armada no Brasil entre 1969 e 1971.
Enunciador: valente, disposto a enfrentar as dificuldades.	Enunciador: inseguro, inquieto, instável, aflito.
Estilo: mais expansivo, menos intenso e mais lento do que o da primeira fase.	Estilo: mais concentrado, mais intenso e mais acelerado do que o da primeira fase.

Considerações finais

A análise mostra que grande parte da diferença entre os discursos da ALN e da VPR pode ser sintetizada pela oposição concentração *vs*. expansão. O interessante é que a construção e a progressão discursiva das duas Organizações traçam vetores opostos. Assim, a ALN passa de um discurso mais concentrado para um mais expandido, enquanto a VPR realiza o percurso contrário.

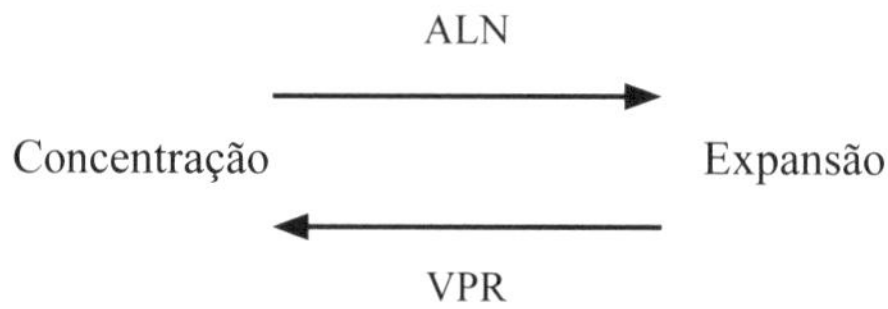

Ao longo da análise, apontamos uma série de traços que caracterizam um estilo mais concentrado e um estilo mais expandido, e observamos maior aproximação entre os discursos da ALN da primeira fase e da VPR da segunda fase (+ concentrado) e, por outro lado, entre os discursos da VPR da primeira fase e da ALN da segunda fase (+ expandido). Entretanto, apesar das semelhanças de estilo, esses discursos também apresentam diferenças definidoras de suas particularidades que, neste caso, associam-se a aspectos passionais. Assim, o discurso de concentração da ALN é vigoroso e explosivo, a paixão essencial é o ódio ao inimigo; já na versão mais expansiva, o enunciador mostra-se valente diante das dificuldades, amplia a luta como tática de continuidade, mas mantém-se confiante. No discurso da VPR, o caráter mais expansivo associa-se à valorização teórica e ao amor à causa, enquanto a concentração está ligada à insegurança, à inquietação e ao medo.

Como conclusão, podemos afirmar, inicialmente, que o método da semiótica revelou-se bastante eficaz para contribuir com o maior conhecimento da luta armada brasileira, mostrando a importância da paixão para a interpretação desse discurso.

Por fim, acreditamos que os dois estilos semióticos depreendidos na presente análise – um mais expandido, que aborda a luta em uma perspectiva mais universal, refletindo por meio de modo teórico e filosófico *vs*. um mais concentrado, focando na prática local, com um discurso mais concreto e objetivo – aplicam-se à grande maioria dos discursos políticos. Futuros trabalhos poderão verificar se nossa hipótese procede e desenvolver melhor a configuração destes dois estilos semióticos de discurso político.

Notas

[1] Trata-se aqui de uma apresentação do contexto histórico em que surgiu a luta armada brasileira a partir do estudo de discursos sobre o tema desenvolvidos por historiadores, sociólogos, jornalistas etc.

[2] É importante ressaltar que não temos a pretensão de desenvolver um estudo histórico ou sociológico sobre a luta armada, o que já foi feito de modo bastante competente por outros pesquisadores.

[3] Eric Hobsbawm, *A era dos extremos*, trad. Marcos Santarrita, São Paulo, Companhia das Letras, 2004, p. 435.

[4] Organização marxista nascida nos meios universitário, cultural e jornalístico no início da década de 1960, a Polop, ao lado do marxismo-leninismo, incorpora novos teóricos, como Rosa Luxemburgo e Bukharin, além de resgatar contribuições de Trotski. Para as informações sobre esta organização, cf. Gorender, 1998, pp. 138-43; Reis Filho, 1990, pp. 34-6; Silva, 1987, pp.87-9; 112-7).

[5] Disponível em: <http://www.franklinmartins.com.br/estacao_historia>. Acesso em: mar. 2012.

[6] Marcelo Ridenti, *O fantasma da revolução brasileira*, São Paulo, Editora Unesp, 1993, pp. 56-72.

[7] Alguns documentos estão assinados pela própria Organização; outros, por um ou vários militantes, com a identificação da Organização; um terceiro tipo são os materiais coletivos, assinados por vários grupos. Encontramos ainda textos que não tinham nenhuma marca que permitisse o reconhecimento da entidade. Nesses casos, fiamo-nos na classificação dos arquivos. A lista dos documentos analisados e suas respectivas referências segue em anexo.

[8] Norma Discini, *O estilo nos textos*, São Paulo, Contexto, 2003.

[9] Claude Zilberberg, *Élements de grammaire tensive*, Limoges, Pulim, 2006.

[10] Idem, pp. 135-8.

[11] Carlos Marighella, *Operações e táticas guerrilheiras*, 1969, p. 7.

[12] Agrupamento Comunista, *O Guerrilheiro*, nº 1, 1968, p. 1.

[13] Vale destacar que esse estado inicial do sujeito encontra-se pressuposto, não sendo muito explorado pelos textos.

[14] Devido à limitação do espaço, apresentaremos neste capítulo, de modo resumido, alguns resultados alcançados em nossa pesquisa de doutorado. Uma análise mais detalhada dos documentos pode ser encontrada em Fulaneti, 2010.

[15] Agrupamento Comunista, *O Guerrilheiro*, nº 1, 1968, p. 3.

[16] Carlos Marighella, *Minimanual do guerrilheiro urbano*, 1969, p. 2.

[17] Carlos Marighella, *O papel da ação revolucionária na organização*, 1969, pp. 280-1.

[18] Carlos Marighella, *Minimanual do guerrilheiro urbano,* 1969, p. 1.

[19] Carlos Marighella, *Características de nossa atual estrutura*, 1969, p. 1, grifos nossos.

[20] Jamil (VPR), *Os caminhos da Vanguarda* (capítulos 1 a 6), 1969-1970, pp. 1-2.

[21] VPR, *Como deve comportar-se um militante na prisão*, s.d., p. 1.

[22] Idem, ibidem.

[23] VPR, *Normas de desligamento*, fev./1970, p. 1.

[24] VPR, *Como deve comportar-se um militante na prisão*, s.d., p. 3.

[25] Essa perspectiva pode ser observada com clareza nas passagens em que se afirma que a primeira fase da guerra revolucionária só estará cumprida quando "as organizações armadas se transformarem de fato em vanguarda política, ou seja, quando tiverem condições de iniciar a organização do apoio e participação do povo na guerra revolucionária".

[26] ALN, *O Guerrilheiro*, nº 6, ago. 1972, pp. 9-10.

[27] ALN, *O Guerrilheiro*, nº 2, nov. 1970, p. 8.

[28] ALN, *O Guerrilheiro*, nº 10, abr. 1973, p. 2.

[29] ALN, *O Guerrilheiro*, nº 6, ago. 1972, p. 11.

[30] Jacob, O blá-blá-blá enigmático, 07/04/1971, p. 1.

[31] Comando VPR, Comunicado nº 2 – Medidas Imediatas, 07/08/1971, p. 1.

[32] VPR, Reflexões sobre a tática atual, 24/02/1971, p. 3 (grifo no original).

[33] Idem, ibidem (grifo no original).

[34] Jacob, O blá-blá-blá enigmático, 07/04/1971, p. 4.

[35] Idem, p. 3 (destaques nossos).

[36] Idem, p. 7.

[37] Carlos Marighella, *O papel da ação revolucionária na organização,* 1969, pp. 1-2.

ANEXOS

Documentos analisados

ALN: ASCENSÃO

Título	Responsável	Data	Nº de páginas	Referência
1. Características de nossa atual estrutura	Carlos Marighella	1969	2 páginas	AEL/BNM, anexo 5812
2. Minimanual do guerrilheiro urbano	Carlos Marighella	1969	26 páginas	In: DHnet. Rede de Direitos Humanos e Cultura. Disponível em: <http://www.dhnet.org.br>. Acesso em: 15 fev. 2007
3. O Guerrilheiro, nº 1	Agrupamento Comunista	1968	4 páginas	Cedem-Cemap
4. O papel da ação revolucionária na organização	Carlos Marighella	1969	18 páginas	Reis Filho e Sá, 2006, pp. 264-81
5. Operações e táticas guerrilheiras	Carlos Marighella	1969	10 páginas	AEL/BNM, anexo 75

ALN: QUEDA

Título	Responsável	Data	Nº de páginas	Referência
6. O Guerrilheiro, nº 2	ALN	Novembro/1970	11 páginas	Cedem/Asmob-IAP
7. O Guerrilheiro, nº 5	ALN	Maio-junho/1972	13 páginas	Cedem/Cemap
8. O Guerrilheiro, nº 6	ALN	Agosto/1972	14 páginas	Cedem/Cemap
9. O Guerrilheiro, nº 10	ALN	Abril/1973	5 páginas	AEL/BNM, anexo 6470

VPR: ASCENSÃO

Título	Responsável	Data	Nº de páginas	Referência
10. Os caminhos da Vanguarda (capítulos 1 a 6)	Jamil (VPR)	1969-1970	36 páginas	Aperj. Coleção particular Daniel Aarão Reis Filho
11. Como deve comportar-se um militante na prisão	VPR	s.d.	8 páginas	AEL/BNM, anexo 1812
12. Normas de desligamento	VPR	Fevereiro/1970	1 página	AEL/BNM, anexo 689

VPR: QUEDA

Título	Responsável	Data	Nº de páginas	Referência
13. Comunicado nº 2 – Medidas Imediatas	Comando VPR	07/08/1971	2 páginas	Deops/SP nº 30-Z-160-10552
14. O blá-blá-blá enigmático	Jacob	07/04/1971	4 páginas	Deops/SP nº 30-Z-160-9603
15. Reflexões sobre a tática atual	VPR	24/02/1971	13 páginas	Deops/SP nº 30-Z-160-10049
16. Vanguarda ou povo?	Comando VPR	04/02/1971	5 páginas	Deops/SP nº 30-Z-160-10046

Movimento grevista no cinema político

Odair Moreira da Silva

Cinema e ideologia

O cinema instaurou-se, no momento de sua criação, no final do século XIX, como uma invenção que geraria um novo e revolucionário aparato de entretenimento. Temos os primórdios da modernidade e, desse modo, o recente invento dos irmãos Lumière era uma das marcas da vida moderna. Dentre todas as inovações que deram uma definição à modernidade, tais como o telégrafo, o telefone, a estrada de ferro, a fotografia, foi o cinema, como um emblema dessa nova vida, que "[...] personificou e ao mesmo tempo transcendeu esse período inicial com mais sucesso".[1]

Abandonando o que seria considerado mais tarde como o "primeiro cinema",[2] o aparato cinematográfico ganhou contornos mais produtivos e, ao olharmos para a produção hollywoodiana, funda-se como um instrumento categórico no ato de manipular as emoções. O cinema, na segunda década do século XX, na seara de Hollywood, emerge como um artefato dotado de um estilo único que tem como um de seus objetivos, menos ou mais explícito, o controle das massas, ainda destituído aparentemente de ideologias e abastecido com a ideia de puro entretenimento, isso devido ao fato de que

> [...] as experiências da guerra abriram novas possibilidades e objetivos para o cinema como veículo: ele torna-se um meio de persuasão. [...] Foi também durante a segunda década do século passado que se estabeleceram as normas do estilo clássico de Hollywood. Desenvolveram-se técnicas para reproduzir as convenções de motivação de personagens e desenvolvimento narrativo, que se tornaram, por sua vez, familiares em função da massificação do cinema. Montagem, iluminação, enquadramento de planos e história coerente e plausível para o espectador, uma ilusão de ações desenrolando-se dentro de um espaço unificado no decorrer de um tempo contínuo.[3]

Estabelecido como tal, o cinema, enfim, tornou-se objeto de culto e, ao mesmo tempo, um artefato rico em produzir discussões acirradas acerca de seu poder de manipulação. Nota-se que a manipulação que o cinema exerce pode ser orientada para dois propósitos: de um lado, objeto da indústria cultural, o cinema é a forma apassivadora das massas, o controlador dos ânimos pessoais e, nas palavras de Marx, o "ópio do povo"; por outro, temos com o cinema um modo de expor as ideologias, os valores ideológicos para suscitar questionamentos acerca do *status quo*, e, desse modo, o aparato cinematográfico não é visto mais como alienante, mas, com certeza, contestador. Nesse caso, o sistema é posto em dúvida e o que se espera, aquilo que se clama, é o olhar dos espectadores para o seu redor, ou seja, para as coisas que estão surgindo e acontecendo em seu meio social. Podemos, portanto, encontrar filmes que vão desde o mais simples entretenimento até o mais alto grau de reflexão. Esta pode ser acionada quando temos o envolvimento da sétima arte com a ideologia.

O cinema estabelece parâmetros para a conscientização das massas mediante as estratégias que emprega quando aposta no engendramento de um discurso fundamentado em certos valores ideológicos. A ideologia é um

> [...] "fato" social justamente por que é *produzida* pelas relações sociais, possui razões muito determinadas para surgir e se conservar, não sendo um amontoado de ideias falsas que prejudicam a ciência, mas uma certa maneira da produção das ideias pela sociedade, ou melhor, por formas históricas determinadas das relações sociais.[4]

O discurso cinematográfico engaja-se nesse sentido. Enaltece as relações sociais e ajuda a construir uma profusão de ideias que conservam suas formas históricas. Desse modo, a produção fílmica está além de um rótulo simplista que diz que o cinema político é aquele que procura transmitir uma mensagem política muito eficaz ao espectador. Como bem pontua Peter Wollen, fazer cinema político não consiste em "[...] vender uma posição política",[5] muito pelo contrário, pois um filme político, realmente reconhecido como tal, é aquele que irá levar os espectadores

> [...] a fazer perguntas, considerar questões, questionar pressupostos estabelecidos sobre o próprio cinema, seu papel enquanto uma indústria de entretenimento e um espetáculo com efeitos políticos. Mais modestamente, há aqueles que simplesmente nos pedem para que olhemos para acontecimentos de maneiras novas e inesperadas. É por essa razão que o cinema político se relaciona com a forma assim como o conteúdo, com os meios assim como com os fins.[6]

Nessas condições apontadas por Wollen, está o *cinema político* que trataremos aqui. Antes de "vender" um posicionamento político, os filmes desse subgênero procuram trazer à tona os modos como as relações sociais se dão e acontecem em determinados períodos históricos. De um ponto de vista extremista e político, alguns conteúdos desses filmes podem até parecer datados, exagerados e, de certo modo, "ingênuos". Não se deve contestar o cinema e a ideologia que está em seu conteúdo, que também impregna a expressão, com certos juízos de valor. O que está em jogo quando o cinema encontra-se com a ideologia deve ser ampliado e valorizado de maneira que ninguém possa desviar-se daquilo que realmente importa, ou seja, de que o cinema, enquanto força de expressão e conteúdo, tem um "[...] papel político a cumprir, questionando, desafiando e provocando reações".[7]

O papel do cinema, no âmbito da ideologia, é contribuir para que a luta ideológica seja "[...] ao lado e com as posições da classe operária".[8] No questionamento do *status quo*, podemos encontrar um modo de abordagem de ações políticas que visam suscitar, mediante a reflexão do espectador, o porquê de tal ideologia. No universo cinematográfico, é vasto o número de películas que tratam da crítica ao sistema político. Na Itália, por exemplo, um grupo de cineastas, a partir do final da década de 60 e no decorrer dos anos 70 do século passado, questiona o sistema político italiano vigente; seus filmes foram aglutinados sob a alcunha de um subgênero conhecido como *cinema político italiano*, cujo filme que utilizaremos aqui em nossa análise principal, *A classe operária vai ao paraíso* (*La classe operaia va in paradiso*, 1971, de Elio Petri), é um exemplo muito ilustrativo desse tipo de cinema.[9]

De certo modo, ao operar com o cinema político, deve-se levar em conta uma distinção entre: a) "filmes ideológicos de ação ideológica indireta"; e b) "filmes ideológicos de ação política" direta.[10] Em torno desse assunto, Jean-Patrick Lebel nota a importância de se dissipar uma confusão a respeito da noção de "cinema político", ou seja, há uma forte tendência em designar com esse nome "filmes que tomam como *assunto* acontecimentos, fatos ou problemas que se relacionam pouco ou muito com a política".[11] Essa distinção é trabalhada, portanto, do seguinte modo:

Em a) a ação ideológica indireta é exercida a propósito de um assunto político específico, no entanto, não há a direção de nenhuma ação política precisa, pois se contenta em "[...] pôr em causa de uma maneira vaga e geral um sistema político".[12] É o que podemos ver em *Tempos modernos* (*Modern Times*, 1931, de Charles Chaplin), em que a idealização de um movimento contra a opressão trabalhista é apenas sugerida, pois não há uma ação política exercida diretamente, mas ao acaso, confundida com a pantomima proveniente do personagem de

Chaplin diante da recessão e da crise que assola a sociedade. Um belo exemplo é encontrado quando o trabalhador desempregado vivido por Chaplin, ao ver uma bandeirola que cai de um caminhão, pega-a do chão e tenta avisar os motoristas que eles a perderam. Agitando a bandeira pela rua, sem que perceba, surge atrás dele um grupo de pessoas que protestam pela falta de emprego e, acidentalmente, ele torna-se "líder" dessa marcha.

Em b) a ação política, ou mais precisamente, a ação ideológica irá lançar-se diretamente sobre uma prática política definida, isto é, os filmes serão feitos e utilizados na esfera organizada de uma ação de militância, e em função dela são pensadas a forma e a oportunidade.[13] É o caso de *O homem de ferro* (*Czlowiek z Zelaza*, 1981, de Andrzej Wajda), em que um trabalhador, Maciek Tomczyk, cujo pai operário e ativista fora assassinado durante protestos em 1970 na Polônia, torna-se o "homem de ferro" forjado pela experiência e a coragem de seguir com as ações ideológicas que moldaram seu caráter. Agindo sozinho em alguns momentos de sua militância, e impulsionado pela necessidade de mudanças na vida social dos trabalhadores, funda as bases daquilo que mais tarde seria conhecido como o sindicato "Solidariedade", cujo representante maior foi o ativista Lech Walessa. As ações políticas de Maciek são organizadas na esfera de uma militância, às vezes suicida, e é em função dela que toda prática política e ideológica é estabelecida e diretamente exercida. É bom deixar claro que nessa categoria a militância não significa que os filmes são, precisamente, constituintes de um "cinema militante", visto que não visam exprimir nenhuma propaganda de ideologia partidária em particular, de movimentos políticos cujos temas ideológicos e teses políticas fazem parte de um passado que urge sempre ser recordado por aquele que não vivenciou *in loco* o processo da militância histórica como um todo. Não podemos tachar as militâncias que surgem em certos discursos fílmicos simplesmente como de "esquerda". Como afirma Norberto Bobbio, "direita" e "esquerda" são dois termos antitéticos que, além de representar uma distinção conflitual entre ideologias, pensamentos e ações políticas, também são "[...] reciprocamente excludentes e conjuntamente exaustivos".[14] São excludentes na medida em que nenhuma doutrina, nenhum movimento pode ser ao mesmo tempo de direita ou de esquerda; e são exaustivos pelo simples fato de que um movimento ou uma doutrina pode ser apenas ou de direita ou de esquerda.

O que emerge dessas duas categorias é que, para a primeira, o termo *filme político* pode ser empregado como denominação acertada, visto que tais filmes fazem referência à política, próxima ou distante, de acordo com suas intenções; para a segunda categoria, poder-se-á reservar o termo *cinema político*, visto que é aqui que de fato há uma "[...] utilização política do cinema".[15] Portanto, quando entramos em contato com *filme político* e/ou *cinema político*, o que precisa ser notado é que ambos não podem ser considerados exclusivamente de esquerda, visto que o que será imperial é o uso que uma ideologia dominante faz tanto do cinema político quanto do filme político. Não podemos considerar, a título de ilustração, o filme *Triunfo da vontade* (*Triumph des Willens*, 1935, de Leni Riefenstahl), que trata da ideologia do partido nazista, um "filme político de esquerda". Acrescenta-se que o fato de *A classe operária vai ao paraíso* ser um libelo que coloca em pauta certos critérios marxistas, entre eles a força de trabalho e a alienação, temas recorrentes na amplitude do filme, não irá desqualificar a afirmação anterior de que o cinema político não é exclusivamente de esquerda. Tomado como um discurso que suscitou uma reflexão acerca do individualismo e da coletividade alienantes, tendo por referência os movimentos grevistas ocorridos na Itália no início dos anos 1970, esse filme, que será analisado aqui, é, em oposição a um ideal de direita, um filme de esquerda, de uma ideologia política tratada direta e eficazmente como modelo crítico daquilo que pode não dar certo, se não houver articulação, e daquilo que precisa ser ultrapassado, para que a consciência de classe, após suplantar certos obstáculos, entre eles a barreira da alienação, possa ser realmente, e de fato, efetivada. De um ponto de vista semiótico, afirmamos que a diferença, basicamente, desses dois tipos de filmes, está centrada no modo como cada um irá abordar os valores disseminados na narrativa, reconhecidos pela aplicação do modelo actancial, centrado no percurso do sujeito e do objeto. Se o filme político trata indiretamente os valores da vida política, o cinema político, ao contrário, irá exacerbar um ponto de vista que enaltece o valor do valor, a valência propriamente dita. Essa valência, que no plano discursivo podemos entendê-la como a consciência de classe que predomina em enunciados pautados pelo tema da greve, é crucial para que se estabeleça essa distinção entre essas duas formas de representação fílmica. Ambos tratam da ideologia, mas somente o cinema político coloca em pauta a disseminação dos valores como premissa de existência. É o que tentaremos provar mais adiante.

No âmbito dessas duas categorias de filmes, o que irá sempre ser ressaltado é o efeito ideológico cuja principal função é suscitar nos espectadores

> [...] tomadas de posição precisas que levem a atos precisos, limitados em função de circunstâncias do combate político, mas que se insiram no quadro de uma prática política global segundo uma articulação específica que foi prevista e desejada *em relação* ao conjunto desta luta política.[16]

A ação política representada nos filmes visa a um efeito ideológico, um efeito de sentido que atinge e tenciona despertar no espectador uma reação. Sem nos estender à polissemia da palavra *política*, podemos, *grosso modo*, sintetizar a noção de ação política, ao pensá-la como discurso, como aquela que irá reger e organizar a vida social, tendo por objetivo a busca de valores atribuídos a objetos tidos como uma materialização de algo comum à sociedade; compreendidos como bens comuns, tais valores investidos nos objetos podem ser modais (tendem a modalizar ou modificar a relação do sujeito com o valor e o fazer, como o querer, o saber, o poder, o dever) ou descritivos (tais como emprego, salário, liberdade, consciência de classe, alienação – pensando, por exemplo, no mundo do trabalho).

Do leque de temas políticos que muitos filmes abordam, escolhemos falar de um em especial: o movimento grevista. No microcosmo do movimento grevista, a greve é uma ação política que interrompe o *continuum* das relações trabalhistas entre o operariado e o patronato. De acordo com o *Dicionário Houaiss eletrônico*,[17] em uma primeira definição, a greve é uma "[...] cessação voluntária e coletiva do trabalho, decidida por assalariados para obtenção de benefícios materiais e/ou sociais, ou para garantir as conquistas adquiridas e ameaçadas de supressão". O capitalismo se estruturou como modo de produção baseado na força de trabalho. Como afirma Leite,[18] a contradição de interesses entre empregadores e trabalhadores "[...] se tornou constitutiva do próprio sistema". Assim, o surgimento da indústria representou para a classe operária não só a submissão à exploração capitalista, mas também a sujeição à dominação "[...] imposta pelos capitalistas no interior das empresas" por meio de uma organização própria do processo de trabalho.[19] Portanto, a greve surge como fruto do incessante conflito que se instaurou nos locais de trabalho, marcado pela tentativa permanente dos trabalhadores em impedir "[...] as iniciativas de seus empregadores no sentido de incrementar seu domínio e conseguir controlar as ações operárias".[20] O tema em questão se pauta por uma coerência narrativa fundada a partir do percurso actancial do sujeito e do objeto, cujo engendramento se dá por meio de estratégias que admitem como postulado certos valores ideológicos.

Como o cinema aborda, reflete e expõe a greve como ação política e quais as estratégias para que o discurso grevista aconteça e coloque em xeque o equilíbrio social, mediante um itinerário actancial, são questões que desenvolveremos aqui no exame do já referenciado *A classe operária vai ao paraíso*, observando que, se necessário, poderemos recorrer a outros filmes, sucintamente, como exemplos adicionais dos pontos teóricos levantados.

A semiótica narrativa e o cinema

Em dois livros influentes da teoria cinematográfica francesa, *A estética do filme,*[21] de Jacques Aumont, Alain Bergala, Michel Marie e Marc Vernet, originalmente lançado em 1994, e *L'Analyse des films*,[22] de Jacques Aumont e Michel Marie, original de 1988, encontramos referências a Greimas e à teoria semiótica quando o assunto abordado trata da análise textual dos filmes. Em *A estética do filme*, no capítulo "Narração e cinema", a contribuição de Greimas somente é comentada, em uma página apenas, de modo superficial, quando o assunto gira em torno da análise das personagens no cinema, e o que é exposto da teoria greimasiana diz respeito somente ao *modelo actancial* e a uma definição muito sucinta sobre a distinção entre actante e ator. Com isso, os autores enaltecem a importância da aplicabilidade dos termos greimasianos no âmbito das análises narrativas dos filmes, mas não avançam na explicação de como isso poderia ser feito de modo convincente e prático. Já em *L'Analyse des films*, livro anterior a *A estética do filme*, no capítulo "A análise do filme como narrativa", Greimas ganha um subcapítulo, "Greimas e a análise semântica da narrativa" – de sete a oito páginas –, em que temos mais uma vez a atenção dada ao modelo actancial e suas possibilidades narrativas. Utilizando-se de proposições feitas por Greimas em *Semântica estrutural* (original de 1966) e em *Sobre o sentido* (original de 1970), os autores seguem examinando a ocorrência de tais modelos em narrativas fílmicas, partindo do modelo actancial e avançando até o uso do quadrado semiótico. Encerra-se esse subcapítulo dedicado a Greimas sem mostrar que o avanço da teoria semiótica, mesmo em relação ao modelo actancial, desenvolveu-se e trouxe novas instâncias à análise narrativa dos filmes, como as teorias das modalidades e a semiótica das paixões, para ficarmos apenas no nível narrativo.

Em suma, a análise narrativa de um filme, sob o ponto de vista da semiótica narrativa, como é apresentada nesses manuais de referência, não pode e não deve se restringir apenas a uma abordagem superficial da teoria greimasiana, visto que nesses livros tal teoria surge sem profundidade e desenvolvimento, já que são apenas indicadores de possibilidades teóricas aplicadas à análise fílmica. No entanto, tais textos não deixam claro o avanço da semiótica francesa nem o que ela pode acrescentar em uma análise mais aprofundada dos filmcs como discurso.

Portanto, em nosso trabalho, o que se objetiva é, em primeiro lugar, avançar de fato a análise do modelo actancial da narrativa de um filme sugerido nesses manuais e, em segundo, mostrar que tal modelo, reestruturado, passa a ter uma importância ainda maior, principalmente na estruturação dos valores ideológicos que regem o actante sujeito em busca de seus objetivos, seus objetos-valor. Em *A classe operária vai ao paraíso*, um exemplar da categoria anteriormente denominada *cinema político*, os valores ideológicos implícitos emergirão como parte do engendramento da estrutura narrativa, da significação do filme. Ao esmiuçar a construção temática da greve, como estratégia de uma ação política, notar-se-á que essa ação é constituída a partir do percurso actancial do sujeito e do objeto, cuja transformação dos estados iniciais dos sujeitos envolvidos na diegese do enunciado fílmico será revelada como um processo de busca de valores essenciais à sua existência. Após o exposto, vejamos como esses detalhes podem ser desenvolvidos.

O percurso gerativo da significação, que vai do mais simples e abstrato ao mais complexo e concreto, possui três níveis: o fundamental, o narrativo e o discursivo. Há um componente sintático, que compreende as sintaxes fundamental, narrativa e discursiva. Também há um componente semântico. Este, por sua vez, contém as semânticas fundamental, narrativa e discursiva. Desse modo, as estruturas semionarrativas são compostas pelos dois primeiros níveis, fundamental e narrativo, ao passo que as estruturas discursivas abrangem o nível discursivo.

Para a análise que será empreendida ao filme *A classe operária vai ao paraíso*, nos centraremos no nível narrativo e no seu componente sintático. Um de nossos objetivos, recapitulamos, é levar adiante, de modo mais estendido, a narratividade fílmica do ponto de vista semiótico, visto que ela é quase sempre citada pela teoria cinematográfica, como vimos, mas pouco desenvolvida em sua total abrangência.

Sucintamente, a organização da narrativa, do ponto de vista de um sujeito, é o que irá constituir, basicamente, o nível narrativo. Com as estruturas semionarrativas, teremos acesso ao esquema narrativo e à sintaxe actancial, e também às modalizações (do ser e do fazer), das quais não trataremos aqui. Do ponto de vista sintático, o esquema narrativo compreende o contrato, a competência, a ação e a sanção; por sua vez, a sintaxe actancial coloca em cena o sujeito, o objeto, o destinador, o antissujeito, bem como os programas e os percursos narrativos. Detalharemos esses conceitos mais adiante.

Um ponto importante, porém, deve ser ainda esclarecido com relação ao conceito de actante, núcleo da sintaxe narrativa. O actante pode ser descrito como um tipo de unidade da sintaxe narrativa, que ainda está despido de qualquer investimento semântico e/ou ideológico.[23] O actante pode ser definido por sua "[...] relação predicativa, sua composição modal e sua relação com outros actantes" e, desse modo, seu reconhecimento por parte da semiótica irá estabelecer "[...] três figuras actanciais de base: o destinador, o Sujeito e o Objeto".[24] Em "Les actants, les acteurs e les figures",[25] Greimas mostra que a necessidade de uma reinterpretação linguística das *dramatis personae* (as personagens da literatura), a partir da descrição de Propp a respeito do conto maravilhoso russo, leva a estabelecer, em primeiro lugar, uma distinção entre actante e ator. Os actantes pertencem à sintaxe narrativa, já os atores são reconhecidos em discursos particulares em que se encontram manifestados. Os atores dizem respeito, portanto, ao nível discursivo. É a partir do encontro da sintaxe narrativa com a semântica discursiva que surge a noção de ator, considerado uma unidade lexical. Inscrito no discurso, o ator pode possuir um papel temático e se manifestar sob uma forma figurativa. Ele pode ser individual, coletivo, figurativo ou não figurativo. O termo substitui com maior desenvoltura a noção de personagem, possibilitando, desse modo, o seu emprego fora do âmbito literário. Assim, a sociedade capitalista e moderna, em *Tempos modernos*, é considerada um ator. Do mesmo modo, o sindicato honesto, em *O sal da terra* (*Salt of the Earth*, 1954, de Herbert J. Biberman), ou aquele desonesto e corrupto, em *Sindicato de ladrões* (*On the Waterfront*, 1954, de Elia Kazan), também são atores. A relação entre actante e ator é dupla e estabelece a premissa de que um actante (A1) pode ser manifestado no discurso por vários atores (a1, a2, a3), ao passo que um só ator (a1) pode ser o sincretismo de vários actantes (A1, A2, A3).[26] Para o primeiro caso, no âmbito do tema da greve, veja-se o filme *Eles não usam black-tie* (1980, de Leon Hirzman), em que um mesmo actante, o destinador, é assumido por três atores diferentes no desenvolvimento da narrativa: Sartini, mais violento, é um destinador que tenta inflamar os companheiros a aderirem à greve a todo custo; Otávio, mais racional e experiente, é um destinador que procura fazer com que o movimento grevista seja feito mediante estratégias bem coerentes e eficazes; e Bráulio, um dos líderes sindicais, é um destinador que, após a morte, torna-se mártir e consegue fazer com que a adesão dos trabalhadores ao movimento grevista seja efetivada. Ainda no tema da greve, com relação a um mesmo ator ser o sincretismo de vários actantes, veja-se o filme *O homem que virou suco* (1981, de João Batista de Andrade), em que o ator discursivo Severino, um operário de uma multinacional, não quer aderir ao movimento grevista (o sujeito que, por escolha própria, não quer a transformação, assumindo a posição de destinador de si mesmo) e, a pedido dos patrões, assume a função de pelego (antissujeito), traindo seus colegas do movimento grevista.

Após a demissão de alguns trabalhadores, Severino é visto como um fura-greve e puxa-saco. A permanência de Severino (agora, um antidestinador) na fábrica desencadeia um processo de recusa, por parte dos trabalhadores, de continuar com a produção. Para garantir que o trabalho se normalize, Severino é despedido pelo mesmo patrão que lhe havia prometido garantias por ele ter se tornado um pelego. Severino, desempregado, está presente em uma premiação que lhe dará o título de funcionário do ano. Ele é chamado e vai ao encontro do ex-patrão para receber o prêmio. Em um acesso de consciência e fúria, Severino julga-o traidor (destinador-julgador) e, por uma questão de honra, o mata a facadas (sujeito do fazer).

Exposto esse preâmbulo, importa deixar claro que antes de entrar no desenvolvimento da narratividade de qualquer filme é preciso primeiro segmentá-lo para assim, por meio das partes, constituir o todo. Como indicativo da construção diegética, mostraremos sucintamente a segmentação de *A classe operária vai ao paraíso*, seguindo um percurso actancial do sujeito de busca. Assim, orientados pela proposta de Syd Field (1995),[27] que, por sua vez, baseou-se na clássica divisão aristotélica,[28] o filme será fragmentado em três grandes atos: o ato I (a apresentação); o ato II (a confrontação); e o ato III (a resolução); nessa segmentação, há a possibilidade de depreender dois pontos de virada, entre o ato I e o II (PV 1), e entre o II e o III (PV 2). Ocorre que, por ser mais extenso, o ato II estabelece um ponto central (PC), entendido como o clímax da narrativa. Resumidamente, o ponto de virada (*plot point*, no original proposto por Field) é um elemento que impulsiona a narrativa em outra direção, um acidente ou evento que "engancha" na ação, revertendo-a em outro rumo, estabelecendo a passagem de um ato ao outro, instaurando, dessa forma, uma reviravolta, uma mudança na diegese fílmica. Homologando o ponto de virada à teoria semiótica, ele seria representado pelo enunciado elementar do fazer, operando, dessa forma, uma transformação na relação sujeito e objeto.

Em semiótica, o enunciado elementar marca uma relação de transitividade entre, pelo menos, dois actantes: o sujeito e o objeto. A partir de uma apreensão no nível da manifestação textual (o enunciado fílmico em questão), podemos recortar facilmente a narrativa em atos (ou sequências) sucessivos. Inicialmente, o percurso escolhido foi o do sujeito e do objeto. Os atos irão restituir o encadeamento lógico da diegese fílmica. Temos com os atos uma estruturação de superfície. A estruturação semiótica, ou seja, a armação lógica dos enunciados colocará em pauta estados e transformações que podemos depreender do filme. Vejamos como se estruturam os atos, após uma decupagem do filme:[29]

Ato I (apresentação) – *Empregado* (sujeito em conjunção com o objeto-valor *trabalho*) – (Sq. 1) – No plano discursivo, conhece-se o ator Lulu Massa, actante sujeito, e sua esposa. Massa não consegue manter suas obrigações de marido com a esposa, e ele alega que a culpa é do trabalho. (Sq. 2 [cena A]) – Massa, na entrada da fábrica, encontra o movimento estudantil que faz protestos exigindo "mais dinheiro e menos trabalho". Os trabalhadores não dão importância aos protestos desse movimento estudantil. (Sq. 2 [cena B]) – No interior da fábrica, os operários vão para os seus postos e ouvem um aviso de ordem vindo de um alto-faltante (manifestação do actante destinador):

> "A direção ambiental deseja-lhes um bom trabalho. Para vosso interesse, tratem a máquina que lhes foi atribuída com amor. Cuidem de sua manutenção. As medidas de segurança sugeridas pela empresa garantem sua incolumidade. Sua saúde depende da sua relação com a máquina. Respeitem suas exigências e não se esqueçam de que a máquina, mais atenção, é igual à produção. Bom trabalho."

A produção de Massa serve de modelo. Os fiscais cronometristas (o actante antissujeito) anotam a produção individual de cada operário, e não respeitam alguns trabalhadores. (Sq. 2 [cena C]) – Na hora do almoço, no refeitório, os operários questionam quem paga para os estudantes ficarem o dia todo fazendo protesto. Com relação à produção excessiva, Massa justifica-se como um piloto em uma pista de corrida, julga-se campeão, e se refere à "bunda" da colega de trabalho, Adalgisa, como inspiração. (Sq. 2 [cena D]) – Massa é chamado para medir a produção dos colegas; ele serve de parâmetro para que os fiscais ajustem a produção dos outros em até 50%. Os operários questionam os fiscais e não concordam com a nova regra de produção. Eles se revoltam com Massa, chamando-o de puxa-saco. Ele reage dizendo que "não inventou o sistema" e que tem apenas "força de trabalho, mais nada". Os operários começam a se manifestar. (Sq. 3) – Massa está em casa, vendo TV, e pergunta à esposa se ela o acha um puxa-saco. Ele se justifica:

> "Puxa-saco é quem bajula o patrão. Mas quem conhece o patrão? Uma fábrica não tem patrão."

Massa reclama de uma úlcera. Sua esposa reclama da falta de compromisso dele, pois está tomando pílulas a mais de três meses e está insatisfeita com a falta do desempenho sexual do marido. (Sq. 4 [cena A]) – No dia seguinte, em frente à fábrica, o movimento sindical (um segundo destinador, em relação ao sujeito individual) se manifesta, dizendo que se a produção deve aumentar, o salário também. O movimento estudantil (que adquire as características de um antidestinador, como veremos mais tarde), mais radical, sugere aos trabalhadores que não haja nenhum acordo. Há um embate ideológico e prático, em que há um contraponto entre os movimentos:

> [objetivo imediato do movimento sindical] "Dividir as tarefas segundo as qualificações de cada um! Vamos mostrar nossa força aos patrões! Esta é a vez dos três sindicatos se unirem!" [objetivo do movimento estudantil] "A fábrica é uma prisão! E da prisão se foge! Tudo hoje e não amanhã!"

(Sq. 4 [cena B]) – Os operários tencionam parar o trabalho. Pedem para Massa ir devagar. Ele se volta para a máquina e continua a produção, ainda mais acelerada. De repente, o mecanismo trava e ele, ao tentar consertá-lo, perde o dedo indicador da mão direita. Esse acidente é o estopim necessário para que todos os operários parem de trabalhar e iniciem uma proposta de greve:

> "O Massa se feriu! Suspendam o trabalho! Parados! Houve um acidente! GREVE! Esses são os presentes que o sistema nos dá! Greve! Todos unidos! Vamos convocar a assembleia!"

Nesse momento, temos o ponto de virada 1 (PV 1), que faz a passagem do ato I ao ato II.

Depreendido da manifestação textual do enunciado fílmico, o ato I – a apresentação – figurativizado, no plano discursivo, com a situação do sujeito *empregado*, na estruturação semiótica, pode ser concebido do seguinte modo: esse ato é o local em que o estado 1 do actante sujeito é posto em evidência. O actante aqui está em plena conjunção com a tranquilidade individual, representada figurativamente pelo trabalho, embora haja uma disjunção com a vida privada, cuja figuratividade é o fraco desempenho do actante sujeito como pai e marido. Esse enunciado de estado pode ser representado pela fórmula: F junção (S, O),[30] na qual o sujeito Massa mantém relação de junção com a fábrica (o emprego que lhe garante a tranquilidade e, desse modo, o conforto oriundo do capitalismo) e a vida privada, visto que esta é uma consequência daquela. Assim, surge um embate que se dá entre o público (a vida de operário) e o privado (a vida de chefe de família). Como há dois tipos de junção, a conjunção e a disjunção, o enunciado de estado, no primeiro ato do filme, adquire dois tipos:

a) Enunciado de estado conjuntivo: $S \cap O$ – S (Massa) $\cap$ O (o trabalho);
b) Enunciado de estado disjuntivo: $S \cup O$ – S (Massa) $\cup$ O (a vida privada).

Nesse primeiro ato, o que está em jogo é a relação conjuntiva do sujeito com o objeto. A vida privada, em caráter disjuntivo, que no plano discursivo recebe a figurativização da apatia e do inexistente desempenho sexual do sujeito com sua parceira, adquire uma importância secundária, por parte do próprio ator Massa, que, para manter a vida privada em funcionamento, mesmo que precariamente, adota como valor primeiro a importância do trabalho, visto que toda sua energia potencializada é em prol do desempenho como operário padrão na linha de produção. Desse modo, podemos prever um contrato pressuposto entre destinador e o sujeito, actantes da narrativa, em que há uma espécie de troca: por melhor salário, ou seja, o ganho extra que irá receber pela produção acima do normal, uma estratégia por parte do destinador, figurativizado como a "direção ambiental", o sujeito, manipulado por esse destinador, oferece a sua força de trabalho. Assim, o sujeito está implicado na manipulação, visto que ele é "intimidado a existir"[31] como uma exceção que lhe garante o título de operário padrão. Como uma força *adjuvante*, instaurada pelo destinador, há o incentivo à produção do sujeito, mediante a avaliação positiva dos fiscais cronometristas que, de certa maneira, ao chamá-lo para ser parâmetro para outros operários, incutem nele uma sensação de que está cumprindo sua parte no acordo de troca, que está mantendo, nesse momento, a conjunção com o objeto-valor. Portanto, seja por parte do sujeito individual Massa, ou por parte do sujeito coletivo (a unidade sindical), há, nesse primeiro ato, um contrato pressuposto, que envolve uma troca, cujos valores pretendem ser equivalentes: salários dignos e condições de trabalho, por parte do destinador, e força de trabalho e produção, por parte dos operários. A quebra desse contrato pressuposto começa a tomar forma, como vemos, no acidente do sujeito individual, que no plano discursivo é figurativizado na perda do dedo indicador do ator Massa. Esse acidente instala uma negação do destinador patronal e projeta uma nova afirmação com a urgência de um novo contrato.

Outro detalhe que podemos depreender desse primeiro ato é que o actante sujeito, o ator Massa como protagonista de estados e transformações, imerso no mundo do trabalho, é individual, visto que não se relaciona nem toma parte da existência dos outros colegas de profissão, e mantém um mundo à parte, em que não há uma consciência de classe, mas um império de alienação, que, no mundo do trabalho, é a nervura de todas as mazelas sociais. José D'Assunção Barros[32] nota que a alienação produzida no mundo do trabalho estabelece nos estudos de Karl Marx uma preocupação fundamental, visto ser ela "[...] o ventre materno de todas as alienações – a raiz do 'estranhamento' que lançava no sofrimento e na inconsciência o homem comum do mundo moderno".[33] O interesse de Marx volta-se, desse modo, da alienação geral ao "[...] estudo mais específico do modo de produção capitalista".[34] O autor observa que é

> [...] Importante notar que a alienação era então examinada, pelo autor dos *Manuscritos econômico-filosóficos*, nas suas mais diversas formas. Na verdade, não existia uma só alienação, mas várias delas [...]. Tudo aquilo que fragmentava o ser humano, que o apartava do mundo, de si mesmo, das coisas que ele criara; tudo aquilo que o separava da consciência que deveria ter, que o transformava quase em um autômato ou em um "animal desnaturalizado"; tudo aquilo que o mergulhava em uma espécie de sono do qual não parecia ser possível despertar, remetia em Marx ao âmbito da alienação.[35]

Barros[36] propõe um quadro que mostra essas várias alienações em conjunto. A seguir, esse quadro adaptado por nós:

Alienação religiosa do homem	Separação do indivíduo humano em relação ao mundo real
Alienação do homem em relação à natureza	"Desnaturalização do homem"
Alienação do homem em relação à qualidade humana	Redução do indivíduo humano à sua mera instância animal
Alienação do homem em relação aos outros homens	Isolamento do ser humano no mundo capitalista
Alienação da atividade produtora	Fragmentação do trabalho na produção capitalista
Alienação do homem em relação a suas criações	Separação do trabalhador em relação ao produto do seu trabalho
Reificação do trabalhador	Redução do trabalhador a mero objeto no sistema de trabalho
Alienação política do homem	Separação do indivíduo humano em relação aos seus próprios interesses

Em *A classe operária vai ao paraíso*, o enunciador escolhe centrar toda a atenção especificamente, como vimos, na individualidade do actante sujeito, representado pelo ator discursivo Lulu Massa, em relação aos outros sujeitos que também emergem na narrativa. Essa escolha instaura um parâmetro que norteia todo o enunciado fílmico: de um lado, temos o actante sujeito individual, que no plano discursivo é remitido à alienação; de outro, há o sujeito coletivo, representado no plano discursivo pelo movimento sindical, fundado em uma consciência de classe;

e, entre ambos, há um actante sujeito desarticulado (antissujeito, mais tarde reconhecido como antidestinador), que no plano discursivo é figurativizado pelo movimento estudantil, mobilizado por um extremismo esquerdista caótico e imediato.

A função do ato I, como vimos, é a apresentação de toda a situação narrativa que irá fundar os caminhos para a completude do conteúdo do enunciado fílmico. No filme em questão, um discurso polêmico se instaura na medida em que o actante sujeito, como polo norteador da narrativa, é um sujeito cindido entre conjunção e disjunção. Se, em uma primeira leitura, esse processo de junção estabelece dois tipos de objetos-valor, entre o público (conjunção) e o privado (disjunção), podemos ver também que, em uma leitura mais profunda, essa junção diz respeito também à consciência do sujeito. O ator discursivo Lulu Massa, um homem do mundo moderno e capitalista, é um sujeito alienado, segundo os critérios marxistas apresentados anteriormente. Ora, Massa assume, logo de imediato, levando-se em conta o mundo do trabalho, quatro das várias formas de alienação supracitada. No plano discursivo, como operário padrão, em um mundo capitalista, ele se isola dos outros colegas, que o chamam de puxa-saco (alienação do homem em relação aos outros homens); nessa produção capitalista que habita, Massa não se reconhece como um modelo da fragmentação do trabalho humano (alienação da atividade produtora) nem questiona o produto de seu trabalho, visto que ele é separado daquilo que produz, pois as peças da máquina que controla, após serem finalizadas, não estão mais sob sua responsabilidade (alienação do homem em relação a suas criações); e, por fim, Massa é reduzido a um mero objeto no sistema de trabalho (reificação do trabalhador), uma "peça" importante no quesito da produção que, como vimos, após o acidente, sua importância começa a diminuir. Poderíamos ainda acrescentar que o actante sujeito também se qualifica para o quesito de um exemplo de uma alienação do homem em relação a sua qualidade humana, pois ele é reduzido à sua mera instância animal, como afirma o próprio ator discursivo quando diz a sua mulher que "o indivíduo é como uma fábrica... de merda" (Sq. 1) e, ao ser questionado como consegue a tão comentada concentração para a produção além do normal, Massa, admitindo sua condição de animal sexual, diz que "eu me concentro e penso numa bunda... me concentro na bunda da Adalgisa! Cada peça é uma bunda, cada bunda é uma peça!" (Sq. 2). Uma ilustração precisa desse empenho do ator Massa acontece no plano discursivo do filme, quando em uma cena (Sq. 4 [cena B]) o vemos na linha de produção: há um primeiríssimo plano (*close-up*) da boca e dos olhos em contraponto com o torno moldando as peças, em uma representação fálica (o pistão molhado com um líquido branco e viscoso, em movimentos de vai e volta, penetra um orifício da peça), ao som de um mantra entoado pelo sujeito: "Uma peça, uma bunda! Uma peça, uma bunda!" No entanto, toda essa representação e potencialização sexual animalesca, a que alude o ator discursivo, não se confirma na vida privada.

Isso vem reforçar a segunda leitura que temos sobre o sujeito e a junção com o objeto-valor. A alienação e a consciência de classe, que em muitas ocasiões, como veremos no decorrer do ato II, o movimento sindical apregoa, representam uma operação de junção. No mundo do trabalho, o ator Massa, o actante sujeito, individual, está em conjunção com a alienação e em disjunção com a consciência de classe. Nesse primeiro ato do filme, o sujeito nega a consciência de classe e afirma a alienação, pois esta passa a confirmar sua existência.

A vida privada está em segundo plano, como vimos, e será evidenciada no enunciado fílmico como algo que o sujeito não consegue aperfeiçoar, pois o verdadeiro prazer de desfrutar das coisas que adquiriu sob as asas do capitalismo ainda está distante. Não há prazer em nenhum sentido. O sujeito falha como marido com a atual esposa, já que não consegue satisfazê-la sexualmente; frustra-se como pai, pois não consegue se relacionar com o filho da segunda esposa; e, quando está em casa, é o protótipo de um sujeito malogrado: apenas vê, enquanto come o jantar, hipnotizado, uma TV colocada na cozinha, pois nem na sala de estar ele pode ir, para evitar fazer uma bagunça, segundo sua mulher. Em suma, não consegue desfrutar nem das coisas materiais que adquiriu, nem do conforto do lar, muito menos da conjunção carnal, vide seu fracasso como amante (esse fracasso será ainda substanciado no segundo ato, quando ele finalmente consegue flertar com sua colega de trabalho, Adalgisa, a sua musa inspiradora). Suas forças foram deixadas na empresa. Assim Massa, para não fazer amor, se justifica quando a mulher cobra dele as obrigações de marido: "O que eu sou? Uma máquina? Tenho vontade de manhã, quando estou na fábrica. Mas você não está lá! À noite eu estou cansado. Para ganhar 20 notas a mais por mês, eu me dano!"

Recapitulando, Massa é um sujeito cindido. A cisão desse sujeito é verificada no processo da junção, pois, concomitantemente, o enunciado de estado conjuntivo, a do sujeito público, está emparelhado ao segundo, atestado pelo enunciado de estado disjuntivo, a do sujeito privado. É a partir desse primeiro foco no sujeito cindido que a narrativa irá se desenvolver. Ou seja, é com base no sujeito público que a diegese fílmica é construída para evidenciar, já no segundo ato, a desarticulação dos actantes Massa (o sujeito do fazer) e o movimento estudantil (antidestinador). Essa desarticulação será o ponto intensificador que irá ilustrar e se resvalar por todo o segundo ato, que veremos mais adiante.

Outro detalhe precisa ser acrescentado em relação ao ato I. Emparelhando-se ao que Syd Field determina como ponto de virada, ou seja, o acontecimento que irá reverter o desenrolar da narrativa em outra direção, o enunciado de fazer irá operar a primeira transformação, evidenciando outro enunciado elementar. O sujeito público desestabiliza-se, em primeiro lugar, pela cobrança e opressão dos colegas de trabalho, e em segundo lugar, pela perda do dedo indicador. É a partir desse momento que o sujeito se dá conta de que as condições de trabalho não lhe são favoráveis nem estão à altura de sua dedicação. Há uma descrença ao contrato inicial pressuposto. A troca sofre um abalo sísmico. A partir de então, o actante sujeito busca realizar outro tipo de contrato, uma renovação talvez desse primeiro, mas que o instaure como um sujeito que irá operar certas mudanças. O resultado disso é que, nesse primeiro momento, o destinador, manifestado discursivamente pela voz que recebe os empregados no início do dia na fábrica, por meio das palavras de ordem dos alto-falantes (Sq. 2 [cena B]), não representa mais aquele em que se possa depositar uma confiança cega, não é mais aquele que determina o fazer fazer, visto que o sujeito perde a vontade de acelerar sua produção. Com essa espécie de retomada de consciência, por parte de Massa, temos, então, a passagem de um estado conjuntivo (o trabalho em primeiro lugar) a um estado disjuntivo (a importância da força de trabalho, que é negligenciada após o acidente). O objeto de uma transformação é sempre um enunciado de estado, ou seja, aqui o sujeito almeja, como objeto, no plano discursivo do enunciado, a conjunção com condições melhores de trabalho e uma valoração de sua força de produção. Temos aqui um objeto, cujo valor é descritivo. Com relação ao valor atribuído ao objeto, no âmbito do movimento grevista, os valores podem ser descritivos (como salário, emprego, consciência de classe, satisfação etc.) ou modais (o dever, o querer, o poder e o saber fazer a greve). É válido frisar que esse objeto cujo valor descritivo é a aquisição de melhorias no setor trabalhista e do reconhecimento da força de produção, tem como valor acima do valor, em primeira instância, a consciência de classe e o que ela significa para as relações trabalhistas, pois sem a coletividade engajada nessa luta conjunta, não há como garantir tais direitos. Portanto, os objetos de valores descritivos serão alcançados somente quando todos atingirem uma espécie de nirvana ideológico como consequência de uma coletividade consciente com a luta que precisa travar para superar os obstáculos oriundos das relações de trabalho. Esse é o valor do valor. Falar de troca e de valores implica discorrer sobre os grandes modos de comunicação dos valores: a comunicação de um objeto; a comunicação de dois objetos; e a comunicação participativa. No âmbito deste trabalho, interessam-nos as duas primeiras.

É importante ressaltar que, no estatuto semionarrativo do objeto de valor, aquilo que fundamenta a dinâmica narrativa, ou seja, o que nela se negocia e se disputa são valores, mais do que objetos.[37] Nesse caso, o objeto deverá ser compreendido como um simples lugar de fixação e de investimentos de valor. A ação política da greve visa, em primeiro lugar, restabelecer sua conjunção com os valores anteriormente adquiridos, visto que a greve é uma ferramenta, uma estratégia ideológica para a manutenção dos direitos adquiridos (e/ou a serem adquiridos); em suma, ela é um direito consolidado para os trabalhadores. A relação entre o operário e o patrão baseia-se em um contrato previamente estabelecido, em que o segundo assume a responsabilidade de garantir condições e salários dignos para que o primeiro desenvolva sua linha de produção sem "acidentes", ou seja, sem a quebra do contínuo produtivo, com os braços cruzados e as máquinas paradas, representada pela greve. Tais acidentes, em *A classe operária vai ao paraíso*, ocorrem dos dois lados, como vimos: a perda do dedo de Massa é um acidente que inicia a quebra de contrato da relação entre patrão e empregado, na medida em que ele, outrora operário padrão, não terá mais a exacerbação da força de trabalho como um dos valores da troca e, como consequência, sua existência de sujeito, de modelo padrão, é invalidada mediante o julgamento de um destinador julgador, que, como punição, acaba por demiti-lo (após verificar que a produção desse sujeito diminui e que está incitando outros a fazer, assim como ele, uma greve geral, por tempo indeterminado). As "dores" desse sujeito invalidado são sentidas pela unidade sindical. Assim, vemos que o objeto que o movimento grevista pretende não está investido somente de valores descritivos (condições favoráveis de trabalho; salários dignos etc.), mas também de valores culturais, ou seja, o valor "[...] produzido pelo uso cultural" que "[...] está tão estreitamente ligado aos objetos, que participa em grande parte da sua definição".[38] O exercício do direito de greve é, de fato, mais que um objeto, ele é acima de tudo um valor cultural e histórico que o sujeito adquiriu em lutas passadas, um valor que corresponde ao querer, ao dever e ao poder fazer uso dessa estratégia opcional em decorrência da quebra do contrato estabelecido entre o operariado e o patronato. No entanto, como valor propriamente articulador do movimento grevista, o que está em jogo é a consciência de classe contra a disseminação do domínio dos empregadores no controle das ações operárias. O valor que a consciência de classe adquire com a coletividade é o que impulsiona os operários a utilizar certas estratégias como formas de luta, tais como a desaceleração da produção, conhecida como "operação tartaruga", e a sabotagem, uma "[...] produção deliberada de mercadorias com defeito".[39] Se não há a compreensão e a apreensão, por parte da coletividade, desse valor, o movimento grevista torna-se um fracasso.

Greimas, em "Un problème de sémiotique narrative: les objets de valeur",[40] dirá que o objeto visado não é senão um pretexto, ou seja, um lugar de investimento dos valores, "um alhures que medeia a relação do sujeito consigo mesmo". Não é nosso propósito expor todo o pensamento greimasiano a respeito do valor no trabalho citado, mas revelar para os grandes modos de comunicação dos valores que o mestre lituano propõe definir em uma tipologia importante.

Vimos anteriormente que a comunicação de um objeto dá-se pelo enunciado elementar que se caracteriza pela relação de transitividade entre dois actantes, o sujeito e o objeto, sendo a transformação uma das formas desse enunciado elementar. Os enunciados de fazer, então, transformam a relação de junção do sujeito com o objeto: ela poderá ser conjuntiva ou disjuntiva. Sob esse aspecto, Greimas discernirá quatro tipos de transformação: 1) *realização reflexiva* (aparecerá, no plano figurativo, como uma *apropriação* do objeto); 2) *realização transitiva* (no plano figurativo, consistirá em uma *atribuição* do objeto); (1) e (2) são denominadas *transformações conjuntivas*, que por sua vez dão lugar a dois modos – reflexivo e transitivo – de *realização do sujeito*. Vejamos os outros dois tipos: 3) *virtualização reflexiva* (sob o plano figurativo, ela poderá ser denominada *renúncia* do objeto); 4) *virtualização transitiva* (poderá ser chamada, sob o plano figurativo, de *despossessão* do objeto); (3) e (4) são denominadas *transformações disjuntivas* e, assim, dão lugar a dois tipos – reflexivo e transitivo – de *virtualização do sujeito*. As transformações, sob a forma de um esquema, ficariam como segue:[41]

<table>
<tr><td colspan="4">Transformações</td></tr>
<tr><td colspan="2">Transformação conjuntiva =
Realização (aquisição)</td><td colspan="2">Transformação disjuntiva =
Virtualização (privação)</td></tr>
<tr><td>Reflexiva
(apropriação)</td><td>Transitiva
(atribuição)</td><td>Reflexiva
(renúncia)</td><td>Transitiva
(despossessão)</td></tr>
</table>

Do ponto de vista sintagmático, existe para um só sujeito dois modos de realização, reflexivo e transitivo, aos quais correspondem, no plano figurativo, dois modos de aquisição de objetos de valor: será apropriação quando o sujeito do fazer e o sujeito de estado, aquele que se beneficia, constituírem um único e mesmo ator (Maciek, em *O homem de ferro*); será atribuição quando eles são conferidos por um outro sujeito, ou seja, o sujeito do fazer, o doador, e o sujeito de estado, o beneficiário, formam dois atores distintos (Massa e o movimento sindical; as mulheres grevistas e o sindicato em *O sal da terra*). Paralelamente, há dois modos de virtualização, reflexivo e transitivo, que correspondem, no plano figurativo, a dois modos de privação de valores: será renúncia quando o sujeito do fazer e o sujeito de estado são o mesmo sujeito, pois é ele mesmo que se separa dos valores (Severino, em *O homem que virou suco*; Tião, em *Eles não usam black-tie*); será despossessão quando ele for privado por um outro sujeito, ou seja, o sujeito do fazer é diferente do sujeito de estado (os operários massacrados em *A greve* [*Stacka*, 1924, de Sergei Eisenstein]). Desse modo, "[...] esses quatro tipos de transformações podem concernir um só sujeito (S1 ou S2) em relação com um só objeto (O) e, fazendo assim parte de seu programa narrativo, constituir sua sintagmática elementar".[42]

Pressuposta ou explícita na tematização da greve no cinema político, a comunicação de dois objetos irá se realizar quando um sujeito S1 entra em conjunção com um objeto que ele recebe de outro sujeito S2 e, ao mesmo tempo, o sujeito S1 entra em disjunção com outro objeto que ele irá atribuir ao sujeito. A conjunção de um objeto, por parte de S1, está simultaneamente associada à disjunção de outro objeto que o sujeito S1 conferirá ao sujeito S2. Assim, a comunicação de dois objetos irá centrar-se nas configurações do *dom recíproco* e da *troca*. Na configuração do dom recíproco, "[...] a equivalência entre os valores dos dois objetos é simultânea, porque ela já se encontra de início admitida e pressuposta".[43] É o caso da troca de presentes. A configuração da troca, diferentemente do dom recíproco, terá o valor negociado. Desse modo, haverá o estabelecimento do valor dos valores: a valência. Portanto, a troca irá se realizar mediante a crença compartilhada entre os sujeitos sobre as valências de seus objetos, quando "[...] reconhecem juntos sua equi-valência".[44] Assim sendo, esse reconhecimento irá ressaltar a relação que existe entre valência e fidúcia: "[...] o liame fiduciário é central para que o valor, por natureza flutuante, dos objetos, enfim se estabeleça".[45] Precisando os termos aqui tomados, a valência, além de ser uma condição de existência e de aparecimento dos valores, também está ligada à instauração de valores que irão definir as axiologias estabelecidas no discurso. Logo, as valências "[...] se referem à sensibilização dos objetos e formam o fundamento das crenças produzidas pelo discurso".[46] Por sua vez, a fidúcia reside na crença que o sujeito deposita no destinador, mediante o contrato fiduciário, que "[...] põe em jogo um fazer persuasivo de parte do destinador e, em contrapartida, a adesão do destinatário [...]".[47]

Após esse exposto, podemos afirmar que um fundamento que constitui o discurso do movimento grevista no cinema político está firmado, *a priori*, no modo de comunicação dos valores representado pela comunicação de dois objetos. Esta é, sem dúvida, pressuposta no discurso grevista, já que se pode deduzir que houve anteriormente uma configuração de troca, ou seja, os valores negociados foram compartilhados entre o operariado e o patronato, estabelecendo um contrato fiduciário. A quebra desse contrato, com a atenuação do valor do valor adquirido, ou seja, com o enfraquecimento da valência, colocará em jogo uma transformação conjuntiva novamente. Assim, haverá uma espécie de intercâmbio entre a comunicação de dois objetos, a configuração da troca pressuposta e, após a quebra de contrato, entrará em cena a comunicação de um objeto, em que o sujeito se encontra na virtualização do valor sob a forma de uma privação transitiva, consumando uma disjunção. Buscando novamente a conjunção, esse sujeito entrará no percurso da realização do valor sob a forma de aquisição transitiva, em que o sujeito do fazer, o doador, e o sujeito de estado, o beneficiário, formam atores distintos em uma relação de atribuição.

Esse intercâmbio entre dois modos de comunicação dos valores é o que vemos mover a narrativa de *A classe operária vai ao paraíso*.

Em suma, o ato I do filme instaura, dessa forma, dois enunciados elementares, que operam com a junção e a transformação, entendidas como duas diferentes relações ou funções transitivas: o enunciado de estado e o enunciado de fazer. Da conjunção inicial do sujeito público e individual com os valores do objeto *trabalho* à disjunção desses mesmos valores, percebidos por meio de situações opressivas, temos nesse primeiro ato a centelha (no plano figurativo, a perda do dedo) que irá alimentar uma intensificação que caracterizará o ato II do enunciado fílmico: da recusa do destinador do primeiro contrato pressuposto, para a escolha, por parte do actante sujeito, de um antidestinador, que irá direcionar o ator Massa, no plano discursivo, a uma rota desestruturadora, física e mentalmente. Todas essas questões levantadas no ato I irão, de certa forma, flutuar e influenciar os outros dois atos finais. Vejamos agora o ato II.

> **Ato II** (confrontação) – *Condição de desempregado* (sujeito em disjunção com o objeto-valor *trabalho*) – (Sq. 5 [cena A]) – Massa vai até a casa de sua ex-mulher visitar o filho. Ele é questionado por não pagar a pensão. (Sq. 5 [cena B]) – Em sua casa, vendo TV, Massa é questionado por sua segunda esposa por dar dinheiro à primeira. (Sq. 6) – Em um manicômio, Massa visita Militina, um antigo funcionário da mesma empresa em que ele trabalha, pela primeira vez. Massa questiona Militina sobre o porquê de ele estar internado:
>
> > [Massa] "Como é que, enfim, como percebeu que estava ficando louco?" [Militina] "São os outros que decidem quando alguém tem de ficar louco" [...] "Mas, você gostaria de saber o que fabricamos na fábrica? Para que servem as peças que fabricam aos milhões? Um dia, encontrei o engenheiro, peguei-o pelo colarinho e lhe

> perguntei: 'Vai me dizer o que se produz nesta fábrica, para que servem essas peças, senão eu te mato! Eu te mato!'" [...] "Fazemos parte do sistema: patrões e escravos. Nós ficamos loucos porque temos pouco e eles ficam loucos porque têm demais. E assim, neste inferno... o cérebro pouco a pouco se desfaz! Faz greve! Faz greve! Greve! Greve!"

Massa se despede de Militina e deixa o manicômio. (Sq. 7 [cena A]) – Nos portões da fábrica, o movimento sindical está em protesto pela demissão de seis operários que fizeram um tumulto devido à indignação pelo acidente de Massa, considerado por todos uma "vítima dos ritmos de trabalho". Novamente há um embate entre as ideologias do movimento sindical (MS) e do movimento estudantil (ME):

> (ME): "À violência dos patrões, se responde com a violência dos operários!" (MS): "À violência patronal se responde com a unidade sindical. A unidade de todos os trabalhadores. Não reajam às provocações! Unidade sindical! Unidade sindical!"

(Sq. 7 [cena B]) – O engenheiro chefe aparece na linha de produção. Ele vai até Massa:

> [Massa]: "Perdi o dedo!" [Engenheiro, se dirigindo a todos]: "Desde que aconteceu essa desgraça, a produção diminui 7%. É preciso fazer como antes. É preciso reencontrar o espírito de colaboração entre vocês que havia feito da sua indústria uma preciosidade! Uma preciosidade em que se compunham os interesses dos operários e os do capital!" [...] "Eu sou um simples empregado, como vocês!"

De volta ao trabalho, os fiscais continuam com sua medição. Massa fica cantando enquanto trabalha. Um fiscal diz a ele que a produção está caindo, está baixíssima pelos padrões anteriores. Massa diz que pode fazer melhor, mas não tem vontade de se esforçar. Ele reduz a produção e é ameaçado com uma multa pela baixa produtividade. Ele se rebela e começa a gritar, questionando a multa. (Sq. 7 [cena C]) – Na sala da assistência social, Massa se consulta com o psicólogo da empresa. Ele é questionado pela perda do dedo ("você se sente castrado?") e pela parada de produção ("se você gosta de dinheiro, por que parou de produzir?"). (Sq. 7 [cena D]) – Na saída da fábrica, alguns operários são revistados. Massa não quer ser revistado e se revolta com o movimento estudantil, agredindo o líder. Um deles grita a Massa que vai embora de carro:

> "Escravo! Escravo! No domingo, futebol! Tenha vergonha! Não sabe fazer mais nada. Só sabe fazer isso! É escravo e nada mais! Entendeu?"

(Sq. 8 [cena A]) – No interior da fábrica, ocorre uma assembleia do sindicato dos trabalhadores. Surgem duas propostas: uma greve por tempo indeterminado ou uma greve de 2 horas por dia (considerada uma luta articulada). A segunda proposta é aceita pela maioria, com vaias de alguns descontentes com esse resultado. Massa, com base no que disseram os estudantes, e tomado por uma emoção exacerbada, propõe a todos deixar o trabalho imediatamente, e a fazerem uma greve por tempo indeterminado. Quem não o fizer, segundo Massa, é um "fura-greve". A unidade sindical tenta manter a situação:

> "Precisamos ficar todos unidos se quisermos vencer! Uma política extremista, aventureira, se resolveria fazendo o jogo da direita! Por isso, procurem entender! Companheiro Massa! Todos devem tentar entender! Precisamos ficar unidos! Unidos!"

(Sq. 8 [cena B]) – Fora da fábrica, o movimento estudantil encontra-se com Massa e alguns operários partidários de sua decisão de entrar em greve por tempo indeterminado. (Sq. 8 [cena C]) – Massa sai de carro com Adalgisa. Nessa escapadela, ela tem a primeira relação sexual de sua vida com Massa, dentro do carro dele. Decepcionada com o primeiro ato sexual consumado, pois Massa se mostrou um amante aquém de sua propaganda, Adalgisa se sente constrangida e aparenta não nutrir esperanças em relação ao amor: "mas isso é amor?", diz Adalgisa, desapontada. (Sq. 9) – Diante dos portões da fábrica, a assembleia decide por duas horas de greve por dia, para a regulamentação do sistema. A união dos três sindicatos pede que os trabalhadores não aceitem provocações. O movimento estudantil prega a anarquia, enquanto a unidade sindical sustenta a disciplina de classe. A polícia é convocada. Há uma confusão geral. A polícia tenta afastar os grevistas usando a força. Os grevistas depredam o carro do engenheiro que tenta, inutilmente, entrar na fábrica. (Sq. 10) – Os estudantes, idealizadores do movimento grevista do qual Massa faz parte agora, decidem se reunir na casa dele. Há uma discussão e a mulher de Massa abandona a casa e o marido, levando o filho junto. Os estudantes ficam apreensivos e vão embora, temendo que a mulher de Massa chame a polícia. (Sq. 11) – Quando Massa volta à fábrica, recebe uma carta de demissão. Transtornado, Massa incita seus companheiros a aderirem à greve. No entanto, seus gritos são em vão e ninguém o acompanha. A assembleia dos trabalhadores decide não fazer a greve. Lulu Massa está sozinho. Essa sequência apresenta o ponto central (PC) do ato II, o clímax do desenvolvimento. (Sq. 12) – No liceu acadêmico, Massa procura o movimento estudantil, idealizador da greve, e se decepciona com a militância cega e desarticulada de seu líder, que não consegue ajudá-lo a recuperar o emprego ("vocês conseguiram me mudar e eu perdi o trabalho") nem a propor novos passos para o prosseguimento da greve ("o seu caso é único, pessoal, e não é isso que nos interessa"). (Sq. 13) – Massa espera Artur, filho de sua segunda esposa, na saída da escola ("parecem pequenos operários"). (Sq. 14) – Massa vai uma segunda vez ao manicômio ver Militina. O antigo operário diz que ficou louco na fábrica. Aturdido, Massa deixa Militina. (Sq. 15) – Massa, dentro de casa, adere ao isolamento. Ele é procurado pelos grevistas e o movimento estudantil, que dizem que ele virou um símbolo. Ignorando os pedidos de volta dos companheiros, Massa decide juntar seus pertences de casa para vender e descobre que acumulou muita coisa sem valor. Em um gesto simbólico e catártico, Massa estrangula um boneco do Tio Patinhas. A mulher de Massa volta e encontra a casa em desordem. Na mesma noite, Massa recebe a visita dos companheiros da unidade sindical:

> "Lulu. Conseguimos! Sabe o que conseguimos? Você foi readmitido. Vai voltar ao trabalho... Conseguimos tudo! Até melhores ganhos! Sua contribuição foi decisiva. Não está contente? [...] Eu lhe disse que iríamos conseguir. Este é o resultado da unidade sindical. Pense que é a primeira vez, na região, que readmitem um operário demitido por motivos políticos. É importante, não? [...] Somos mais fortes, mais conscientes. Hoje, têm medo de nós, Lulu. Eles têm medo de nós."

Nessa sequência, instaura-se o segundo ponto de virada (PV 2), que irá encadear o ato III, a resolução.

Temos no ato II, como vimos, um ponto central (PC) que, além de indicar o clímax do enunciado fílmico, aponta também para um divisão interna desse mesmo ato. Desse modo, há, antes do PC, uma primeira parte com o desenvolvimento do enunciado do fazer, em que se opera a transformação a partir de uma disjunção que o sujeito tem com relação ao objeto-valor caracterizado pela valoração de sua força de produção e por melhores condições de trabalho; isto como consequência, no plano discursivo, a partir do dedo arrancado. Acontece, porém, que esse sujeito, implicado na manipulação, ao reduzir a produção bem abaixo do esperado e servir de exemplo para que outros também façam a greve como ele, quebra o contrato pressuposto estabelecido com o destinador. Este, por sua vez, assume a posição de um destinador julgador e, como sanção negativa, invalida a existência desse sujeito. Temos, desse modo, no plano discursivo, a demissão do ator Massa. Esse ocorrido é o que caracteriza o PC do ato II. É a partir daqui que na segunda metade desse ato haverá uma modificação no que diz respeito à valoração do objeto a que busca o sujeito. Se antes se buscavam o reconhecimento e condições favoráveis à produção, agora, aquilo que se busca é a conjunção com o essencial, o emprego novamente. Essa transformação atinge a consciência do sujeito. Desestabiliza-o, pois, fora da zona de conforto, se vê desarticulado e sem rumo, sem saber e poder tomar decisões que o ajustem nessa nova realidade. Quando nega o destinador patronal, a escolha do actante sujeito recai sobre outro, dessa vez, cindido entre a unidade sindical e o movimento estudantil. Ao preferir este, o enunciado revelou que, por meio da manipulação e das ações que exerceram, esse destinador tornou-se um destinador às avessas, um antidestinador para o actante sujeito ("o seu caso é único, pessoal, e não é isso que nos interessa"). Sem um destinador que lhe dote de saberes e poderes, o sujeito isola-se, anula-se e se entrega ao aniquilamento.

Desse modo, antes do PC, na primeira metade do ato II, o enunciado do fazer irá promover a luta do sujeito para a obtenção de seu objeto-valor, e um de seus recursos é atingir, por meio do movimento grevista, o destinador que agora se torna antissujeito, caracterizado pela "direção ambiental" (as palavras de ordens que surgem dos alto-falantes espalhados pelo local de trabalho). Reforçamos que o som que surge dos alto-falantes indica que não há uma manifestação somática do antissujeito, mas referências à sua presença. Nem com a demissão do ator Massa consegue-se uma corporificação desse actante, visto que ele não aparece; mas a carta "vermelha", contendo a notificação do desemprego, é uma prova de seus atos e uma ironia de sua parte, pois a cor refere-se, como uma figura referencial, ao comunismo. Assim, com a segunda metade do ato II, o sujeito se vê em uma disjunção por completo. Ao perder o emprego, ele se vê em uma privação total. Essa privação total, como notamos, desestabiliza o sujeito que se vê perdido e sem direção. Desse modo, temos um enunciado disjuntivo:

Enunciado de estado disjuntivo: $S \cup O$ – S (Massa) $\cup$ O (emprego)

Anteriormente, os valores que se pretendiam coletivos, de interesse geral, na concepção dos actantes sujeito (Massa) e (anti)destinador (agora o movimento estudantil), eram almejados, em sua totalidade, pela estratégia da greve; agora, o valor passa a ser específico, individual (o ator Massa), já que, no desenvolvimento da narrativa, ele pretende reaver um valor acima do valor, que é a retomada do emprego e, sintomaticamente, de uma consciência anteriormente abortada. Mas essa ação pretendida e isolada torna-se um fracasso e, como resultado, o sujeito se recolhe, abandonando essa busca pela valência, o valor do valor.

Essa reviravolta na narrativa intensifica-se e atrai uma segunda transformação, por meio de uma notícia daquele que seria de fato o verdadeiro "segundo" destinador, o movimento sindical, caso o actante sujeito o tivesse escolhido: a readmissão ao emprego. Novamente, emparelhada ao ponto de virada II, temos a emergência de um enunciado de fazer, operando uma segunda transformação que é a retomada do sujeito ao estado de conjunção:

Enunciado de estado conjuntivo: S ∩ O – S (Massa) ∩ O (emprego).

Essa nova transformação do sujeito, a nova conjunção com o objeto-valor, adquire concretude na resolução da narrativa, representada com o terceiro ato de *A classe operária vai ao paraíso*. Vejamos então:

> **Ato III** (resolução) – *Empregado novamente* (sujeito em conjunção com o objeto-valor *trabalho*) – (Sq. 16 [cena A]) – Nos portões da fábrica, a unidade sindical, composta pelos trabalhadores, comemora as vitórias:
>
> > "Companheiros operários! Alcançamos a vitória sobre os dois objetivos que nos havíamos proposto. A readmissão do Massa e a regulamentação do sistema. Mas a luta não acabou! Continua nas seções! Controlem seus tempos de trabalho!"
>
> O movimento estudantil, em oposição alarmista, ainda tenta convencer os operários a ouvi-lo. Eles não dão ouvidos aos gritos ensurdecedores de um dos líderes estudantis ("nosso objetivo imediato é conseguir tudo e já!"). Um colega pergunta para Massa se está contente e ele diz que sim. (Sq. 16 [cena B]) – No interior da fábrica, Massa está na linha de produção com os companheiros. Antes Massa estava em uma máquina individual, agora está em uma linha de montagem, junto com outros colegas. Massa comenta que estava sonhando. Os colegas, com as vozes abafadas pelo barulho das máquinas, gritam e questionam do que se tratava esse sonho de Massa.
>
> > [Massa] "Estava lá sonhando com um muro... tinha morrido! Estava morto e sepultado e, então, surge o Militina. Ah! O Militina diz... O Militina grita, diz: arrebentemos tudo e vamos entrar! Sim! Arrebentemos tudo e vamos ocupar o paraíso!" "Onde?" [gritam os operários] / [Massa responde]: "Não sei! Atrás do muro, do outro lado do paraíso... eu não digo nada. Vá saber! Eu não digo nada e aí é uma visão impressionante! Uma visão impressionante! Imagine que um tinha a cabeça de um lado e o corpo a 10 metros de distância... Abaixo com este muro. Abaixo com este muro!... E o muro caiu!" [Um operário pergunta]: "Sim! E o que havia lá? Atrás desse muro?" [Massa responde]: "Antes de tudo, depois quando olhei... vi surgir o Militina! Depois vi um trabalhador braçal, vi um cara sem dedo e perguntei: 'mas quem é esse aí?' E penso, 'este sou eu!' Depois, um a um, apareceram todos vocês! Estávamos todos nós! No muro, na poeira, no nevoeiro estávamos todos nós!" [Outro colega pergunta]: "Mas o que significa?" [...] [Massa responde]: "Significa que havendo um muro para derrubar, ele tem de ser derrubado!"

> Após várias perguntas ("por que tem nevoeiro?"; "eu estava lá?"), as vozes dos operários são abafadas pelo barulho ensurdecedor das máquinas, que continua aumentando. Em um *travelling* para frente, a câmera acompanha uma peça completa até o final de seu percurso na esteira rolante, onde cai em uma caixa que é içada por um carrinho carregador, manipulado por um homem mais velho que os operários da linha de montagem. A câmera se afasta e enquadra em um plano próximo esse homem velho e a imagem de uma mão direita com o dedo indicador em riste, apontando para baixo. A imagem desse dedo ordenador está impressa na parede dos fundos da fábrica e é maior que o homem que carrega as peças montadas. Nesse momento, esse enquadramento é congelado. Sobre essa imagem fixa, surgem os créditos finais, acompanhados, na trilha sonora, de uma espécie de marcha militar/fúnebre lenta e entremeada com sons que parecem metralhadoras.

O ato III, a resolução, instaura novamente o sujeito em conjunção com o objeto-valor inicial: o ator Massa e o emprego. A unidade sindical, composta pelos operários da fábrica, admite uma dupla vitória: a regulamentação trabalhista e a readmissão de Massa, mas isso corresponde apenas a um enunciado em que se operou uma troca, não uma cessão total dos direitos anteriormente preteridos, pois, como confirma um dos líderes sindicais, "A luta não acabou! Continua nas seções! Controlem seus tempos de trabalho!" (Sq. 16 [cena A]). Do ponto de vista do sujeito individual, a ordem é novamente estabelecida no plano público, mas não é mostrada no privado, que fica em segundo plano, pois, como se nota no decorrer da diegese fílmica, a felicidade do sujeito, uma ironia, está entre as engrenagens da linha de produção. Assim, a narrativa volta ao enunciado elementar inicial, em que o enunciado de estado prevalece como coordenada novamente, em que o sujeito retoma seu objeto-valor essencial: $S \cap O$ – S (Massa) $\cap$ O (emprego). Desse modo, ao estado 1, conjuntivo (empregado), corresponde o estado 2, também conjuntivo (empregado novamente).

Esse rápido exame dos enunciados elementares previstos na narrativa de *A classe operária vai ao paraíso* nos leva a enxergá-los em uma organização fundada sobre uma ordem de prioridade entre os elementos constituintes da estruturação semiótica da narrativa, pois a comunicação hierárquica do enunciado de estado e do enunciado de fazer irá definir a unidade operatória elementar da organização narrativa de um texto que é o *programa narrativo*. Este é uma estrutura sintáxica elementar. Sua função essencial é a articulação de dois enunciados básicos, que são os enunciados de estado e os enunciados de fazer. Os predicados elementares do enunciado de estado são "ser" e "ter"; já o enunciado de fazer, como vimos, tem a função de transformar os estados. Assim, o programa narrativo (PN) irá designar "[...] a operação sintáxica elementar que promove a transformação de um enunciado de estado em outro enunciado de estado, pela mediação de um enunciado de fazer".[48] A fórmula completa do PN é:

PN = função (fazer) S1 (sujeito do fazer) → S2 (sujeito de estado) ∪ O (objeto-valor) ou PN = função (fazer) S1 (sujeito do fazer) → S2 (sujeito de estado) ∩ O (objeto-valor).

Desse modo, o PN irá hierarquizar o programa de base (ou programa principal) e os programas de uso (ou programas secundários), pois esses são necessários à realização da narrativa. Assim, o programa de base do sujeito público, o ator Massa em ação, inicialmente, é a aquisição dos valores inscritos no objeto: reconhecimento da força trabalhista e condições favoráveis de produção, em um primeiro momento, e a retomada do emprego, em um segundo. Os programas de uso, sob a conduta do actante sujeito, surgem em dois momentos cruciais, compreendidos antes e depois do PC do ato II, respectivamente: no primeiro, a movimentação para a greve, idealizada em um momento de pura agitação, junto com o movimento estudantil; no segundo, a tentativa frustrada de Massa, agora demitido, em conseguir mobilizar e pedir ajuda àqueles que, de um lado, rejeitou (a unidade sindical) e, de outro, abraçou (o movimento estudantil).

Vimos que esses dois programas de uso protagonizados pelo sujeito trouxeram como resultado o fracasso, pois não há uma mobilização considerável, por parte dos operários, ao pedido de Massa na adesão ao movimento grevista sustentado pelos ideais estudantis, nem o próprio sujeito, ao "individualizar-se", abandonando de fato os dois lados proponentes (a unidade sindical e o movimento estudantil), consegue algum resultado, a não ser o recolhimento e o isolamento. O sucesso inscrito no programa de base que pretendia o actante sujeito só é conseguido mediante a intervenção dos programas de outros, pois sua readmissão é o resultado de uma força conjunta, figurativizada pela consciência de classe, pela articulação da unidade sindical.

Portanto, os PNs que constituem o ato II são, em relação ao sujeito do fazer (Massa), necessariamente, programas de privação, já que a transformação do sujeito em relação ao objeto resultou em uma disjunção (uma privação completa – o desemprego). No entanto, a partir do PV 2, que se engancha ao ato III e reverte a situação narrativa noutra direção (a retomada do emprego), temos um programa de aquisição, já que a natureza da função resultou, por parte de adjuvantes (a unidade sindical), em conjunção do sujeito com o objeto (Massa é readmitido). Uma leitura subjacente a esses programas mostra que não são somente aqueles valores descritivos inscritos no objeto *emprego*, tais como reconhecimento, condições favoráveis e readmissão, que constituem a aquisição a que pretende o sujeito actante. Se, anteriormente, postulamos que esse sujeito estava, no mundo do trabalho, abraçado à alienação, agora, podemos dizer que essa alienação é abandonada, mesmo que em pequenas doses, enquanto a consciência de classe começa a ser germinada. Um dos momentos pode ser conferido na exata sequência em que o ator Massa, após juntar seus bens, avaliá-los e constatar que não tinham nenhum "valor", reflete sobre sua condição de peça dentro de um sistema consumista (para cada objeto, ele avalia o custo mediante as horas e os dias de trabalho de sua produção) e, catarticamente, destrói o boneco do Tio Patinhas, uma figura muito recorrente, na indústria cultural, na representação do capitalismo. Em outro, na cena (Sq. 16 [cena B]) figurativizada pelo comentário ao sonho de Massa e a quebra de um muro para se alcançar o paraíso. Da alienação consumista à centelha de consciência de classe, o ator percebe que seu papel não será mais o mesmo, dali por diante, pois é preciso derrubar o "muro" (da alienação) para se chegar ao paraíso (a consciência de classe). E, de certa forma, vemos isso no ato III, em que o sujeito está ao lado de outros companheiros na linha de produção, não mais isolado em uma máquina solitária e também não mais produzindo exacerbadamente, cujo excesso era parâmetro para a produção alheia. O dedo em riste em oposição ao velho operário no carregador, na imagem final congelada, sugere que essa luta para enfrentar o sistema e garantir seus direitos iria perdurar por muito tempo.

Após esse exposto, torna-se necessário precisar o quadro geral da organização narrativa: o esquema narrativo canônico.

O esquema narrativo é um modelo hipotético da estruturação geral da narrativa, pois esse esquema "[...] é suficientemente geral para autorizar todas as variações sobre o tema: considerado num nível mais abstrato e decomposto em percursos, ajuda a articular e a interpretar diferentes tipos de atividades, tanto cognitivas quanto pragmáticas".[49] Bertrand[50] expõe a formação do esquema narrativo em três momentos: 1) as três provas; 2) a moldura contratual; e 3) as esferas semióticas autônomas. No nosso caso, vejamos os dois últimos.

Uma estrutura contratual emoldura o conjunto do esquema narrativo. Há um contrato inicial entre o destinador e o sujeito que fixa os valores e o seu projeto de busca. O sujeito adquire competência para executar a missão, realizando a ação (a *performance* propriamente dita). No final, o destinador verifica a conformidade da ação cumprida, em relação ao contrato inicial, retribuindo ou punindo o sujeito. As sequências desse modelo ideológico apresentam-se desse modo:

contrato → competência → *performance* → sanção

Em cada etapa do esquema é reconhecível uma distribuição actancial: contrato = relação entre destinador-manipulador e o sujeito; competência = relação entre o sujeito e o objeto; *performance* = relação entre o sujeito e o antissujeito em torno do objeto-valor; sanção = restabelece o contrato inicial entre o destinador e o sujeito; aqui, o destinador irá desempenhar o papel de julgador.

As esferas semióticas autônomas dizem respeito a um modo particular de depreender e "[...] isolar grandes esferas semióticas reconhecíveis em todo tipo de discurso, mesmo localizadas de forma fragmentária, bem além da narrativa propriamente dita".[51] Desse modo, são esboçados três grandes domínios semióticos:

Manipulação — Ação — Sanção.

Assim, o contrato pode ser inserido na esfera da *manipulação*. Aqui o destinador não é mais uma figura actancial realizada em papéis fixos, mas constituído pelos "[...] enunciados modais (factivos) que assume e que o definem, sem por isso fixá-lo nessa posição".[52] Como resultado, a posição modal de destinador (que, basicamente, assume o papel de destinador-manipulador, sendo aquele que faz crer ou aquele que faz fazer) pode ser encontrada em todo e qualquer ator no desenvolvimento da narrativa. Seu poder pressupõe o reconhecimento por parte do sujeito. Em *A classe operária vai ao paraíso*, a posição de destinador ora está representada pela "direção ambiental" (a voz do alto-falante), ora enquadra-se na unidade sindical (os articuladores grevistas). Por sua vez, a competência e a *performance* se inserem no âmbito da *ação*. Essa esfera da ação tem como caracterização o fazer pragmático ou cognitivo, assim como as condições necessárias para seu exercício. "[...] Seu desafio é o 'fazer-ser' (definição do ato), que consiste em estabelecer um novo estado de coisas. Ele põe em frente o sujeito que age e o antissujeito que lhe opõe uma resistência, numa confrontação da qual resulta a aquisição ou a perda de valores".[53] Ao colocar em cena e em jogo um destinador particular (julgador, avaliador), a sanção também se apresenta como uma esfera semiótica autônoma. Nesse caso, "[...] o destinador é então dotado, ou supostamente dotado, de um saber verdadeiro e do poder de fazê-lo valer".[54]

Em suma, é de fundamental importância notar que o esquema narrativo pode ser compreendido como um "modelo geral de interação", visto que "[...] o que ele esquematiza não é mais a narrativa, mas a própria comunicação entre os homens, da qual a narrativa é uma das formas privilegiadas de manifestação".[55]

Sob essa perspectiva teórica, retomemos o que foi feito até aqui com relação aos atos que compõem a narrativa de *A classe operária vai ao paraíso*. Homologando-os ao esquema narrativo, e lembrando que o critério escolhido para a segmentação desses três atos originou-se a partir do percurso actancial do sujeito e do objeto, temos um quadro esquemático:

Contrato	Competência	*Performance*	Reconhecimento
(destinador) Sujeito	Sujeito Objeto Antissujeito		Sujeito (destinador)
Ato I (PV 1)	Ato II (PC); (PV 2)		Ato III

Esse esquema mostra uma regra essencial ao discurso do movimento grevista no cinema político. Independentemente de qual filme ele possa surgir, o microcosmo da greve irá obedecer a esse esquema. O que estará em jogo, sempre que encontrarmos um filme do cinema político, será a quebra de um contrato pressuposto, já realizado como objeto, entre destinador e sujeito (contrato = ato I), que irá desencadear uma ação do sujeito para atualizar – novamente – o objeto, defrontando-se com as intervenções do antissujeito (competência/*performance* = ato II) e que, após a ação desempenhada para que o objeto esteja realizado, este possa contribuir como um critério para a avaliação do percurso do sujeito (reconhecimento/sanção = ato III).

Homologado ao ato I, o contrato é o momento em que irá se estabelecer o motivo da greve: a ruptura do contrato entre o destinador patronal e o sujeito operário coloca o poder do primeiro em questionamento e, pelos critérios do segundo, não é mais reconhecido como tal. A privação de certos valores conquistados, bem como dos direitos e das condições melhores de trabalho, é o pressuposto para que a manipulação do destinador patronal seja posta em choque, e o resultado desse momento é o estopim para que ganhe relevância a ação que o sujeito, sob os cuidados de outro destinador, desempenhará em sua busca. Esse não reconhecimento do destinador por parte do sujeito é uma das características que compõem o primeiro ponto de virada, no ato I, que irá direcionar para o desenvolvimento dessa busca do sujeito, em primeiro lugar, por um novo destinador e, em segundo, pela aquisição do objeto, narrativizados no ato II. Assim, urgirá emergir outro ator discursivo que assuma essa posição actancial de destinador. Nesse caso, o destinador também poderá assumir a individualidade (um líder sindical, um operário solitário ou um mártir) ou a coletividade (o sindicato como um todo).

Ao ato II, ainda no percurso actancial do sujeito, correspondem a competência e a *performance*. Aqui o sujeito, "intimidado a existir",[56] irá adquirir a competência necessária para a ação para que possa executar a *perfomance* em busca do objeto-valor. Nesse ato, surge o oponente ao sujeito da busca, o antissujeito, caracterizado, quase sempre, pelo ator discursivo *pelego*, ou por aqueles que não veem sentido no movimento grevista idealizado por unidades sindicais. Em relação ao discurso grevista, esse antissujeito é aquele que irá agir contra, enfatizando seu apreço e apoio ao patronato. O objeto-valor, do ponto de vista do sujeito, coloca em evidência o percurso contrário do antissujeito; este, sob seu ponto de vista, também pretende manter a conjunção com o emprego, pois, de acordo com seu critério de julgamento, ele teme perder seu trabalho, visto que, como punição do patronato, ele também pode ser retirado de operação em decorrência das ações dos colegas grevistas. Em *A classe operária vai ao paraíso*, no momento em que os operários cercam um ônibus que transporta os "fura-greve", um deles é pego (um dos fiscais cronometristas) e, para não levar uma surra, ele se diz participante do movimento; quando a polícia intervém e coage os grevistas, esse mesmo fiscal diz que não está fazendo greve, que só queria entrar para trabalhar normalmente. Portanto, temendo o pior, a índole desse antissujeito faz com que se entregue ao patronato para preservar o seu objeto-valor, nem que para isso tenha que delatar os companheiros. A intensificação dessa luta entre sujeito e antissujeito é um dos ápices que irá direcionar a narrativa para o reconhecimento, a sanção que está subjacente ao ato III. Essa intensificação pode ser homologada, na superfície do texto, ao segundo ponto de virada, que, imediatamente, liga-se e funde-se ao ato III.

Finalmente, ao ato III irá corresponder o reconhecimento do sujeito da busca por parte do destinador-julgador. O papel actancial do destinador-julgador pode ser assumido por qualquer ator discursivo. É a etapa da sanção. Aqui a existência do sujeito ou é confirmada, ou é invalidada.

Em *A classe operária vai ao paraíso*, a existência do sujeito grevista individual somente é confirmada, e validada, no final do segundo ato, precisamente no PV 2, pelos operários que fazem parte da unidade sindical, que assumem o papel actancial de destinador-julgador, quando dizem a Massa que ele fora readmitido e que a contribuição dele foi decisiva (Ato II, Sq. 15), e acrescentam: "Pense que é a primeira vez, na região, que readmitem um operário demitido por motivos políticos. É importante, não?" Inicialmente, custando a acreditar, Massa só realmente se sente atuante quando está na linha de montagem novamente (Ato III, Sq. 16 [cena B]): ele readquire seu emprego como uma espécie de prêmio por sua militância, de certo modo, às avessas. Em *A greve*, a existência do sujeito grevista é invalidada mediante o julgamento que decreta o destinador-julgador, representado, no plano discursivo, pelo patronato capitalista reunido na cúpula de um edifício, cuja ordem proferida é o extermínio completo dos trabalhadores pelas forças do exército. Todos são dizimados e o que sobra é somente o fracasso, realizado, do movimento grevista; aqui o sucesso da união dos operários, em uma luta comum a todos, é apenas sugerido, virtualizado. Em *O sal da terra*, a existência do sujeito grevista, no caso, as donas de casa, as esposas que assumem a função do protesto, é confirmada por meio do julgamento dos maridos operários das minas de extração, cujo papel actancial é o de destinador-julgador. Em *Sindicato de ladrões*, o reconhecimento da existência do actante sujeito só acontece depois que o ator discursivo Terry Malloy enfrenta o antissujeito (o ator discursivo Johnny, líder do sindicato corrupto). Após o embate, os trabalhadores do porto assumem o papel actancial de destinador-julgador e avaliam as duas forças representadas na luta: a liberdade de escolha e a opressão originada de um sindicato corrupto. Tal destinador invalida a existência de Johnny, a força repressora, e confirma a existência de Malloy, definindo-o como um líder e atendendo ao seu chamado. A cena final do filme, no plano discursivo, mostra Malloy entrando no armazém portuário, sendo seguido por todos os outros trabalhadores.

Considerações finais

A análise do microcosmo narrativo do movimento grevista no cinema político prova até aqui que aquilo que o distingue dos filmes políticos, a partir de uma visão semiótica, é o modo como os valores são abordados. Tais valores são disseminados por toda a narrativa. O percurso do sujeito e do objeto é a prova de que as estratégias, centradas no movimento grevista, são essenciais e cruciais para que esses valores ganhem significado e adquiram uma dimensão própria desse universo que é o mundo do trabalho.

O cinema político, como vimos, coloca em xeque as estruturas sociais, expostas nas narrativas, e sempre confirma a existência de um discurso que prepara o espectador, o destinatário ideal, para uma tomada de reflexão política. O exame estrutural que fizemos, centrado, principalmente, na narrativa de *A classe operária vai ao paraíso*, mostrou que a consciência de classe é uma valência dentro do mundo do trabalho, um valor acima do valor, pois sem ela qualquer sujeito pode vir a se tornar invalidado, como foi o que aconteceu com o ator discursivo Massa, que após escolher o destinador errado, viu-se isolado e sem ímpeto para continuar. Massa estava fadado ao aniquilamento, à inexistência tanto pública, quanto privada. No filme, deve-se ressaltar que há um embate, como uma linha mestra subjacente que percorre toda a narrativa, entre a *Falta* (da consciência de classe) e o *Excesso* (da alienação).

A carga valorativa, no cinema político, é densa, e não deixa nenhuma dúvida quanto à sua existência. Fica claro, na narrativa fílmica, que esse valor extremado que o cinema político dá à consciência de classe, em oposição à alienação no mundo do trabalho, é legitimado pelo desenvolvimento do percurso actancial do sujeito e do objeto que, de certo modo, é a base de seu engendramento. Com o esquema narrativo proposto, fica mais clara essa visão.

Portanto, cremos que o objetivo alcançado até aqui, o de explorar o modelo actancial em amplitude, mostrou que, de fato, a análise da sintaxe narrativa aplicada aos filmes tem um papel criterioso na função de descrever com todos os pormenores a estrutura diegética do cinema político. Esta análise empreendida aqui deu um primeiro passo no sentido da cobertura da semiótica narrativa aos enunciados fílmicos sob o encargo do cinema político, visto que ela poderia ser intensificada com o estudo das modalidades e da dimensão patêmica, a semiótica das paixões. Fica a deixa para possíveis trabalhos futuros.

Notas

1 Leo Charney; Vanessa R. Schwartz (orgs.), *O cinema e a invenção da vida moderna*, trad. Regina Thompson, São Paulo, Cosac Naify, 2001, p. 19.

2 Na história do cinema, o primeiro cinema é a definição mais ajustada ao conjunto de filmes do final do século XIX e início do XX, que consistia naquelas películas utilizadas como exemplo "[...] de um tempo onde a chamada *linguagem do cinema* ainda não está estabelecida" (Costa, 1995). Pode-se afirmar que esse chamado cinema "primitivo" durou até o advento do cinema narrativo, estabelecido em sua totalidade com o cinema de David Wark Griffith, em meados do século XIX, nos Estados Unidos.

3 Odair José Moreira da Silva, "Das origens do cinema às teorias da linguagem cinematográfica: um breve panorama sobre os modos de abordagem do texto fílmico", em *Visualidades – Revista do Programa de Mestrado em Cultura Visual*, Goiânia, UFG/FAV, v. 7, n. 2, jul./dez., 2009, p. 211.

4 Marilena Chaui, *O que é ideologia*, São Paulo, Brasiliense, 1997, p. 31 (grifo da autora).

5 Peter Wollen, "Cinema e política", trad. Mauro Baptista, em Ismail Xavier (org.), *O cinema no século*, Rio de Janeiro, Imago, 1996, p. 85.

6 Idem, ibidem.

7 Idem, ibidem.

8 Jean-Patrick Lebel, *Cinema e ideologia*, trad. Jorge Nascimento, São Paulo, Mandacaru, 1996, p. 316.

9 O argumento nuclear de *A classe operária vai ao paraíso* é a história de um operário padrão, exemplo de produtividade e empenho alucinado no trabalho: Ludovico "Lulu" Massa que, após perder o dedo em um acidente, resolve idealizar um movimento grevista. Com isso, ele é despedido e se vê abandonado. À beira da negação completa de si mesmo, Lulu recebe, por parte dos companheiros que preteriu por um grupo desarticulado, a notícia de que, pela luta coletiva, ele fora readmitido no antigo emprego.

[10] Jean-Patrick Lebel, op. cit., p. 317.
[11] Idem, ibidem (grifo do autor).
[12] Idem, ibidem.
[13] Idem, ibidem.
[14] Norberto Bobbio, *Direita e esquerda: razões e significados de uma distinção política*, trad. Marco Aurélio Nogueira, São Paulo, Editora Unesp, 2001, p. 49.
[15] Jean-Patrick Lebel, op. cit., p. 318.
[16] Idem, p. 317 (grifo do autor).
[17] Houaiss Eletrônico, *Dicionário Houaiss da língua portuguesa*, Rio de Janeiro, Objetiva, 2009, CD-Rom, versão monousuário, 3.0.
[18] Maria de Paula Leite, *O que é greve*, São Paulo, Brasiliense, 1988, p. 11.
[19] Idem, p. 12.
[20] Idem, p. 13.
[21] Jacques Aumont et al., *A estética do filme*, trad. Marina Appenzeller, Campinas, Papirus, 1995.
[22] Jacques Aumont; Michel Marie, *L'Analyse des films*, Paris, Nathan, 1988.
[23] Algirdas Julien Greimas; Joseph Courtés, *Dicionário de semiótica*, trad. Alceu Dias Lima et al., São Paulo, Contexto, 2008, pp. 20-1.
[24] Denis Bertrand, *Caminhos de semiótica literária*, trad. Grupo Casa, Bauru, Edusc, 2003, p. 415.
[25] Algirdas Julien Greimas, *Du sens II: essais sémiotiques*, Paris, Éditions du Seuil, 1983.
[26] Algirdas Julien Greimas, "Les actants, les acteurs e les figures", em Algirdas Julien Greimas, op. cit., 1983, p. 49.
[27] Cf. Syd Field, *Manual do roteiro*, 1995, pp. 1-10.
[28] Cf. Aristóteles, em *A poética*: "[...] já ficou assente que a tragédia é imitação de uma ação completa, constituindo um todo que tem certa grandeza; porque pode haver um todo que não tenha grandeza. [...] 'Todo' é aquilo que tem princípio, meio e fim".
[29] A decupagem é o processo que consiste em dividir um filme, ou seu roteiro, de modo detalhado, em sequências, cenas, planos, para facilitar a gravação (a partir do roteiro) ou a edição (a partir da gravação). No nosso caso, como metodologia para facilitar o trabalho de compreensão, ao decupar *A classe operária vai ao paraíso* em três grandes atos, também dividimos o filme todo, a partir de localizações espaciais, em 16 sequências (abreviadas em Sq.), distribuídas no interior dos atos; algumas delas tiveram ainda uma divisão interna em cenas. Não apresentaremos tais sequências na íntegra neste capítulo, mas apenas as indicaremos na estruturação dos atos e, se necessário for, algumas poderão ser utilizadas, com sua devida referência ao ato correspondente.
[30] Sendo F= função; S= sujeito; e O= objeto.
[31] Denis Bertrand, op. cit., p. 301.
[32] José D'Assunção Barros, "O conceito de alienação no jovem Marx", em *Tempo Social: Revista de Sociologia da USP*, São Paulo, FFLCH/USP, v. 23, n. 1, jun. 2011, pp. 223-45.
[33] Idem, p. 229.
[34] Idem, p. 230.
[35] Idem, p. 236.
[36] Idem, p. 237.
[37] Denis Bertrand, op. cit.
[38] Idem, p. 332.
[39] Maria de Paula Leite, op. cit., 1988, p. 33.
[40] Algirdas Julien Greimas, "Un problème de sémiotique narrative: les objets de valeur", em Algirdas Julien Greimas, op. cit., 1983, pp. 19-48.
[41] Idem, p. 38.
[42] Idem, ibidem.
[43] Denis Bertrand, op. cit., p. 334.
[44] Idem, ibidem.
[45] Idem, p. 335.

[46] Idem, p. 432.
[47] Algirdas Julien Greimas; Joseph Courtés, op. cit., p. 208.
[48] Denis Bertrand, op. cit., p. 291.
[49] Algirdas Julien Greimas; Joseph Courtés, op. cit., p. 331.
[50] Denis Bertrand, op. cit., pp. 295-8.
[51] Idem, p. 296.
[52] Idem, ibidem.
[53] Idem, p. 297.
[54] Idem, ibidem.
[55] Idem, p. 298.
[56] Idem, p. 301.

PARTE II

POLÍTICA E QUESTÕES CONTEMPORÂNEAS

Raízes, histórias e horizontes políticos do glocal

Franciscu Sedda
Trad. Carolina Tomasi

Segundo o *Oxford Dictionary of New Words*, o termo "glocal" e o substantivo derivado "glocalização" "formam-se com a combinação de global e local, constituindo um composto". Ainda segundo a mesma fonte, essa ideia foi "modelada de acordo com o termo japonês *dochakuka* (derivado de *dochaku*, 'viver em sua própria terra'), vocábulo que originalmente indica o princípio agrícola de adaptação das próprias técnicas de cultivo às condições locais, mas é usado também na economia japonesa para indicar a *localização global,* uma perspectiva global adaptada às condições locais". Mais especificamente, os termos glocal e glocalização foram introduzidos pelo jargão econômico nos anos 1980 [...]. Já se tornou, para dizer de novo com as palavras do *Oxford Dictionary of New Words,* "uma das principais palavras-chave do marketing no início dos anos noventa".[1]

O surgimento e a afirmação de uma nova palavra, em um léxico especializado e no falar comum, é sempre um evento significativo.[2] O seu ingresso no discurso acadêmico, assim como no imaginário coletivo – pensamos na aparição do *glocal* nos *best-sellers* internacionais, como o ensaio de Thomas L. Friedman, *The World is Flat: a Brief History of the Twenty-first Century,*[3] ou no "protagonista" do recente filme de Jason Reitman com George Clooney, *Up in the Air* –, pode nos levar então a colher disso um espírito dos tempos que vivemos e a presságios do futuro em que poderemos viver.

Entretanto, o aparecimento de um novo sinal sobre a superfície do mar da vida social pode ser considerado a ponta de um *iceberg* que nos convida a olhar de baixo, mais profundamente, na tentativa de explorar e de colher os sistemas e os processos político-culturais que isso subentende e que, de qualquer modo, a empurram e a fazem vir à tona.

Enfim, a aparição de um novo conceito pode provocar uma dúvida, ou uma curiosidade, fecunda. Pode ser um motivo de uma nova interrogação sobre nós mesmos e sobre a história que nos trouxe até o presente. Colocando uma nova luz sobre o que nos circunda e que precedeu o aparecimento de um novo conceito, isso pode nos empurrar para um novo olhar que implica contemporaneamente uma reinterpretação do mundo e das categorias que se tornaram significativas.

Em suma, o aparecimento de um novo signo é causa e efeito da reabertura do sentido do nosso devir. E assim, se é verdade que cada geração cria os seus predecessores – parafraseando Borges –, o surgimento de glocal nos oferece a possibilidade de repensar algumas das "raízes" – físicas, antropológicas, fenomenológicas – do nosso mundo, ou seja, aqueles dispositivos estruturais que deram e dão forma à nossa existência. A redescoberta dessas raízes nos levará a novos caminhos, novas "histórias" – naturais, dominantes, imaginadas – que nos falam dos sistemas e dos processos que levam à atual configuração do globo. Enfim, tudo o que nos ajudará a focalizar alguns dos possíveis "horizontes" – ecológicos, plurais, compartilhados – do nosso mundo glocal. Tais horizontes colocam em pauta a dimensão política de nossa existência contemporânea e as categorias pelas quais pensamos e agimos no mundo e sobre o mundo.

A coerência do mundo, a pluralidade do humano

RAÍZES FÍSICAS

> Essa possibilidade de uma coerência física do mundo e da generalização de uma certa história biológica sobre dimensões universais daria ao globo sua primeira unidade, bem antes das grandes descobertas, antes das revoluções industriais, antes da interpenetração da economia.[4]

Como chegamos a ser o que somos? E, sobretudo, o que somos de verdade? Em outros termos, qual é a qualidade mais apropriada do nosso mundo contemporâneo?

Como veremos, a afirmação de Fernand Braudel de quem estamos tomando esse pensamento – parte de um complexo pensamento que o historiador francês desenvolve em *Civiltà materiale, economia e capitalismo*[5]– não é estranha às nossas perguntas. Ao contrário, nos ajudará a esclarecer o complexo nó que essas perguntas formam, até revelar a essência glocal. Braudel, de fato, chega a sublinhar a "coerência física do mundo" e a fazer referência a uma "história biológica de dimensões universais", perguntando-se como chegamos à sociedade do final do século XX.

Seu ponto de partida está relacionado ao problema do número da população mundial. Esse fator estruturante e estrutural da vida do planeta, não apenas da vida humana obviamente, nos coloca de fato diante de um enigma: aquele do seu repentino aumento, do século XVIII em diante, depois de longos períodos de contínuos fluxos e refluxos tendencialmente estáveis. A população mundial, até então abaixo de meio milhão de pessoas, na quase totalidade camponeses (entre 80% e 95%), explode em conexão e de forma interdependente, explosão que até então, como a humanidade configurava-se "sedentária", era praticamente impossível.

O que é, então, que dá o empurrão a esse pulo? A resposta de Braudel nos coloca diante, inicialmente, de dois fatores bem conhecidos e levados em consideração nos discursos atuais sobre globalização: *economia* e *espaço*. O que o historiador observa de fato é que no século XVIII para uma retomada geral da economia corresponde um "multiplicar-se dos espaços oferecidos aos homens": "Todos os países do mundo foram então colonizados sozinhos, povoando suas terras vazias ou semivazias de habitantes."[6]

Essa resposta, que entrelaça economia, espaço e movimento, não satisfaz, todavia, Braudel. Em primeiro lugar, porque o "espaço vazio" à disposição do homem sempre existiu e continua a existir ainda hoje (florestas, estepes, regiões árticas, desertos...), mesmo em uma época em que o mundo parece "acabado". Em segundo lugar, e, sobretudo, esse entrelaçamento carece de explicar propriamente a "globalidade" da mudança. Como diz o mesmo Braudel:

> A verdadeira questão permanece a seguinte: por que, no mesmo momento, a "conjuntura geográfica" entra em jogo, embora a oferta do espaço tenha estado em suma permanente? O problema é constituído pelo sincronismo. A economia internacional, eficaz, mas ainda tão frágil, não pode ser considerada responsável, por si só, por um movimento tão geral e tão potente. Também essa é tanto uma causa como uma consequência.[7]

A solução do enigma proposto por Braudel é duplamente interessante. Por um lado, de fato, isso nos convida a refletir sobre aquilo que poderíamos chamar de fator de sincronização que entra em ação de modo que se possa produzir um mundo que se tornou global. Por outro lado, porque o fator que é individualizado nos revela que esse aparente *tornar-global* é devedor de um mais fundamental *ser-global* do mundo.

Segundo Braudel, de fato, a funcionar como instrumento de correlação entre atores, tempos e espaços, é nesse caso o *clima*, ou melhor, para sermos mais precisos, o seu ritmo, a série das variações climáticas que, sucedendo-se, agregam-se à vida cotidiana, transformando-a.

Embora não seja aqui o caso de entrarmos nos complexos herméticos causais das reconstruções de Braudel, é dito que entre os séculos XVI e XVII se assiste a um resfriamento geral do clima do globo, uma "pequena era glacial",[8] e que os efeitos dos refluxos de vida do século XVIII, acompanhados de mecanismos econômicos como "a enorme flutuação dos preços" a que as mudanças climáticas dão vida, geram um salto biológico: "Com o século 18 espedaçando-se, tanto na China como na Europa, um antigo regime biológico, um conjunto de constrições, obstáculos, estruturas, relações e jogos numéricos que eram até então a regra",[9] tal que, de agora em diante, não valerá mais a regra de equilíbrio de mortes e número de nascimentos, mas "a vida ganhará mais com a morte, superando de agora em diante a sua adversária".[10] É um mecanismo complexo e paradoxal, mas altamente instrutivo. Isso de fato implica um duplo olhar que colhe os elementos em dois patamares diversos: a regular e equilibrada sucessão de vida e morte de breve duração e o efeito complexo de vitória das compensações de longa duração,[11] uma vez que as "flutuações da vida material" entram em uma correlação especial com as "flutuações climáticas".[12]

O que interessa aqui é que entre essa momentânea, mas decisiva "unificação climática" do globo nos leva de um lado a entrever isso na coerência física do mundo o primeiro de seus fatores globalizantes; de outro, subitaneamente nos convida a ir além. O mesmo Braudel imediatamente se dá conta:

> Se essa explicação climática contém, como acredito, uma parte de verdade, vejamos bem de simplificá-la além da medida. Cada clima é um sistema muito complexo e as suas incidências sobre a vida das plantas, dos animais, dos homens só podem realizar-se por meio de vias sinuosas e diferentes conforme os lugares, as culturas, as estações.[13]

Como se vê, estamos plenamente no interior de um *dispositivo glocal* no qual o clima, apenas evocado como fator singular e sincronizador, revela-se na sua pluralidade e na multiplicidade. Em suma, sob "o clima" reaparecem subitaneamente "os climas": a globalidade parece ser o efeito geral e reencontrável principalmente por um olhar especulativo e generalizante que, *a posteriori*, se coloca acima dos eventos particulares de uma série de fenômenos pulverizados *contemporaneamente independentes e interdependentes*. O fenômeno glacial, a corrente do golfo, a monção, os desastres naturais na China entre os séculos XVI e XVII são talvez reconduzidos a uma única "lógica", reintroduzem-se em uma complexa trama sistêmica, mas isso, como o sol, as nuvens, e as chuvas continuam a distribuir-se localmente, quase a configurar-se como processos separados entre si.

HISTÓRIAS NATURAIS

Olhando nosso mundo a partir dessa raiz, o que aparece é uma longa história, que alguns definem recentemente como a *história natural da globalização*. Trata-se de uma história feita, do ponto de vista humano, "de migrações, de colonizações, de derivações e hibridismos"[14] e, todavia, movida subterraneamente por um estranho protagonista não humano, mais exatamente o clima:

> Veremos que as alterações climáticas serão uma constante da história natural da nossa família biológica. O arco de tempo geológico, recoberto pela evolução hominídea, será sempre caracterizado pela turbulência climática e ambiental, um fator crucial (e frequentemente subvalorizado) para a estrutura do nosso percurso evolutivo.[15]

Em outros termos, bem antes da planetarização moderna de traço europeu – evento recente, contingente e de traço sociocultural – haveria uma história longa de milhões de anos feita de sucessivas "planetarizações". Uma história baseada na complexa coevolução entre populações, *habitats* naturais, variações climáticas.

Telmo Pievani, um dos maiores filósofos da ciência italiana, retomando os estudos de Niles Eldredge, Stephen J. Gould, Ian Tattersall, propôs dividi-la em três grandes fases: a primeira, que vai de 1,5 milhão a 150 mil anos atrás; a segunda que vai de 150 mil a 30 mil anos atrás; a terceira que vai de 30 mil anos atrás até hoje.[16] Simplificando essas fases, corresponderiam a três fluxos de saída da África e de difusão para o mundo de tipos de *Homo* diferentes: em primeiro lugar, a difusão de *Homo ergaster* e *Homo erectus*; em segundo lugar, uma primeira leva de *Homo sapiens*; e enfim uma segunda leva de *Homo sapiens*.[17]

Uma coisa ainda mais arrasadora para o nosso senso comum, e decisiva do ponto de vista de uma história glocal do mundo e do humano, é que a essas três planetarizações subentende-se, mais profundamente, "o caráter pluralístico da evolução humana" desde a sua origem.[18] Dito de outra forma, aos resultados atuais das pesquisas paleoantropológicas, o mundo foi povoado contemporaneamente por uma pluralidade de espécies hominídeas (no total, pelo menos 20 e, em alguns momentos, pelo menos 5 contemporaneamente). A solidão contemporânea do *Homo sapiens* seria em outros termos o êxito (momentâneo?) de uma "diversidade declinante".[19]

Esse êxito é, aliás, recentíssimo (considerados os seis milhões de anos da hominização). Como escreve Pievani:

> Se um ignorante extraterrestre tivesse caído sobre a Terra 30 mil anos atrás, teria encontrado três formas hominídeas contemporâneas, difusas em todo o velho mundo: *Homo neanderthalensis* na Europa, *Homo erectus* na Ásia e *Homo sapiens* que convive com ambos no curso de sua contínua expansão na direção das mais recônditas anfractuosidade do mundo habitável. [...] Aquilo que nós hoje chamamos "humanidade" foi sempre representada no passado por uma multiplicidade de espécies que convivem.[20]

Em outros termos, a nossa história seria saturada, desde o início, de *diversas formas do humano* que *planetarizaram* e, simultaneamente, relativizaram o mundo, dando-lhe forma por meio de múltiplas formas.

A mesma difusão global de *Homo sapiens,* além disso, enquanto de um lado confirma a origem comum e comunhão profunda dos seres humanos (e então elimina qualquer pretensão de sentido a qualquer discurso racista), de outro não exclui a diversidade humana: "A diáspora dos povos sobre a Terra revela de fato uma unidade genética e antropológica, bem como na notável diversidade das culturas e das morfologias humanas" – e assim também das línguas[21] –, que, como nos lembra Pievani, são "em pequeníssima parte da origem biológica (os poucos genes que regulam a cor da pele e alguns traços anatômicos adaptados ao clima)" e em grandíssima parte "fruto de histórias diversas e contingentes".[22] Daí, ainda uma vez, embora em uma única espécie, se repropõe a necessidade de recorrer à metáfora (evidentemente glocal) das *unitas multiplex*.

Novamente, a história da globalização revela-se como a história de uma constante e plural glocalização.

HORIZONTES ECOLÓGICOS

Quais são os horizontes – práticos e teóricos – dessa primeira raiz glocal?

Impossível retomá-los todos. Um primeiro ponto que nos parece interessante notar é que esse tornar do mundo vê o homem – e mais amplamente, o universo cultural – como *condicionado* e não como *condicionante*: ou seja, como aquele que sofre o efeito dos processos "globais" e não como aquele que os causa, os guia ou nem é, todavia, o centro. Aquilo que nos convida, sobretudo numa visada de um longuíssimo período, a evitar reconduzir cada explicação a uma única dimensão antropocêntrica e nos leva, ao invés disso, ao complexo jogo dos jogos – a correlação de um conjunto de possibilidades e constrições – em que se interseccionam, superpõem-se, ligam-se e articulam-se historicamente: das variações genéticas àquelas climáticas, dos nichos ambientais até chegar à estruturação longitudinal-latitudinal dos continentes – capaz de favorecer a domesticação e o consequente desenvolvimento das diferentes defesas imunitárias entre as populações do globo[23] – nos encontramos diante de uma complexidade de fatores interagentes e estruturantes. Trata-se de uma complexidade que condiciona a estabilidade e mudanças das formas de nossa existência, dos nossos mundos, criando em um longo período interdependência não facilmente perceptível entre fatores culturais e extraculturais, antes ainda que interdependências internas no âmbito econômico ou cultural, a que geralmente se voltam em primeira instância os estudos sobre globalização.

Em segundo lugar, como vimos, esses processos aparentemente globais são desde o início processos glocais. Retornando ao clima e ao seu impacto sobre a vida de cada um, se poderia experimentar assumir o todo dizendo que uma *mudança* na *economia global do clima* é, *localmente*, a sorte de alguns e o azar de outros. Aquilo que emerge então é o problema da contínua *correlação* entre séries diferentes: a correlação entre variações genéricas, climáticas, ambientais, demográficas em relação a variações de tipo social, cultural, econômico, tecnológico. Nesse sentido, a "glocalização" se dá como *aparente e momentânea sincronização* entre as várias séries a que permanece, todavia, contemporaneamente, subentendida uma constante *pluralidade de ritmos entre elas necessariamente assincrônicos*.[24]

Em terceiro lugar, não nos escapa que mais nos aproximamos da contemporaneidade, mais os aspectos socioculturais – graças também ao aprofundamento da consciência científica e da capacidade tecnológica – começam a retroagir sobre os aspectos "ecológicos" em um primeiro momento considerados condicionantes. Aquilo que parecia condicionado torna-se condicionante: os homens, agindo sobre o mundo de modo sempre mais intenso e extenso, tornam-se, ao menos potencialmente, a causa das mesmas mudanças na coerência física do mundo e na história biológica do ser humano.

Em quarto lugar, enfim, há consciência de possíveis colapsos sobre escala sempre mais global unida ao conhecimento de colapsos passados, mas também de experiências passadas de resposta positiva e gestão local dos problemas ecológicos,[25] levando-nos na direção mais acentuada a uma forma de *reflexividade*. Uma reflexividade indissociavelmente local e, ao mesmo tempo, global.

A transformação da questão climática (ou mais geralmente ecológica) em uma espécie de discurso comum da sociedade contemporânea – uma espécie de "senso comum global" – enfatiza de fato a percepção local do *mundo-como-*

um-todo.[26] Não obstante o risco ambiental planetário, a cotidiana percepção da fragilidade do nosso mundo – aliás, sempre mais enfatizada por sua centralidade no discurso midiático e político – parece criar as condições para uma consciência cosmopolítica, ou seja, a percepção quase automática de um "destino comum"[27] ou pertencimento instintivo a uma única Terra-Pátria.[28] Enfim, os processos concretos de desertificação ou a pura e simples destruição ambiental causada pela exploração selvagem do território e dos recursos naturais, colocando em movimento as relativas cadeias de doenças, carências, guerras, migrações, e correlacionando-se ao crescimento demográfico da população, embaralhando ainda uma vez mais as cartas da planetarização. Enquanto a resposta política ao tema ambiental permanece confiada a difíceis formas de *coordenação global* ("sincronização") de interesses locais, discordantes, plurais, o empenho cotidiano e concreto em pequena escala parece dever afrontar processos e forças globais dificilmente gerenciáveis. À cotidiana percepção do *mundo-como-um-todo* se aproxima, então, a evidência de múltiplos conflitos e desordens glocais.

Imaginar-se diversamente homens

RAÍZES HUMANAS

Quando os povos se atribuem alguns nomes, esses se dividem, por quanto podemos avaliar, em duas categorias, feita abstração das denominações de caráter geográfico: o apelativo étnico consiste em um epíteto ornamental "os Valorosos, os Fortes, os Excelentes, os Eminentes", ou, na maioria dos casos, chamam-se simplesmente "os homens". A partir dos *Ala-manni* germânicos e seguindo a sucessão dos povos, qualquer que seja a sua origem e a sua língua, até o Kamcatka ou até a extremidade meridional da América do Sul, encontram-se dezenas de povos que se designam como "os homens"; cada um se coloca como uma comunidade que tem a mesma língua e a mesma origem e se opõe implicitamente aos povos vizinhos.[29]

A nossa história biológica nos levou a constatar a *unitas multiplex* do *Homo sapiens*. Chegamos ao início do nosso mundo contemporâneo, colocados diante das primeiras atestações verbais dos nossos antepassados, encontramos novamente confirmação dessa unidade na multiplicidade. Os traços das *autonomeações* dos povos transpiram de fato glocalidade e deixam entrever de imediato o caráter simultaneamente imaginativo e diferencial das identidades culturais.[30]

Dito de outra forma, o dado histórico, enquanto testemunha da invasão da autodescrição dos vários povos, enquanto puros e simples "homens", até quase nos levar para a hipótese de uma consciência global "inata" do gênero humano; por outro lado, parece indicar-nos que essa tensão para o *universal* se junta indissociavelmente com uma tensão aparentemente oposta, na direção do *particular*. A história em seus primórdios parece, então, dar-nos um panorama feito de tanta humanidade quantas eram as coletividades que a compunham, ou, melhor ainda, feito de tantas coletividades *locais* que se autodefiniam "humanas", ou seja, representantes da *globalidade*, enquanto se distinguiam propriamente e se opunham às outras coletividades que, por sua vez, provavelmente em uma outra língua, se definiam "homens". Imaginam-se homens, definindo-se diversos; definem-se homens, imaginando-se diversos.

Paramos um segundo para notar que o panorama das autodenominações delineado por Benveniste é, na realidade, posteriormente estratificado. Ao lado dessa simples definição "homens", reencontramos de fato uma outra série de definições: "os Valorosos, os Fortes, os Excelentes, os Eminentes". Essa aparente discrasia liga-se, do nosso ponto de vista, de modo muito claro a uma distinção evidenciada por Jurij M. Lotman e Boris A. Uspenskij, dois dos maiores estudiosos de semiótica da cultura, e nos direciona para a individuação de *duas formas ou efeitos de glocalidade.*

Lotman e Uspenskij[31] lembram-nos de que do ponto de vista tipológico a autodefinição de uma "cultura", enquanto *globalidade de sentido*, vem geralmente ou em oposição a uma "não cultura" ou em antítese a uma "anticultura". A história das culturas é repleta de coletividades que, mesmo reconhecendo a existência da alteridade, a veem como o espaço de uma *não cultura,* modelando então o próprio mundo na oposição ordenado *vs.* não ordenado, organizado *vs.* não organizado, cosmo *vs.* caos, ou a consideravam como uma anticultura, como lugar de uma outra ordem, de um signo oposto, negativo: daí a estruturação da relação a partir do par correto *vs.* errôneo, ou ainda mais radicalmente, verdadeiro *vs.* falso.

Os nossos dois tipos de autonomeações são substancialmente reconduzíveis a essas duas formas tipológicas. A denominação, pois, "Valorosos, Fortes, Excelentes, Eminentes" pressupõe de fato a presença de uma alteridade privada de valor, frágil, de qualquer modo falha, marcada por um traço de negatividade ou inferioridade. A denominação, pois, "homens", ao contrário, pressupõe a presença de coletividade cuja culturalidade aparece a tal ponto inexistente ou irreconhecível que esses "outros homens" vêm frequentemente marcados com traço de animalidade ou de barbaridade.

A consequência prática dessa distinção é, segundo os autores russos, de que as culturas que concebem a si mesmas como uma ordem em luta contra o caos se consideram potenciais portadoras de organização do espaço por elas dominado pela desordem. As culturas que se concebem em luta com uma outra cultura de signo negativo teriam, ao contrário, a tendência oposta: mais do que objetivar a difusão dos próprios princípios, tenderiam a fechar-se nelas mesmas para se defenderem e conservarem os próprios valores. Daí duas lógicas político-culturais: uma "expansionista", e por certas vezes "híbridas", e outra "protecionista", com efeito aparentemente "purista".

Elaborando esses comportamentos prototípicos, poderíamos dizer que eles nos sugerem *dois modos básicos de articulação da glocalidade*.

As culturas, que se percebem e descrevem como representativas do humano na sua totalidade e que, por isso, poderia haver a tendência a expandir-se, podem de fato considerar-se como localidades globais: sendo (talvez até intuindo-se) parciais, sentem a própria localidade como potencialmente válida globalmente, sobretudo porque aquilo que a circunda parece exclusivo dela, de sua organização, coerência e valores.

As culturas que, ao contrário, se baseiam na antítese entre os valores próprios como positivos e os valores dos outros como negativos, e que enquanto tais podem desenvolver formas de protecionismo, se comportariam como *globalidades locais*: ou seja, como das esferas de sentido que propriamente, pois, se percebem e se descrevem como completas tendem a fechar-se em um espaço próprio, o mais possível impermeável à alteridade.

Esses comportamentos indicam, obviamente, popularidade extrema, e a complexificação do mundo atual deveria tornar teoricamente muito difícil a sua recolocação naquelas formas que, olhando para o passado, nos parecem mais puras. Todavia, não é difícil trazer de novo à mente diversos discursos contemporâneos baseados na exportação, mesmo violenta, dos próprios princípios e valores da parte da coletividade que se atribui uma missão civilizadora ou pensar, por outro lado, a construção e a manutenção de muros e muralhas, reais ou imaginários, na defesa do próprio território e da própria cultura da parte de coletividades que percebem sua suposta coerência (se não a sua própria existência) sob a ameaça da alteridade. Não obstante as aparências, o recurso a narrações baseadas na luta entre o civilizado e o bárbaro ou entre o bem e o mal, na defesa dos valores ou na defesa de um espaço próprio imaginado como incontaminável, parece ainda presente, invasivo e com frequência politicamente eficaz.

HISTÓRIAS DOMINANTES

Qualquer que seja a aplicabilidade dessas tipologias da complexidade do mundo contemporâneo, fica evidente como a definição de humano nos conduz a um terreno simultaneamente limiar e viscoso. Limiar porque o humano parece ser, ao mesmo tempo, a raiz e o horizonte dos nossos discursos e das nossas ações; viscoso porque a necessidade de as coletividades se reconhecerem como humanas – como declinações do humano – junta-se à tendência para transformar a própria singularidade humana na humanidade *tout court.*

Poder-se-ia dizer que a história recente da humanidade muito frequentemente moveu-se por esse equívoco da *própria singularidade humana* para a *humanidade enquanto tal.* E esse equívoco fez com que o mundo se transformasse no produto de *histórias de dominâncias* sucessivas ou em concorrência.

O conceito de *dominante* desenvolvido pelos formalistas russos e por Roman Jakobson no âmbito de análise dos textos artísticos foi adaptado por Lotman no seu importante volume *La semiosfera*,[32] relativo à dinâmica dos sistemas culturais. Readaptando a elaboração de Lotman, poderíamos dizer que a dominante é uma *estrutura local* que procura, em primeiro lugar, sujeitar à sua organização (à sua regra, ao seu sistema de valores) todas as outras; em segundo lugar, apropria-se do direito de falar e agir "em nome" da globalidade (ou de uma ideia qualquer de globalidade); em terceiro lugar, em seu caminho de dominância a estrutura local produz uma autodescrição que legitima como válida globalmente só a sua específica (e inicialmente local) estruturação do mundo, enquanto procura fazer cair na inexistência ou na insignificância outras formas locais de organização da realidade sociocultural.

A história dos últimos quinhentos anos, como já dito e como muito implícita ou explicitamente sustentaram, poderia ser lida como uma série de tentativas de dominâncias sucessivas ou em concorrência: a mundialização ibérico-católica, o domínio comercial holandês, a globalização inglesa baseada no controle dos mares e a industrialização, a hegemonia estadunidense e o capitalismo financeiro, até chegar à narrativa do "fim da história" pós-1989 (nascimento do Império, para dizer nos termos de uma antinarrativa que, enquanto desejariam contestar essa nova e posterior globalização, arriscam enfatizar essa invasão total, conforme Negri e Hardt[33]).

Com base nessa radical simplificação da história do mundo recente, seria, contudo, impossível negar a superposição de subjetividades (estatais, nacionais, éticas, continentais, civilizacionais, confessionais...) e lógicas (econômicas, religiosas, políticas, linguísticas, territoriais...) não isomorfas, não completa e perfeitamente correlatas; subjetividades e linguagens continuamente criadas e redefinidas no mesmo momento de serem postas em relação. E seria, entretanto, consequencial lembrar que, para cada dominância, não só ocorriam outras alternativas e em evidente concorrência, mas também que, diante do avanço de cada hipótese de dominância, davam-se formas de aberta resistência, de compromisso ambíguo, de pesquisada embora impossível impermeabilidade, de parciais e também involuntárias estranhezas às lógicas dominantes devidas à imperfeita finitude do mundo.

A transformação da alteridade dominada em mera posição local dentro dos discursos e das práticas dos dominantes, ou também a verdadeira e própria "construção do bárbaro"[34] – ou seja, a capacidade de privar um coletivo da possibilidade de autodefinir-se e, ao mesmo tempo, reproduzir-se culturalmente, até o ponto de produzir um conjunto desestruturado de indivíduos aparentemente prontos a aderir a uma identidade e a um universo de valores impostos – essa foi sempre uma aposta complexa e incansável. Todavia, sobretudo uma aposta imprevisível – até irônica – em seus êxitos. Assim como os dominadores não são nunca reconhecidos, espelhando-se nos olhos dos dominados, mesmo daqueles mais flexíveis, assim como os dominados, mesmo os mais tenazes, liberando-se, nunca conseguiram voltar a ser o que eram antes. A relação tinha mudado a ambos, tornando o emaranhado do mundo ainda uma vez mais complicado.

HORIZONTES PLURAIS

A longa história das dominâncias – na qual é impossível adentrar-se nesse local – nos parece interessante porque ajuda a colher um posterior *dispositivo glocal*: aquele de uma *globalidade* e de uma *localidade* que se dão não como uma entidade ontológica, mas como *efeitos de sentido relativos e relacionais* a partir de estratégias e táticas de *englobamento* jogadas através de específicos *relacionamentos de força e de poder*. Em outras palavras, não temos o que fazer com sistemas e processos (mais ou menos) *englobantes* ou (mais ou menos) *englobados*, lá onde, todavia, o efeito de sentido foi sempre dado por *posições* geradas e assumidas na relação e *do ponto de vista* pelo qual olhamos essa mesma relação (ou seja, da posição da qual nos relacionamos com a relação).

Façamos um único e pequeno exemplo, partindo da aparentemente desconcertante afirmação de Jean-Marie Tjibaou, antes padre e depois (uma vez que renunciou os votos) líder do movimento de independência kanak: com essa frase o político da Nova Caledônia chamava a atenção sobre a apropriação seletiva e transformadora de um objeto não próprio,[35] transformado, em uma ilha distante da Oceania, diferente de si e contemporaneamente parte de uma cultura antiga e novíssima ao mesmo tempo. Nota-se o paradoxo: o cristianismo desempenha um papel aqui de um discurso-parâmetro, de uma linguagem de tradução "global", a seu modo dominante, e ao mesmo tempo existe concretamente só como parte do modo de vida, do mundo imaginado, de um coletivo situado (e aparentemente dominado) que, fazendo-o seu, "localiza-o" não só no sentido que o introduz em uma localidade territorial (a Nova Caledônia), mas sobretudo no sentido de que o cristianismo se torna uma parte do "local" no interior de um sistema cultural em si mesmo mais amplo, "global" (aquela cultura que poderíamos chamar "a cultura kanak de hoje"). Como se definíssemos o plano daqueles que aderem ao cristianismo e em seguida disséssemos sem medo de contradição: "Eles têm a mesma religião, mas ela não é igual em nenhuma parte: não há o mesmo valor e a mesma forma em todos os lugares." E tudo isso sem contar que, para complicar essa já complexa relação, há a intervenção do fato de que o discurso religioso que chegou à Nova Caledônia é aquele do protestantismo, ou seja, uma específica forma de catolicismo, e que no momento em que Tjibaou afirma uma soberania semiótica – se assim a podemos chamar – dos kanak, ele o faz em um áspero conflito com o Estado francês que engloba a sua ilha, a sua terra, em um espaço político europeu, em uma longa história colonial. Quantas globalidades e localidades estão em jogo nesse pedaço de mundo? O que é então "global" e "local" nessa rede de relações plurais? Talvez as perguntas para tentar pensar em uma resposta sejam outras: Quem engloba quem? Como? Em quais relacionamentos de sentido e força? De que posição e ponto de vista?

Ampliando o olhar e entrecruzando o tema da *pluralidade das lógicas não isomorfas* (ou "disjuntivas", como diria Appadurai[36]) com o *dispositivo glocal do englobamento,* aquilo que se obtém é uma espécie de "olhar estrábico",[37] capaz de ter analiticamente em copresença mais planos aparentemente contraditórios, vale dizer, *níveis de homogeneização e heterogeneização* vistos geralmente como reciprocamente excludentes. Pensemos em tal sentido, para exemplificar, nos argumentos de Sahlins[38] sobre a coexistência de uma lógica (uma linguagem) "capitalista" geral e das suas reviravoltas (ou também simplesmente das suas adaptações e desentendimentos) locais. Ou nos infinitos argumentos sobre "ocidentalização",[39] enquanto dinâmica unificada e unificante que, todavia, se depara com a impressão, descendo de nível, se não de seu desaparecimento ao menos de sua pulverização no interior de outras lógicas, outros olhares, outras narrações mais compostas e heterogêneas, ou globalmente coerentes, mas de um outro ponto de vista, de uma outra posição.

Em suma, os jogos são sempre mais complicados do que gostaríamos (e me parece natural) pensar. Não só "o global" pode ser (e de fato frequentemente é) apenas uma localidade, uma subestrutura, dominante (apenas de modo momentâneo e apenas de alguns pontos de vista), mas o mesmo "local", na verdade, se descobre construído por meio de linguagens e "receitas" globais[40] ou por meio de relações de "vizinhança", translocais e diferenciais ao mesmo tempo.[41] Uma vez mais, a definição de localidade e globalidade se coloca em jogo por meio de complexos dispositivos semióticos, é produzida por meio de efeitos de sentido e de poder contingentes e instáveis, embora completamente aleatórios ou imponderáveis.

Por todos esses motivos, o horizonte do nosso mundo glocal feito de *proximidades distantes* parece submetido a contínuos processos de *fragmegration*,[42] ou seja, por um contínuo jogo de fragmentações e agregações sobre níveis diversos e por meio de lógicas plurais. E tal conceito desenvolvido no âmbito do estudo das relações internacionais parece constituir um par com a ideia de que as nossas identidades culturais sejam a causa e o efeito de contínuos *linking* e *delinking*, de contínuas *(re)articulações* espaciais e históricas que fazem da subjetividade e das identificações uma aposta das políticas de identidade.[43] Em outras palavras – mais de acordo com o léxico greimasiano[44]–, somos sempre nós que produzimos as figuras de identidade e de alteridade, de nós mesmos e dos outros, que povoam o nosso mundo; somos sempre nós que de vez em quando, por necessidades táticas ou estratégicas, tematizamos "o local" e "o global" como dimensões dadas e naturais e nos posicionamos a respeito disso; somos nós que definimos os valores que guiam as nossas existências; somos nós que contamos as histórias daquelas autoridades que deveríamos legitimar a nossa fidelidade, os nossos apegos, os nossos pertences, aquilo pelo qual vale a pena viver ou até morrer.

O meu corpo, o mundo

RAÍZES CORPÓREAS

> [...] em vez de dizer que estou no tempo e no espaço ou que não estou em parte alguma, por que antes não dizer que estou em toda a parte, ao estar neste momento e neste local?[45]

A questão posta por Merleau-Ponty nos leva a indagar uma posterior raiz do glocal, uma raiz fenomenológica, inscrita na nossa própria corporeidade e em sua relação com o mundo. Vale a pena acompanhar por um momento o pensamento do filósofo francês, que chega a colocar-se essa questão, procurando remendar (tecer novamente) o rasgo entre o fato e a essência, entre as coisas e as ideias.

Ora, segundo Merleau-Ponty, o distanciamento entre fato e essência se dá apenas em uma condição particular: vale dizer, aquela que pressupõe ou se apoia em "um pensamento que contempla o ser de alhures e, por assim dizer, frontalmente".[46] Dado tal postulado, o sujeito se apresenta como um *kosmotheoros*, como aquele que, podendo contemplar o cosmo com um "olhar soberano", colhe as coisas em uma ordem fixa e total, plana, mas múltipla. Isso significa que nesse jogo as coisas ganham uma condição absoluta, embora seja absoluta a determinação de situar a si mesmo no espaço-tempo: o que significa também que os mesmos significados que se correlacionam nesse mundo das coisas se congelam, formando um "sistema de significações sem localização nem temporalidade".[47]

Essa possibilidade de *abstração*, de *generalização*, essa possibilidade do sujeito de "instalar-se" em uma espécie de "ponto zero do Ser" para exercitar um tipo de "visão do alto" faz todavia par com a percepção de que essas mesmas operações imaginativas e globalizantes "amanhã, daqui a pouco" destinam-se a "cair" na direção daquilo que havia se destacado, revelando o seu enraizamento em uma situação, em um *espaçotempo** – "um certo ponto de aparição na Terra e na minha vida".[48]

É nesse ponto que se situa a questão de onde partimos. Se, na verdade, o sujeito pode produzir constantemente generalizações globalizantes sem, contudo, interromper o enraizar-se em um *espaçotempo* e sem interromper a tradução – no duplo sentido de transportar, mas, ao mesmo tempo, transformar – desse fundo dentro das formações semióticas que os produz, por que não deveríamos pensar que, em realidade, ele/ela possa estar "*em toda a parte, ao estar neste momento e neste local?*" Dito de outra forma, não somos talvez capazes de espaçar com a nossa imaginação, movendo-nos entre lugares e culturas diversas, tornando ao passado, antecipando o futuro, construindo o presente, inventando mundos? E não somos talvez capazes de inscrever esses mundos em múltiplas formações semióticas, que, por meio da imaginação, as tornam acessível, compartilhável, aceitável? Não estão então os nossos corpos situados, frágeis, destinados a morrer, a construir globalidade de sentido, a "construir o mundo"?[49]

* N.T.: Neologismo do autor, formado por aglutinação. Destaque nosso.

Se essa não dissociação entre global e local é possível, se o sujeito pode produzir o mundo que o contém, é justamente porque o mundo – o "visível" nos termos de Merleau-Ponty – intercepta o sujeito, domina-o, preenchendo-o e ocupando-o "porque, eu que o vejo não o vejo do fundo do nada, mas do meio dele mesmo, eu, o vidente, também sou visível...".[50]

Então, o sujeito no máximo da sua localização, descobre a sua máxima potência universalizante: coinerência com o mundo, no momento em que o mundo se enraíza no corpo, o sujeito descobre a potência da abertura de seu próprio pensamento ao universal, melhor dizendo, a um pensamento denso do *impensado*, capaz de uma "distorção geral" das coisas que descobre nelas as nervuras profundas enquanto – dizemos nós – as traduzimos semioticamente.

Aquilo que une os dois polos, os fatos e as essências é então justamente essa *glocalidade* profunda da relação corpo-mundo e das *enunciações* que o estruturam. A imaginação do mundo se desenrola a partir do nosso corpo, mas não há outra possibilidade de vida para o corpo singular que sai de si mesmo em direção a uma generalidade que não se encontra na interioridade, em si, mas é verdadeira e propriamente "um ponto de cruzamento" com o mundo e no mundo: "[...] vivemos e conhecemos não a meio caminho de fatos opacos e de ideias límpidas, mas no cruzamento em que famílias de fatos inscrevem sua generalidade, seu parentesco, agrupando-se em torno das dimensões e do lugar de nossa própria existência".[51]

As nossas *enunciações situadas* produtoras de *enunciados globais* (enquanto portadores de uma globalidade de sentido e enquanto capazes de viajar pelo globo, de serem feitos propriamente de outros corpos) são esse lugar de cruzamento entre corpo e mundo. O corpo, na verdade, através de uma variação eidética, uma manipulação das formas que é ao mesmo tempo produção de formações semióticas, é por isso mesmo produtor dos "sistemas de significado" que o produzem, por meio dos quais se situam algumas generalidades.[52] O mundo se apresenta então como o espaço de conflito entre formações semióticas diferentes, cada uma portadora de sistemas de significado, de universos de valores, de *formas do mundo*, prontas a oferecer-nos *posições de identidade* para assumir a fim de dar sentido às nossas existências.

Aquilo que Merleau-Ponty chama *intermundo* é, na nossa releitura, o espaço aberto das formações semióticas, sejam essas ações ou palavras, percursos ou discursos, instituições ou narrações. São elas que permitem ao sujeito articular formas compartilhadas da subjetividade, da espacialidade, da temporalidade, assim como definir as figuras e os temas, as autoridades e os valores que, de tempo em tempo, estruturam os nossos mundos.

HISTÓRIAS IMAGINADAS

Colhida a partir dessa raiz, a nossa história poderia parecer como a história dos múltiplos modos pelos quais nos imaginamos nós mesmos e o nosso mundo: como somos narrados e como, correlativamente, temos agido. É impossível traçar aqui uma história da *imaginação glocal*, do seu contínuo rearticular-se.[53] Aqui podemos usar e abusar apenas de um dos múltiplos percursos.

Partamos novamente de um interessante dado histórico-cultural assinalado por Lotman e Uspenskij. Segundo os dois autores, "nos textos literários antigos e medievais e também no romance do século 19, encontramos com extraordinária raridade o tema da *incompreensão*".[54] É somente a partir dos textos do romantismo que a comunicação se torna um problema. Nesse momento, a legítima coexistência de diferentes pontos de vista sobre o mundo, o constante conflito entre universos discursivos diferentes, entre sistemas de verdade em competição, tudo isso faz com que a incompreensão se torne a regra e com ela o acontecimento de "trágicas colisões" comunicativo-culturais.[55]

A consequência é que, enquanto antes, por exemplo na trama épica, a comunicação era vista como um "ato ideal, realizável instantaneamente e sem perda",[56] nesse momento se impõe prepotentemente o problema da *tradução.*

Um exemplo claro de como a tradução define o campo da cultura no início do século XX vem do *Finnegans Wake* de James Joyce. Como escreveu Umberto Eco,[57] de fato, o *Finnegans Wake* é um texto plurilíngue, de qualquer maneira "já traduzido": ou poderíamos dizer que coloca em cena em seu interior o problema e a centralidade própria da tradução. E, todavia, esse seu plurilinguismo, que procura dar forma a um texto na complexidade global do mundo, é tal a partir de determinado rumo do mundo. Como diz Eco, o *Finnegans Wake* é plurilíngue, "mas do ponto de vista da língua inglesa. É um texto plurilíngue como poderia pensá-lo um anglófono".[58] E acrescente-se um anglófono irlandês. Não é ocasional quando Joyce tenha de traduzi-lo e, ao traduzir-se, deva repensar esse plurilinguismo, esse *mundo-em-tradução*, a partir de um outro rumo do mundo: "Parece-me, no entanto, que a escolha de Joyce como tradutor de si foi pensar no texto de destino (francês ou italiano) como um texto plurilíngue que poderia ser pensado por um francófono ou por um italianófono".[59]

O que o exemplo de *Finnegans Wake* nos ajuda a focalizar é a entrada em um mundo de tal modo global para ser *duplamente glocal*. Um mundo babélico[60] feito de múltiplas linguagens que se misturam e se traduzem constantemente; um mundo em que essa mistura, esse traduzir-se, dá êxitos diversos conforme o espaço em que se realiza e da posição a partir da qual esse *mundo-em-tradução* é colhido (e, por sua vez, novamente traduzido). O mecanismo da tradução, em suma, se faz de forma exponencial e, com isso, complicam-se infinitamente os enlatamentos, os cruzamentos e as interdefinições de globalidade e localidade.

O trágico paradoxo glocal do início do século XX a que a tradução tenta dar resposta pode ser resumido assim: *o mundo apequena-se, a incompreensão aumenta.*[61] No mesmo momento em que o mundo "acaba" e faz-se plenamente interdependente – como dizia Valéry[62] entre 1931 e 1938: "*começa a era do fim do mundo*",[63] "*nada mais se fará que não esteja envolvido o mundo inteiro*"[64] –, inicia o período das guerras mais trágicas, "maiores", "mundiais". A mesma redefinição da "Grande Guerra" em "Primeira Guerra Mundial" parece indicar que esse salto reflexivo e imaginativo em direção a uma unidade do mundo que se revela plena e primariamente na trágica e coletiva incapacidade de convivência.

O mundo forçosa e ambiguamente interconexo, tanto pelas conexões de massa quanto pelo colonialismo europeu, encontrava-se tomado por uma explosiva tensão entre corpos nus e imaginações impossíveis. Como dirá Benjamin a propósito desse traumático pulo epocal causado pela "guerra mundial": "[...] nada permanecia imutável salvo as nuvens, e abaixo delas, em um campo magnético de correntes e explosões danosas, o diminuto e frágil corpo do homem".[65] E a esse retorno sobre corpos nus, frágeis, diminutos, hiperlocalizados, correspondia o próprio insucesso da imaginação do humano no fim da Segunda Guerra Mundial. O fim da humanidade é anunciado pelo holocausto e inscrito na mesma falta de imaginação e não representabilidade de um evento assim desumano. O fim do homem do futuro – o fim do futuro da espécie, ou seja, a realização da possibilidade de imaginar-se fisicamente acabar – é anunciado pela bomba atômica. Um corte sangrento entre corpos situados e imaginação global que na história do imaginário mundial parecerá de qualquer maneira saturar-se apenas por volta do final dos anos 1960. Dois exemplos emblemáticos: os Beatles, que em 1967, em pleno *Summer of Love*, cantam "All you need is Love", na primeira transmissão mundial por satélite da história, significativamente intitulada *Our World*; a humanidade que no ano de 1969 fica com o fôlego suspenso enquanto um pequeno corpo humano apoia "diretamente" o pé na Lua, imaginação coletiva que se realiza, possibilidade de olhar-se de outro lugar e imaginar-se verdadeiramente "como um"... ("as one", como cantará justamente um ano depois John Lennon, em sua canção "Imagine").

Enquanto tudo isso ocorria, o século XX nos oferecia de dentro do "Ocidente" – etiqueta um tanto genérica e viscosa quanto aquela do "Oriente" – e do seu espaço colonial uma nova explosão de vozes de corpos e povos englobados, aparentemente emudecidos e, todavia, prontos novamente a retomar a palavra, desejosos de contar a própria história, de imaginarem-se diversos.

Enquanto o mundo de fato aparentemente se globalizava (e a própria "globalização" para alguns se tornava "mitologia", "grande narração"), aquilo que o Ocidente – ator aparentemente privilegiado dessa história de "unificação" – devia bruscamente se dar conta era de que "os outros" tinham sempre narrado a própria história e tinham ainda a intenção de fazê-lo. E essa história era "diversa", ou melhor, *diversamente situada* na trama comum de histórias e espaços de que é feito o nosso mundo. Os outros, aqueles corpos diminutos, aparentemente divididos, fragmentados, expropriados de uma possibilidade própria de imaginar o mundo e a sua mudança, tinham já previsto um lugar para a alteridade no seu sistema cultural. Estavam prontos a *reinventar-se*. Estavam prontos novamente a "reinventar" quanto lhes havia sido imposto; mas não sem que esse processo gerasse novas contradições, levando a novos conflitos e novas dominâncias, a "liberações" ambíguas ou incompletas, mas *parciais*.

Que nos seja permitido dar um rapidíssimo exemplo, certamente ínfimo, mas ao mesmo tempo notável e paradigmático, da relação entre dimensão corpóreo-fenomenológica e invenção potencial de mundos. Um exemplo de âmbito sociopolítico que nos ajuda entre outras coisas a refletir sobre como a possibilidade de imaginação e ação, individual e de grupo, artística ou científica, política ou técnica, pode intervir nas estruturas históricas da dominância, assim como nas estruturações naturais de longuíssimo período. O exemplo é Mohandas K. Gandhi. Tomado por grandes agitações coletivas, feitas de múltiplas agregações e fragmentações estatais, religiosas, culturais, linguísticas; experimentador de verdades e traduções imprevisíveis, de ações e imaginações impensadas; homem diminuto, frágil e obviamente contraditório, convencido, contudo, de que cada corpo pudesse e devesse dar *exemplos de mundo*: "*We must be the change we wish to see in the world.*"[66]

Além dos acontecimentos concretos históricos em questão, as ações e as palavras de Gandhi (que ressoam nas palavras de Barack Obama em seu "*We are the ones we've been waiting for. We are the change that we seek*",[67] Chicago, 05/02/2008) nos servem para sublinhar a admissão prática e explícita do corpo como suporte e matriz semiótico-discursiva, dispositivo *acessível a todos* para a experimentação, exemplificação e abertura de mundos. Potencialidade que se faz mais estrepitosa e evidente quando se torna meio de *empowerment** nas lutas de autoafirmação dos oprimidos, dos marginais, dos mais frágeis, daqueles que são excluídos ou perseguidos pela própria diversidade.

* N. T.: Empoderamento.

E, todavia, como os exemplos tomados em consideração no nosso texto nos lembram, nada e ninguém saíam intactos e inalterados dessa *relação de força* – independência e interdependência, colaboração e embate, homologação e diferenciação, tradução e incompreensão – que até hoje continua em toda parte da Terra, cada vez mais ou menos tensa e assimétrica, produtiva e destrutiva. E, todavia, os muitos "outros" do Ocidente que permaneceram por longo tempo à margem sacudiram, com estratégias e objetivos entre eles muito diferentes, um mundo aparentemente globalizado. Fazendo-o tornar-se ainda uma vez, e uma vez mais, glocal.

HORIZONTES COMPARTILHADOS

O que é então o mundo que encontramos por herança e diante de nós senão um *mundo compartilhado*? A ideia de *compartilhamento* – o ser *entre nós*, a inexaurível tensão do ser conjunto dividindo-se, ou do dividir-se junto – parece-nos um dos conceitos-chave para visualizar os nossos horizontes glocais, o nosso *ser singular-plural*.

Como escreveu o filósofo Jean-Luc Nancy:

> O mundo, a cada vez, surge sempre de uma prega exclusiva, local-instantânea. A sua unidade, a sua unicidade e totalidade consistem na combinatória dessa multiplicidade reticulada, e não tem resultantes.[68]

Aquilo que nos é oferecido é, então, a possibilidade de pensar e habitar *um mundo dos mundos*. O mundo se dá, de um lado, como pressuposto e como meta do nosso agir, como início da nossa existência, mas, de outro, isso se abre continuamente: *o mundo* abre a si mesmo por si mesmo por meio de singularidades plurais, *os mundos*, que o constituem. É uma proliferação do interior, como uma explosão de lava que recai e retorna continuamente sobre aquilo que a criou, que retorna à origem, à Terra – àquilo que já é e àquilo que continuamente se torna – modificando-a sem pausa.

A coisa interessante, e talvez não imediatamente perceptível, é que a ideia de *compartilhamento*[69] se conecta e se correlaciona àquela de *fronteira*,[70] entendida como lugar de contato e comunicação entre *semiosferas*, lugar que ao mesmo tempo une e separa, lugar de encontro com a alteridade e mecanismo ativador de reflexividade, autodefinição e autoconsciência. Não é talvez o encontro com o outro que nos muda e simultaneamente nos faz nós mesmos, que nos faz novos e ao mesmo tempo nos faz crer haver reencontrado a nossa memória, o nosso passado, a nossa consciência?

Mas se a fronteira é por excelência o lugar dessa relação tradutora,[71] se é verdade que há fronteira (semiótica) em qualquer lugar, há necessidade de tentativa ou necessidade de uma tradução, então as fronteiras, nesse nosso mundo glocal, dão-se em qualquer lugar. E embora possa parecer paradoxal, é essa sua superabundância que torna difíceis senão impossíveis confinamentos definitivos, não possibilitando permeabilidades totais, ainda que nos obrigue a um cansativo, imperfeito, às vezes até traumático, trabalho de tradução cultural recíproca. Devemos continuamente fazer as contas da alteridade dos outros com a alteridade que nós mesmos somos. Por isso, somos continuamente chamados a *traduzir a alteridade*, mas também a *traduzir a tradição*,[72] a redefinir constantemente aquilo que acreditamos ser "nosso".

Em suma, no momento em que o espaço do mundo terminava aquilo que se atualizava, não era a sua plana homogeneidade, mas a pluralidade dos seus espaços internos, sobrepostos, interconexos; aquilo que emergia era a trama de suas histórias entrecruzadas, de suas múltiplas fronteiras, das diversas linguagens e pontos de vista, das diversas lógicas e narrações que o estruturam e o constituem enquanto o desfiam e o complexificam.

O nosso horizonte glocal parece proporcionar esse espaço de jogo entre heterogeneidade do real e as formações (sociais, históricas, culturais, ou em sentido amplo, semióticas) que, articulando fronteiras, contradições, criam possibilidades – ainda que imperfeitas e contingentes – de compartilhamento e identificação. Assim como novas fronteiras, novos conflitos, novas contradições, novas traduções.

Notas

1 Roland Robertson; Kathleen E. White, *La glocalizzazione rivisitata ed elaborata,* em Francescu Sedda (a cura di), 2004, pp. 13-41. (N. T.: destaques do original.)

2 Uma versão ligeiramente modificada deste capítulo foi publicada no volume *Política 2.0,* organizado por F. Montanari, Roma: Carocci, 2010. A versão em inglês está para ser publicada em um volume sobre glocal, organizado por Roland Robertson.

3 Thomas L. Friedman, *The World is Flat: a Brief History of the Twenty-First Century*, London, Allen Lane, 2005.

4 Fernand Braudel, *Civilisation materielle, economie et capitalisme, 15.-18. siècle* (trad. it. *Civiltà materiale, economia e capitalismo,* Torino, Einaudi, 1993), Paris, A. Colin, 1979, p. 22.

5 Idem.

6 Idem, p. 20.

7 Idem.

8 Idem, p. 22.

9 Idem, p. 42.

10 Idem, p. 45.

[11] Idem, p. 62.

[12] Idem, p. 22.

[13] Idem, p. 22.

[14] Telmo Pievani, *Homo sapiens e altre catastrofi. Per un'archeologia della globalizzazione*, Roma, Meltemi, 2002, pp. 25 e 59.

[15] Idem, p. 58.

[16] Idem, p. 208.

[17] Idem, pp. 205-7. Cf. as várias hipóteses em questão, nem sempre fáceis de destrinchar (Pievani, op. cit., pp. 160-87).

[18] Idem, p. 205.

[19] Gould apud Pievani, op. cit., p. 246.

[20] Pievani, op. cit., p. 206.

[21] Idem, p. 203.

[22] Idem, p. 211.

[23] Jared Diamond, *Guns, Germs and Steel. The Fates of Human Societies* (trad. it. *Armi, acciaio e malattie*, Torino, Einaudi, 2005), London-New York, W. W. Norton & Co., 1997.

[24] "Não houve, substancialmente, uma evolução sincronizada das principais características das espécies hominídeas (anatomia, tecnologia, organização social, dieta, *habitat*...), mas uma evolução de ritmos heterogêneos, uma evolução de guinada diferenciada" (Pievani, op. cit., p. 141).

[25] Jared Diamond, *Collapse. How Societies Choose to Fail or Succeed* (trad. it. *Collasso*, Torino, Einaudi, 2007), New York, Penguin Books, 2005, pp. 14-7.

[26] Roland Robertson, *Globalization. Social Theory and Global Culture* (trad. it. *Globalizzazione. Teoria sociale e cultura globale*, Trieste, Asterios, 1999), New York, Sage Publications, 1992. Roland Robertson; Kathleen E. White, op. cit.

[27] Ulrich Beck, *Was ist Globalisierung? Irrtumer des Globalismus-Antworten auf Globalisierung* (trad. it. *Che cos'è la globalizzazione?,* Roma, Carocci, 1999), Frankfurt am Main, Suhrkamp Verlag, 1997, p. 58.

[28] Edgar Morin, *Terre-patrie* (trad. it. *Terra-Patria,* Milano, Raffaello Cortina, 1994), Paris, Seuil, 1993.

[29] Émile Benveniste, *Le Vocabulaire des institutions indoeuropeennes. 1. Economie, parenté, societé* (trad. it. *Il vocabolario delle istituzioni indoeuropee. 1. Economia, parentela, società*, Torino, Einaudi, 1988), Paris, Les editions de Minuit, 1969, p. 284.

[30] Sobre esse ponto decisivamente semiótico-estruturalista, ver assonâncias com as impostações de Anderson (1983, 1998), Appadurai (1996), Hall (2006), Clifford (1988, 1997, 2002, 2003).

[31] Jurij M. Lotman; Boris A. Uspenskij, *Tipologia della cultura*, Milano, Bompiani, 1973.

[32] Jurij M. Lotman, *La semiosfera*, Venezia, Marsilio, 1985.

[33] Toni Negri; Michael Hardt, *Impero. Il nuovo ordine della globalizzazione*, Milano, Rizzoli, 2002.

[34] Jurij Lotman, 1985, op. cit.

[35] James Clifford, "Indigenous Articulations", em *The Contemporary Pacific*, 13 (2) Fall, 2001, pp. 468-90; James Clifford, "Prendere sul serio le politiche dell'identità", em *Aut Aut*, n. 312, nov./dic., 2002, pp. 97-114; James Clifford, *On the Edges of Anthropology*, Chicago, Prickly Paradigm Press, 2003, p. 86 (trad. it. *Ai margini dell'antropologia. Interviste*, Roma, Meltemi, 2004); Alban Bensa, *Nouvelle-Calédonie. Vers l'émancipation*, Paris, Gallimard, 1988.

[36] Arjun Appadurai, *Modernity at Large. Cultural Dimensions of Globalization* (trad. it. *Modernità in polvere*. Roma, Meltemi, 2001), Minneapolis-London, University of Minnesota Press, 1996.

[37] Francescu Sedda, *Imperfette traduzioni. Introduzione a Lotman*, 2006, pp. 7-68.

[38] Marshall Sahlins, "'Sentimental Pessimism' and Ethnographic Experience. Or, Why Culture is not a Disappearing 'Object'", em L. Daston (ed.), *Biographies of Scientific Objects*, Chicago and London, University of Chicago Press, 2000, pp. 158-202.

[39] John Tomlinson, *Globalization and Culture* (trad. it. *Sentirsi a casa nel mondo. La cultura come bene globale*, Milano, Feltrinelli, 2001), Chichester, Polity Press, 1999.

[40] Roland Robertson; Kathleen E. White, op. cit., pp. 13-41.

41 Arjun Appadurai, op. cit.

42 James N. Rosenau, *Distant Proximities. Dynamics beyond Globalization*, Princeton, Princeton University Press, 2003.

43 Clifford, 2002; 2003, op. cit.

44 Algirdas Julien Greimas, *Du sens*, Paris, Éditions du Seuil, 1970 (trad. it. *Del senso*, Milano, Bompiani, 1996); Algirdas Julien Greimas, *Du sens 2*, Paris, Éditions du Seuil, 1983 (trad. it. *Del senso 2*, Milano, Bompiani, 1994).

45 Maurice Merleau-Ponty, *Le Visible et l'invisible* (trad. it. *Il visibile e l'invisibile*, Milano, Bompiani, 1999), Paris, Gallimard, 1964, p. 132.

46 Idem, ibidem.

47 Idem, ibidem.

48 Idem, ibidem.

49 Sobre o processo de "worldmaking", ver também Goodman (1978).

50 Merleau-Ponty, op. cit., p. 133.

51 Idem, p. 135.

52 Cf. em relação ao Sujeito, Discurso ("sistema de representações"), Identidade de Geninasca na obra *La parola letteraria* (1997).

53 Apontamentos sobre o tema encontram-se, entre outros, em Anderson (1983), Robertson (1992), Appadurai (1996), Sloterdijk (2005).

54 Jurij M. Lotman e Boris A. Uspenskij, *Tipologia della cultura*, Milano, Bompiani, 1973, p. 79.

55 Idem, ibidem.

56 Idem, ibidem.

57 Umberto Eco, *Dire quasi la stessa cosa. Esperienze di traduzione*, Milano, Bompiani, 2003.

58 Idem, p. 304.

59 Idem, pp. 304-5.

60 Paolo Fabbri, *Elogio di Babele*, Roma, Meltemi, 2000.

61 Francescu Sedda (a cura di), *Glocal. Sul presente a venire*, Roma, Sossella, 2004; Francescu Sedda, "Riflessioni sul glocal a partire dallo studio semiotico della cultura", em Francescu Sedda (a cura di), op. cit., 2004, pp. 231-51.

62 Paul Valéry, *Regards sur le monde actuel et autres essais* (trad. it. *Sguardi sul mondo attuale*, Milano, Adelphi, 1994), Paris, Gallimard, 1945.

63 Idem, p. 23.

64 Idem, p. 37.

65 Walter Benjamin, *Angelus Novus. Ausgewahlte Schriften 2* (trad. it. *Angelus Novus*, Torino, Einaudi, 1995), Frankfurt am Main, Suhrkamp, 1966, p. 248.

66 "Nós devemos ser a mudança que queremos ver [realizada] no mundo." Cf. Gandhi (1996). Para uma reflexão filosófico-política sobre exemplaridade, ver Alessandro Ferrara (2008). (Acréscimo de Sedda no original.)

67 "Nós somos aqueles que estávamos esperando. Nós somos aquela mudança que estamos procurando" (tradução para o italiano de Sedda).

68 Jean-Luc Nancy, *Être singulier pluriel*, Paris, Galilée, 1996, p. 15 (trad. it. *Essere singolare plurale*, Torino, Einaudi, 2001).

69 Jean-Luc Nancy, *La communauté désoeuvrée*, Christian Bourgois Editeur, 1990 (trad. it. *La comunità inoperosa*, Napoli, Cronopio, 1995).

70 Jurir M. Lotman, 1985, op. cit.; Jurir M. Lotman, 1993, op. cit.

71 Seria interessante desenvolver a conexão entre a ideia da *relação,* enquanto primária, enquanto geradora das partes que entram em relação (cf. Hjelmslev, 1961), e a ideia de *fronteira* [limite] (a tal propósito, lembramos a ideia de Lotman, segundo o qual "o diálogo precede e gera a linguagem", Lotman, 1985). Sobre *poética da relação*, cf. Bernabé, Chamoiseau, Confiant (1989), Glissant (1996), Chamoiseau (2005).

72 Cf. Francescu Sedda (2003).

Competição e má-fé

Jacques Fontanille
Trad. Juliana Di Fiori Pondian

Um exercício prático de má-fé

O semioticista que trabalha com romances, pinturas ou filmes não precisa se esforçar muito para se manter distante de seus objetos; mas, para aqueles que se interessam pelas *formas de vida*, a perspectiva autobiográfica está sempre presente, e a *má-fé* é uma configuração semiótica que, do ponto de vista das organizações sociais, e no discurso político, possui a amplitude e o estatuto de uma forma de vida coletiva. No que diz respeito precisamente à *má-fé*, meu interesse resulta com certeza dos sete anos que dediquei ao meu mandato de presidente da universidade, ao longo dos quais pude acumular observações diretas e análises imediatas sobre o discurso político em matéria de ensino superior e pesquisa pública. Meu *corpus*, neste momento, refere-se aos modos de ação, às práticas e às estratégias no seio de um campo profissional particular, o do ensino superior, através dos discursos que os manifestam e que os conduzem.

Ao longo de todo o meu mandato na presidência da universidade, e nas minhas responsabilidades na Conferência dos Presidentes de Universidade, eu me perguntava sobre o papel da má-fé e, particularmente, sobre a denegação que está no seu âmago. E isso não de um ponto de vista moral e desiludido, mas de um ponto de vista crítico e construtivista: a má-fé será tratada como um paradoxal cimento e motor de nossas ações individuais e coletivas, e até, aquém e além da má-fé na comunicação ou da má-fé na negociação, e mais profundamente, do papel da má-fé nos processos de decisão aparentemente racionais, a má-fé como forma de vida e como princípio de sobrevida dos indivíduos e dos grupos no interior de um campo profissional e socioeconômico determinado. Como dizem certos sociólogos ou etnólogos, eu tenho meu "terreno" e paguei o preço para construí-lo!

E, perguntando-me sobre isso, não pude conter o aparecimento de antigas lembranças de leitura: as que fazem da boa e da má-fé o correlato lógico da liberdade e da responsabilidade. Tendo como *leitmotiv*: como podemos exercer livremente uma responsabilidade negando a evidência? Ou mesmo, por que se deve negar a evidência para exercer livremente uma responsabilidade? Sabe-se que tais questões não aparecem imediatamente como "semióticas" em sentido estrito, sobretudo se considerarmos como semiótico apenas o que é de ordem textual. Mas se a semiótica não nos ajuda a responder a essas questões, ela serve para quê?

Desse modo, este capítulo será dedicado às estratégias políticas que visam fundar e justificar a autonomia das universidades, a competitividade dos sistemas de ensino superior e de pesquisa e a indispensável má-fé que, enquanto forma de vida, torna-os paradoxalmente suportáveis.

Autonomia e competição: a má-fé como recurso institucional

As universidades francesas, como muitas outras pelo mundo, são agora autônomas, e assim estão oficialmente competindo; elas utilizam estratégias de posicionamento comparativo, respondem às licitações para vencer as competições e se colocar em um lugar reconhecido, e, se possível, melhor que as outras no sistema de ensino superior. Nesse ponto, elas não são apenas diferentes, mas fundamentalmente desiguais diante das competições que aparecem; todos nós até sabemos as que podem ganhar e as que poderiam perder, mas sabemos disso de um modo visivelmente incoerente, pois se soubéssemos plenamente e de modo coerente, a maior parte das universidades não participaria mais das competições. Pela teoria da decisão racional, existe aí o germe de um paradoxo que eu teria prazer em primeiro destrinchar, e depois reconstruir semioticamente.

Partimos de uma situação constituída por duas propriedades, uma modal e outra actancial: a autonomia (a liberdade) e a diferença (a alteridade). Pode-se provisoriamente acreditar em Jean-Paul Sartre para colocar os primeiros elementos do problema:

> Embora a liberdade como definição do homem não dependa do outro, a partir do momento em que existe envolvimento, sou obrigado a querer ao mesmo tempo a minha liberdade e a liberdade dos outros, eu não posso ter a minha liberdade como meta a não ser que eu tenha igualmente a liberdade dos ou-

> tros como meta, eu posso querer somente a liberdade dos outros. Assim, em nome dessa vontade de liberdade, posso fazer julgamentos sobre aqueles que buscam se esconder da liberdade total e da contingência de sua existência. Os que se escondem, pelo humor sério ou por escusas deterministas, de sua liberdade total, eu chamarei de covardes; e os outros que tentaram mostrar que sua existência era necessária, enquanto ela é a própria contingência, eu chamarei de canalhas.[1]

Jean-Paul Sartre chama, então, de "má-fé" a atitude que consiste em colocar nossas ações sob a responsabilidade de qualquer coisa exterior a nós mesmos (a natureza, as circunstâncias, uma "essência" que nos definiria de uma vez por todas...) e, portanto, negando que somos nós os verdadeiros autores e que devemos responder por elas. Se os "canalhas" são aqueles que se colocam como "necessários" e recusam sua contingência, e se os "covardes" são os que usam a contingência como pretexto para necessidades exteriores, nos dois casos a *má-fé* opera como *negação da contingência*: negação de sua própria contingência ou negação da contingência do outro e do meio. A contingência sendo ela própria, formalmente, a negação da necessidade ("poder não ser" ou "não dever ser"), estamos diante de uma *dupla negação modal* que será para nós o princípio mesmo da má-fé e que designaremos a partir daqui, para abreviá-la, como "denegação".

A cena do paradoxo e seus papéis principais está montada. Podemos examinar agora o seu cenário. A diferenciação e a hierarquia entre universidades autônomas, entre as que poderiam ganhar e as que só poderiam perder, não impedem nenhuma de competir. Por quê? Justamente porque elas assumem a sua liberdade, sua autonomia – portanto, não pertencem ao campo dos *canalhas* –... e, aparentemente de boa-fé, não procuram nenhuma desculpa em um suposto determinismo e hierarquia das essências universitárias – e então elas não estão entre os *covardes*. Entretanto, essa hierarquia não é imaginada, mas atestada, e suas desigualdades históricas e estruturais entre universidades não são nem fantasmáticas nem desconhecidas de nenhuma delas. Desse modo, apesar de não sermos nem canalhas nem covardes, por outro lado, somos autônomos de má-fé?

Somos todos calvinistas

A teoria da escolha racional desenvolveu uma vasta literatura sobre essas questões, especialmente acerca do paradoxo que consiste em "escolher sua predestinação". Nesse paradoxo, a má-fé tem um papel decisivo. É particularmente no trabalho de análise que Max Weber[2] se dedica às relações entre a ética calvinista e a crença na predestinação, de um lado, e ao "espírito do capitalismo" (e em particular, sua componente "competitividade"), de outro.[3] Em virtude de uma determinação transcendente e anterior (a de Deus), cada um sabe que pertence a uma de duas categorias, eleito ou condenado, sem poder saber qual. Os homens podem apenas submeter-se e/ou assumir essa determinação, pois não há nada que eles possam fazer na terra para ganhar ou merecer a salvação; e estranhamente, mesmo o próprio Deus nada pode, uma vez que já decretou quem foi eleito ou condenado.

A graça divina, entretanto, manifesta-se por *sinais*; se a graça é dada por Deus, seus sinais, em compensação, são adquiridos somente no mundo dos homens e por meio da ação; ao contrário da graça, esses sinais podem ser buscados e os homens podem escolher adquiri-los ou não. O principal deles é o teste ao qual nos submetemos em uma atividade intensa e competitiva. Esse engajamento no fazer prático é uma manifestação semiótica da graça, isto é, do fato de pertencer aos eleitos. A relação entre a expressão (o sinal) e o conteúdo (a graça) é muito pouco motivada, e até mesmo abstrata, ou pelo menos contingente, pois esse sinal não é nem a causa nem a consequência da graça. Ele é escolhido pelo homem, mas sem saber da sua veracidade e sem que seu conteúdo possa ser comprovado. Em resumo, é um significante potencial e flutuante, cujo significado (a graça) não é comprovado, mas que, por outro lado, permanece sendo sempre um significante específico (mesmo que o significado não possa ser comprovado). Se não for má-fé, escolher manifestar a expressão desse signo (o trabalho competitivo) seria pelo menos uma aposta semiótica. Mas, como veremos, essa aposta tem uma natureza diferente da aposta pascaliana: *rezar* é uma aposta na existência de Deus, da qual podemos tirar proveito mesmo que Deus não exista, enquanto *trabalhar* é uma aposta na graça, que não proporciona de modo algum o verdadeiro benefício da graça.

Por consequência, se ninguém pode saber se foi ou não eleito, e se ninguém, por sua vez, pode esperar modificar seu estatuto pela manifestação desse sinal, podemos com razão nos perguntar por que todo mundo trabalha intensa e competitivamente, por que todas as universidades participam voluntariamente das competições que organizam para elas periodicamente? Ainda mais que essa aposta implica uma pena custosa, que exige trabalho sem folga, sistematicamente, sem descansar jamais nem aproveitar os frutos do trabalho.

A atitude racional e puramente dedutiva deveria ser o fatalismo e a abstenção. A escolha de não fazer nada é efetivamente a solução que resultaria de um cálculo dedutivo, pois, mesmo sendo uma universidade eleita ou condenada, não temos nada mais a ganhar ao nos entregarmos à custosa pena do trabalho competitivo, os perdedores e os ganhadores já estão de certa forma identificados, e até mesmo, em alguns casos, diferentemente do que acontece no paradoxo calvinista, já são conhecidos *de facto* por todos os atores envolvidos. Segundo essa lógica racional de base, e de *boa-fé*, deveríamos então repartir os ganhos a receber *proporcionalmente às situações iniciais*, pois essas situações permitem prever inelutavelmente os futuros ganhadores e perdedores. Evitaríamos, assim, um trabalho que não traz nenhum ganho individual suplementar. A escolha racional seria responsável, por exemplo, para os universitários (e que é notadamente defendida por uma parte dos sindicatos), por transformar os financiamentos de licitações e projetos – que a princípio são determinados em função de uma situação futura –, em financiamentos chamados "recorrentes", e que são efetivamente e por princípio calculados para um período futuro determinado, proporcionalmente à situação anterior e inicial.

No entanto, esta escolha individual de *boa-fé* seria particularmente penosa coletivamente, uma vez que anularia a conjugação de esforços individuais, dos quais se conhece o benefício coletivo: o trabalho acumulado na competição entre os atores contribui (digamos...) para o enriquecimento de todos. A escolha competitiva seria, então, racional coletivamente, e em princípio irracional e de má-fé individualmente; e, no entanto, todas as análises disponíveis mostram bem que se os atores (no caso, as universidades) se rendem ao trabalho competitivo, não é para contribuir para um aumento da riqueza coletiva, mas sim esperando tirar disso algum proveito individual. E de toda forma, mesmo que fosse diferente, o sistema seria bem menos eficaz. Em resumo, a má-fé individual é o "carburante" modal indispensável do sistema competitivo coletivo!

Esta é a razão pela qual Max Weber se esforça para encontrar uma explicação pertinente, de um ponto de vista individual, para o fato de que "a grande massa dos homens comuns" faz a escolha paradoxal. Para a doutrina calvinista popular, é dever se considerar eleito e agir como tal, e então escolher os sinais da graça. Qualquer dúvida sobre esse assunto é sinal de uma eficácia insatisfatória da graça, ou até mesmo de uma tentação demoníaca. Em suma, a abstenção é um sinal enviado pelo Diabo, um verdadeiro sinal de ausência de graça, enquanto "o trabalho sem folga em uma área" é um sinal escolhido pelo homem para tentar estar de acordo com uma decisão divina, cujo conteúdo ele não pode conhecer. O trabalho obstinado e competitivo é então o meio de assegurar-se semioticamente da manifestação de seu estado de graça... no caso de fazermos parte dos eleitos, mesmo sabendo que este não é o meio para tornar-se tal... no caso de fazermos parte dos condenados. E, inversamente, esse mesmo trabalho obstinado e competitivo permite que pareçamos eleitos, mesmo sendo condenados.

Max Weber propõe, então, como explicação uma inversão da relação semiótica: "A repugnância ao trabalho é sintoma de uma ausência de graça." Em outras palavras, *a ausência do sinal de graça é sinal da ausência de graça*: no sintagma "sinal de graça", opera-se um deslocamento da negação, do sinal (não sinal de graça) para a graça (sinal de não graça): a ausência do sinal vale como ausência daquilo que ele é sinal. E esse deslocamento é o elemento que falta na aposta semiótica: pois se o conteúdo do signo positivo não pode ser comprovado, o conteúdo da ausência do sinal é perfeitamente certeiro, e a relação entre a expressão (negativa) e o conteúdo (negativo) perfeitamente motivada. Essa dissimetria entre a presença do sinal e sua ausência não é muito racional, mas é suficiente acreditar nela para começar a trabalhar: *sabe-se* que a presença do sinal não implica a graça, mas *crê-se* que a ausência do sinal implica a condenação! Essa solução comporta uma má-fé por denegação, uma vez que escolher o sinal da graça é não levar em conta a possibilidade de não estar entre os eleitos, é *fazer como se* lá estivéssemos e dar por insignificante o fato de que poderíamos não estar.

Nós somos então (quase) todos calvinistas, adeptos deste paradoxo racional: que as universidades sejam eleitas (destinadas às Iniciativas de Excelência) ou condenadas (não destinadas às Iniciativas de Excelência), todas elas trabalham sem descanso, respondendo ao chamado da licitação na aquisição de "sinais" de graça, os quais eu chamarei a partir de agora "graça competitiva".

Semiótica da "graça competitiva"

Compreende-se facilmente por que essa situação de autonomia competitiva interessa ao semioticista, visto que a livre participação na competição não muda nada (ou pouca coisa) na realidade do lugar de cada um, já que as posições estão praticamente marcadas, mas ela muda um "sinal", o da "graça competitiva", que é a parte semiótica que cada um recebe, de qualquer forma, em troca de sua contribuição real ao ganho global de competitividade de todo sistema. Esse sinal é particularmente problemático, pois ele tem como conteúdo um estado de graça incerto, e cuja ausência é ela mesma um sinal que tem como conteúdo uma condenação que, essa sim, é certeira.

Mas ao mesmo tempo, tal fato torna a admitir que a livre participação dos atores autônomos nas competições repousa sobre um ato de má-fé: é necessário enganar a si mesmo para concorrer sem saber se faremos parte dos eleitos ou dos condenados, sabendo já a que categoria pertencemos e, por outro lado, desejando mesmo assim fazer parte dos eleitos; é preciso crer e não crer ao mesmo tempo, crer para concorrer e não crer para se manter coerente com o postulado de partida, a saber, o de que os papéis já foram distribuídos anteriormente. A má-fé é então o preço da "graça competitiva".

E, desta feita, a não participação na competição é ao mesmo tempo de uma perfeita e particularmente arriscada boa-fé, de um ponto de vista semiótico: é, com efeito, ao mesmo tempo que uma renúncia ao sinal da graça, uma confissão pública da ausência dessa graça, com má consciência garantida em suporte. E isso seria ainda, e sobretudo, de certa forma, tentar se colocar no lugar de Deus: não procurar os sinais da graça competitiva tornaria a mostrar que nós já sabemos que não estamos entre os eleitos, quando apenas a Deus cabe sabê-lo e ele é o único que pode decidir se este estatuto deve ou não ser tornado público. No caso da competição entre as universidades, os eleitos e os condenados já são conhecidos, e, entretanto, é sempre particularmente inconveniente utilizar publicamente essa informação para justificar uma renúncia à competição; em outras palavras, nós sabemos sem saber, nós detemos uma informação crucial proibida de ser utilizada por conta de uma escolha estratégica: trata-se do mesmo pecado primordial, a *hybris* daquele que se prenderia por Deus. Neste mundo, a boa-fé é transgressiva, marginalizante e bem amarga!

Escolhemos, então, adquirir os signos de nossa salvação (os signos que pertencem aos vencedores) para afirmar nossa liberdade de escolha e maximizar nossa identidade semiótica. A escolha de portar o sinal da graça competitiva não implica nem querer ser eleito (uma vez que isso já foi decidido por uma instância superior), nem mesmo querer este próprio sinal (já que apenas a instância superior pode decidir se ele é verdadeiro ou não). Em compensação, nós queremos evitar os efeitos da ausência do sinal, pois a escolha de não portar o sinal implica ao mesmo tempo querer não portá-lo e querer não estar entre os eleitos. É, pois, uma escolha que consiste não em escolher participar, mas antes em *evitar a não participação*, e encontramos aí o motivo canônico da dupla negação modal, a denegação própria à má-fé.

A má-fé e a racionalidade "calvinista", que é a nossa, possuem a mesma estrutura: a tensão entre a aceitação de uma necessidade preestabelecida (um destino) e um projeto de autonomia racional suscetível de realizar esse destino. Essa tensão é resolvida aqui por uma dupla negação: "não querer ser eleito" e "querer não parecer não ser eleito"; na outra opção (a abstenção), a tensão é suspensa pelos dois quereres: "querer não ser eleito" e "querer não parecer ser eleito". Como lembra Sartre: "o projeto de má-fé deve ser ele mesmo de má-fé".[4] Para ser uma universidade competitiva, nós nos afirmamos livres de querer o que nos determina e nos classifica, com essa nuance ainda mais paradoxal que a escolha calvinista, uma vez que damos a impressão de querer aquilo que não se pode querer.

Essa situação e seus argumentos paradoxais induzem a numerosos problemas semióticos, notadamente concernentes à inserção de denegações e à articulação entre os espaços de contingência e os espaços de necessidade, entre o regime do acaso e o da programação, entre o domínio do "pode ser" e o do "ser".

O corte modal e epistemológico

A primeira questão refere-se ao estatuto de Deus no argumento calvinista, ou de "X" no comportamento competitivo das universidades e dos universitários. Na ética competitiva do capitalismo, Deus é o único que pode distinguir os eleitos e os condenados e que pode manifestar isso por meio da graça atribuída aos primeiros; mas esse Deus, por sua vez, tem muito pouco poder, pois uma vez tomada a decisão, Ele não pode mudar mais nada. Lembraremos essencialmente do argumento que estabelece a escolha de participar da competição e, sobretudo, que conduz a *evitar a não participação*: como apenas Deus sabe quem é ou não eleito, nenhum fiel pode ter a intenção de recusar os sinais de graça, pois isso seria tomar o lugar de Deus. Nessa ética calvinista e competitiva, é necessário operar um corte radical entre os dois universos de modalização, sendo, de um lado, o da necessidade e das determinações definitivas, que dividem *a priori* os atores em categorias distintas, eleitos ou condenados, e de outro, o da contingência, no qual se pode desdobrar o trabalho competitivo de cada um e a competição deve poder se desenrolar sem saber o que foi estabelecido em outro universo.

Esse corte não existe sem algum parentesco com o raciocínio sartriano. Por exemplo, de um lado, a má-fé dos *canalhas* consiste em se mover de um universo a outro, para negar pertencer ao universo de contingência, que torna possível a competição, e afirmar pertencer ao da necessidade, que a torna inútil: existem universidades que se consideram, de fato, absolutamente *necessárias* e que, portanto, com competição ou sem competição, ou mesmo fora da competição, não achariam outra coisa além de um grande absurdo o fato de não ganharem em todas as situações. De outro lado, a má-fé dos *covardes* consiste, sem tirar nem pôr, em invocar a porosidade entre os dois universos, as determinações que emanam de um que, em matéria de desculpa e justificativa, vem perturbar o livre jogo de contingência e competição do outro. A boa-fé segundo Sartre, por mais que seja concebível pelos seres humanos que não sejam filósofos (ou semioticistas), imporia então uma negação fundamental, um corte radical e irreversível entre o espaço das necessidades superiores e determinantes, por um lado, e o da contingência, por outro, sem nenhuma possibilidade de transferência ou de integração.

Sabe-se bem, entretanto, logicamente, e segundo um funcionamento semiótico já bem estabelecido que a contingência e a necessidade pertencem à mesma categoria isotópica, e assim pode-se transformar uma em outra segundo regras conhecidas, explícitas e controladas. Não existe um "projeto de má-fé" que seja ele próprio de má-fé: e o "projeto de boa-fé", no fim das contas, é semelhante, uma vez que repousa sobre uma denegação da articulação modal fundamental entre necessidade e contingência, e simplesmente da estrutura semiótica que as reúne e permite transformar uma em outra e percorrer todo o dispositivo modal.

Sartre e os filósofos encontram uma saída, no plano especulativo, distinguindo a essência e a existência, o ser e o vivente: uma dicotomia muito antiga, ativa desde a filosofia pré-socrática e retomada mais recentemente e de maneira emblemática por Heidegger, que explica como o ser indiferenciado "cai" sem possibilidade de retorno na existência plural e diferenciadora. Não são, portanto, a contingência e a necessidade enquanto estruturas lógicas que são "desarticuladas", mas o "ser" (o lugar da necessidade) e a existência (o lugar da contingência) enquanto espaços ontológicos.

Este também não é um tema estranho à semiótica, pois tanto P. A. Brandt, em seu ensaio sobre as "coerções modais do sentido", como A. J. Greimas, em "Da imperfeição", acreditam captar a epifania da existência semiótica na ruptura com as necessidades do mundo físico, na primeira deiscência contingente apoiada no "dever ser". E há uma reincidência particularmente assumida em *Semiótica das paixões*,[5] no capítulo intitulado "Epistemologia das paixões", no qual a homogeneidade da existência semiótica é conquistada graças à "somação", que seleciona um domínio de pertinência semiótica no seio de um fluxo de tensões perceptivas levemente articuladas, e que busca nesse domínio uma primeira articulação, graças a uma negação fundadora que o separa de todo o resto dos fluxos perceptivos e tensivos.

O relato epistemológico da epifania de um modo de existência semiótica pode ser de outra natureza, como é o caso de todos aqueles que tomam partido de uma "emergência" da existência semiótica a partir de coerções próprias ao mundo natural, notadamente no quadro de uma "semiofísica". Nas duas opções epistemológicas, postula-se que as coerções semióticas podem correr livremente apenas em um mundo inteira ou parcialmente livre de coerções naturais, e que, por consequência, procede de uma existência fortuita; mas na primeira, evidencia-se a negação fundadora, que exprime o corte entre necessidade e contingência, enquanto na segunda, evidencia-se uma liberação progressiva do mundo de significações, mas uma liberação que não rompe jamais o elo com as coerções naturais, e que não impede nunca de voltar a essa origem física e biológica.

Do ponto de vista de uma "semiofísica", toda a semiótica estaria sob o signo da má-fé existencial a partir do momento que, em prol do "corte", ela esquecesse ou recusasse o elo com as coerções naturais. Do ponto de vista de uma semiótica da imanência, é toda a semiofísica que seria de má-fé e que se esforçaria, em prol da "emergência", para negar seu caráter de absoluta contingência, ou mesmo que afirmaria um tipo de necessidade ontológica do sentido. De certo modo, o diálogo epistemológico entre esses dois tipos de semiótica é um diálogo de pura má-fé sartriana, entre os *canalhas* epistemológicos (os da semiofísica) e os *covardes* epistemológicos (os da semiótica imanente). A escolha é delicada!

Deus, economia e instituição

A outra pergunta que vem à mente é a do estatuto semiótico de Deus, ou de seu equivalente "X". A doutrina da graça competitiva não se contenta em justificar a participação de cada um no esforço coletivo; ela também não se contenta em definir um domínio pertinente e contingente ao mesmo tempo, no qual as estratégias de competição podem correr livremente. Ela instaura simultaneamente um outro espaço, transcendente e assíncrono: *transcendente* porque é o espaço das determinações programadas que se impõem aos resultados obtidos em outro espaço, o que quer que façamos nele; *assíncrono* porque não comporta nenhum devir, nenhuma possibilidade de transformação, já que condiciona o devir e as transformações observáveis a um outro espaço. Com efeito, se ele pudesse transformar a si mesmo, seria igualmente contingente e submetido às influências de um terceiro lugar hierarquicamente superior: assim, essa cláusula também implica uma ausência de recursividade.

A relação entre os dois domínios modais é, pois, *dissimétrica, unilateral* e *não recursiva*, e a *dissimetria,* a *unilateralidade* e a *não recursividade* são as formas modais e aspectuais que prendem, em um nível superior do percurso gerativo da significação – o dos processos aspectualizados e modalizados – a denegação própria ao corte fundador entre os dois domínios modais. Aplicada à vida política e econômica, aos discursos de economia política e aos discursos estratégicos e institucionais que a descrevem e a dirigem, essa relação constituída de figuras topológicas e sintagmáticas é, então, uma manifestação mais superficial (no nível do processo argumentativo) da má-fé tomada em profundidade.

Em todo caso, ela é claramente contestada pela história da economia e das instituições:

(i) A *recursividade* é comprovada: considerando um estado dos domínios de determinações que se impõem às ações individuais e coletivas, nota-se que é sempre possível inventar ou suscitar outro mais englobante, mais vasto, que, por sua vez, determina os domínios hierarquicamente inferiores e que, pouco tempo antes, passavam por *terminus ad quem* de todo raciocínio econômico e político. E não há nenhuma razão dedutiva e definitiva para que o processo seja terminado com o que chamamos "mundialização", apesar de que, para o discurso liberal contemporâneo, a ideologia da mundialização funciona frequentemente como princípio último de fechamento.

(ii) A *unilateralidade* é também colocada em questão, pois, desde que a competição é generalizada, ela transforma as condições iniciais da determinação, até o ponto em que, para os especialistas em economia contemporânea, os mecanismos do cálculo competitivo e da teoria dos jogos tomaram o lugar das determinações econômicas tradicionais.

(iii) A *dissimetria* é, enfim, também bastante discutível, justamente porque observamos hoje uma inversão das relações entre o mundo das leis econômicas e o dos cálculos competitivos, sendo que o segundo determina o primeiro.

(iv) Manter a irrealidade de uma relação dissimétrica, unilateral e não recursiva entre o mundo das leis econômicas e o da ação competitiva é, pois, um ato de má-fé (considerando o funcionamento real da economia) que permite instalar *um espaço de crenças ideológicas imutáveis*, suscetível de resistir a todas as tentativas de transformação vindas do mundo da ação humana. Não se trata mais da negação modal criadora e original, mas de sua justificação ideológica sob a forma de uma negação permanente e recorrente das outras relações possíveis entre os universos modais: decretar a *dissimetria,* a *unilateralidade* e a *não recursividade* é, com efeito, para proteger o mundo da necessidade dos imprevistos de todos os outros mundos, multiplicar e declinar, por estratégia ideológica, as negações modais, aspectuais e processuais em geral. É colocar Deus, a economia, os sistemas institucionais, não apenas em outro espaço modal, mas fora do alcance do espaço onde se encena a ação humana: em suma, é decretar que o lugar onde tudo se decide não pode ser decidido, e onde nenhum querer, nenhum poder, nenhum saber vindos do mundo das ações laboriosas têm qualquer influência.

A má-fé como forma de vida: uma estratégia de sobrevivência!

Os calvinistas não são nem canalhas nem covardes, uma vez que assumem seu lugar nesse mundo sem se passar por Deus e sem tomar suas decisões inamovíveis como desculpa. Porém, eles são de má-fé, pois sua ética repousa sobre a dupla denegação modal. Mas essa é uma estratégia para agir, para fazer projetos e conduzi-los no prazo; essa condição é estratégica no sentido que ela determina e rege as interações práticas e modais. *A má-fé é então aqui uma estratégia de sobrevivência.* E, além disso, é também uma forma de vida no sentido em que a estratégia não se limita a uma situação ou um tema, mas influencia durável e transversalmente o conjunto de comportamentos e modos de fazer individuais e coletivos.

Para melhor compreender as articulações semióticas é preciso voltar à tensão entre a aceitação de uma necessidade preestabelecida (um destino) e um projeto de autonomia voluntarista suscetível de realizar esse destino. Para os calvinistas, essa tensão se resolve pelo fato de "querer sua predestinação" ou, segundo Spinoza e Bourdieu, pela escolha que consiste em "fazer da necessidade virtude". Essas diferentes soluções são evidentemente maneiras possíveis de resolver a tensão modal fundamental, e assim elas abrem a possibilidade de uma tipologia de soluções disponíveis para as formas de vida "de má-fé".

"Querer sua predestinação" e "Fazer da necessidade virtude" transformam, cada um a sua maneira, um destino em projeto passível de ser escolhido. Vamos retomar desde o início.

INDETERMINAÇÃO, INDEPENDÊNCIA E PROJETO

De um lado, a necessidade se impõe, no cerne das relações actanciais, como *determinação* (relativa ao ser e às relações entre os estados) ou *dependência* (relativa ao fazer e às relações entre actantes); e, além disso, ela pode se desdobrar sobre o eixo sintagmático como *destino*. De outro lado, a responsabilidade do actante diante de seus atos supõe que ele seja autônomo (*não dependente, autodeterminado* e *inerente* a suas ações). A tensão pode ser resolvida de muitas maneiras, e todas são denegações mais ou menos de má-fé: (I) *liberar uma parte de indeterminação* para fazer aparecer um espaço de contingência; (II) *esticar a dependência* em relação à instância superior para suscitar um espaço de independência, no qual as margens da liberdade serão exploráveis; (III) modificar o sentido de leitura do desdobramento sintagmático para converter um destino (lido a partir de seu próprio fim) em *projeto* (lido a partir de seu início).

A *indeterminação*, a *independência* e o *projeto* reconstituem assim as condições de possibilidade de *autonomia* (em relação à instância superior responsável pela necessidade) e de *inerência* (em relação ao domínio do curso de ação e de seu sentido). Eles completam o dispositivo de manifestação da denegação fundamental fazendo-o se apoiar não mais sobre as relações entre os dois espaços modais e sobre o processo argumentativo do discurso que as justifica (dissimetria, unilateralidade e não recursividade), mas, dessa vez, sobre as propriedades modais e as perspectivas próprias do processo de ação humana, isto é, sobre os atores e os elementos da *cena prática*; nota-se, pois, duas negações por contradição (in/determinação, in/dependência) e uma negação por inversão (destino/projeto). A dosagem de um ou outro faz cair o peso, de acordo com o caso, na cena prática, sobre a relação com o ato (in/determinação), sobre a relação com o outro (in/dependência) ou sobre a relação com o horizonte referencial (destino/projeto). A distinção entre os três aspectos do problema abre a possibilidade de uma tipologia de estratégias, graças a um modelo de tensões-resoluções entre as duas grandes orientações colocadas anteriormente.

INVERTER O PONTO DE VISTA PARA PERSEVERAR NO SER

Para Spinoza, a resolução da tensão entre necessidade e escolha racional parece "autoexplicativa": "Agir pela razão não é nada [...] a não ser fazer o que advém da necessidade de nossa natureza *considerada apenas nela mesma.*" (1993: 302-3). Ele afirma então que o agir racional e virtuoso resulta diretamente da necessidade inerente à nossa própria natureza (*considerada apenas nela mesma*), sem referência a um universo de determinações transcendentes. De fato, as exigências de nossa natureza se reduzem à *perseverança no ser*; sendo a perseverança uma necessidade da nossa natureza, ela não é nem organizada nem imposta a partir de outro mundo, ela é inerente ao fato de existirmos e condição simples para que continuemos a existir. Relacionada ao decorrer da ação, a perseverança do ser se torna condição simples da *cursividade* da ação: a ação está em curso e a perseverança garante a continuidade desse curso.

Para Spinoza, a resolução da tensão é então *descendente*, por meio da redução de todas as necessidades e de todos os destinos possíveis a um único princípio de sobrevivência e de perseverança na sobrevivência: a determinação é *integrada ao motor do curso de ação,* regula a contingência da ação humana e não implica nenhuma dependência; e a orientação do percurso é aquela do projeto, uma vez que visa e alimenta um percurso que deve ser, prospectivamente, tão longo e cursivo quanto possível.

Essa solução repousa sobre uma negação muito particular, na qual todas as formas de necessidades exteriores desaparecem por integração e redução a uma única, a da perseverança no ser, e essa forma de negação não é senão a *inversão do próprio princípio do destino* (o prospectivo em lugar do retrospectivo). Em outras palavras, Spinoza nos ensina que *é suficiente inverter o ponto de vista sobre o processo*, considerando-o prospectivamente, para reduzir toda necessidade exterior a uma necessidade interna do processo de existência.

A "astúcia" spinoziana é evidentemente de má-fé e está no cerne de todo seu raciocínio ético, a forma própria da racionalidade prática. Porém, ela mesma é uma refutação de outra má-fé, que consiste em se reconhecer um destino: pois a figura do destino parece prospectiva (no sentido em que prevê o que há por vir) ao se basear em uma decisão anterior, uma afirmação retrospectiva que incide sobre esse fim (no sentido em que esse fim já é conhecido). Assim, a astúcia spinoziana denúncia outra: a que consiste em parecer ter um futuro aberto quando sabemos que ele já está completamente fechado e decidido.

FAZER DA NECESSIDADE VIRTUDE

Outra solução é a proposta por Bourdieu, aparentemente inspirada em Spinoza. "Fazer da necessidade virtude" consiste, segundo Bourdieu, em uma "dupla negação".

> Por causa do [hábito que engendra as aspirações e as práticas objetivamente compatíveis com condições objetivas], os acontecimentos mais improváveis se encontram excluídos, seja antes de qualquer exame, enquanto impensável, seja a custo da dupla negação que tende a fazer da necessidade virtude, ou seja, recusar a recusa e amar o inevitável. As condições próprias à construção do *ethos*, necessidade feita virtude, fazem com que as previsões que ele

> engendra tendam a ignorar [o fato que as condições da experiência poderiam ter sido modificadas].[6]

Se olharmos mais de perto, observamos que:

(1) o curso prático da ação já integrou uma parte da necessidade sob a forma de "hábito", no sentido em que, pela aprendizagem individual e coletiva, cada um limita suas próprias aspirações, previsões e projetos pelo que as determinações exteriores autorizam;
(2) o hábito funciona então como um filtro e um atrator: tudo o que não está de acordo com as determinações é rejeitado (considerado impensável) ou convertido e, por sua vez, integrado ao hábito (*amar o inevitável*).

É preciso distinguir aqui dois momentos de integração da necessidade e das determinações. A primeira é imanente, pois é própria às condições de possibilidades de ação, já reduzidas e integradas na forma de hábito; é um espaço de determinações isotópicas. A segunda é transcendente, ou pelo menos estrangeira, pois a necessidade que exprime desobedece às determinações já integradas, e é essa necessidade que está em questão na expressão "fazer da necessidade virtude". Essa expressão, justamente, descreve o modo de integração específico reservado às determinações heterotópicas. A partir daí "amar o inevitável" é uma transformação ao mesmo tempo passional e modal, uma "dupla negação" que carrega, claramente, um ato de má-fé: negação das condições de possibilidade ordinárias e já integradas ao hábito, e negação da incompatibilidade que resulta da primeira negação, por um ato de pura adesão passional. Bordieu especifica: é uma condição de sobrevivência social.

O princípio subjacente é o mesmo de Spinoza: "perseverar no ser", mas, para Bourdieu, ele é objeto de uma análise sintagmática mais avançada: se somos levados a inverter o olhar sobre o processo, e a trocar o destino por um projeto, é em razão da *imersão do ponto de vista no curso de ação*, pois o ponto de vista necessário para apreender um destino é obrigatoriamente distanciado (para isso é preciso, o que é o pecado calvinista por excelência, "tomar o ponto de vista de Deus"). Desse ponto de vista em imersão, em todos os pontos do curso de ação, o que, da necessidade, já está integrado e reduzido, constitui o hábito, e o que resta a reduzir e a integrar constitui o "inevitável", que é preciso aprender a gostar. Portanto, nada de novo: é a *inversão do ponto de vista*, aqui explicada pela *imersão no curso de ação*, a fonte de todas as reduções e integrações da necessidade à perseverança no ser, à necessidade inerente ao próprio curso da ação.

No entanto, o detalhe de análise permite, na versão de Bourdieu, precisar o funcionamento do processo. Globalmente, a dissimetria, a unilateralidade e a não recursividade se tornam não pertinentes, uma vez que a relação entre o mundo contingente da ação humana e o das necessidades exteriores é suspenso pelo ponto de vista "em imersão". Estamos em um mundo quase sartriano, onde a ação humana deve encontrar seu sentido fora de qualquer referência a uma necessidade transcendente.

Considerando os três outros aspectos evocados anteriormente, o modo de resolução proposto por Bourdieu afeta: (I) a *determinação*, pois em todos os pontos do curso de ação as determinações incompatíveis suscitam a *indeterminação*, uma oscilação contingente propícia à afirmação de uma escolha do ator; (II) a *dependência*, pois todo o processo visa converter a dependência entre seus atores em relações escolhidas para perseverar socialmente; e (III) o *destino* é convertido em *processo em planejamento*; a partir daí, as previsões repousam sobre os aprendizados, e os aprendizados são guiados pelas previsões.

UMA ILHOTA DE LIBERDADE E PLANEJAMENTO: A ESCAPATÓRIA CALVINISTA

Se retomarmos agora a solução calvinista, constatamos que ela organiza sistematicamente um modo de existência semiótica *englobado*, que se diferencia principalmente do modo de existência *englobante* por um regime específico de crença: (I) a *determinação* não é recolocada em causa, ela está já consolidada, ou até mesmo protegida dos efeitos da ação humana; todavia, *é guardado separado um espaço para a contingência*, o esforço e a competição, no qual é preciso acreditar para participar; (II) a *dependência* é encorajada, uma vez que mesmo o sentido de agitação humana mais ou menos febril e aleatório é dado pela graça divina: ela é o sinal dessa graça; mas esse sinal pode ou não ser procurado, depende de acreditarmos ou não em sua função de sinal de graça; é a *margem de liberdade própria ao espaço da ação contingente*; (III) o *destino* permanece imutável, e completamente legível a partir do fim, mas apenas a partir do espaço transcendente; por outro lado, *no espaço contingente, o fim desse destino é desconhecido*, e apenas o "sinal" atual presente na ação em curso é conhecível.

A solução calvinista está, portanto, longe de "fazer da necessidade virtude", pois a virtude se constrói aqui na ignorância da necessidade, ou em um saber-crer de má-fé que não vale muito mais. Diferentemente dos dois outros, o corte radical entre os dois universos modais, a denegação fundadora, não permite nenhuma integração; ele deixa espaço apenas para uma inclusão: um subespaço incluído para acolher os signos da graça competitiva, a margem de liberdade competitiva e um projeto autônomo; mas, na mesma ocasião, essa inclusão escapa em parte ao peso da graça e de sua determinação e pode ao menos dar a ilusão da possibilidade de escolher os sinais.

GOLPE DE FORÇA E DESCULPAS ESFARRAPADAS: A BRICOLAGEM SARTRIANA DAS NECESSIDADES

Enfim, a solução sartriana, se é que existe solução nesse caso, é mais radical ainda, pois não existe nem mesmo um sinal que una o espaço da necessidade ao da contingência: uma vez "caídos" na existência, estamos na contingência, e qualquer relação estabelecida com um suposto espaço de necessidade é um erro de má-fé (os canalhas e os covardes), uma ilusão provisória e condenada. A volta de boa-fé ao espaço da necessidade pode ser apenas um retorno em direção à inexistência (o nada do ser).

No entanto, mesmo estipendiados, as duas estratégias errôneas evocadas por Sartre podem ser confrontadas com as precedentes: o *canalha* procede a uma integração inversa (da contingência em direção à necessidade), e o *covarde* procede à maneira do ator social segundo Bourdieu, por uma integração parcial da necessidade no ambiente de ação. O *canalha* redobra a determinação, anula a dependência, e faz-se a si mesmo destino; o *covarde* mantém uma parte das determinações e da dependência, mas afirma por outro lado a possibilidade de um projeto, pois a determinação e a dependência do covarde não são completas.

QUATRO ESTRATÉGIAS DE MÁ-FÉ: OUTRO TANTO DE DIFERENTES FORMAS DE VIDA

As universidades autônomas em competição têm, então, finalmente, uma escolha de "formas de vida" a fazer: uma vez excluída a solução radical sartriana, que não permite nenhuma ação competitiva, restam alguns "compromissos" possíveis:

1) A *denegação calvinista*, que arranja em um universo inteiramente determinado uma *inclusão* de contingência e de crença, no interior do qual podemos escolher sinais e construir projetos: nesse caso, a competição busca a **graça competitiva**.
2) A *inversão spinozista e bourdiana do ponto de vista sobre o processo*, transformando o destino em projeto, e que produz uma dupla denegação por redução e integração de todas as necessidades exteriores em uma única necessidade imanente (a perseverança no ser); a competição busca então o signo da **perseverança competitiva**.

3) *O compromisso dos covardes*, que agem na contingência, mas integrando a ela uma parte de determinação e de dependência em matéria de desculpa e de fazer-valer: a competição é então o meio de resistir bem ou mal a essas determinações e a essa dependência, e ela busca o signo do **mérito competitivo**.
4) *O golpe de força dos canalhas*, que agem apenas em nome de uma necessidade da qual eles se apropriam e com a qual eles se identificam: a competição é, pois, o meio de manifestar essa necessidade com uma dívida, buscando o signo do **reconhecimento competitivo**.

Graça, perseverança, mérito e *reconhecimento* (competitivos): é a quantidade de dispositivos de má-fé que regem globalmente, ao mesmo tempo, o sentido da ação, o tipo de valores que a guiam, a ética que pleiteia e as gratificações a que visa. Cada um deles explora, por outro lado, uma forma tensiva típica do curso da ação cujo princípio é diretamente dedutível a partir da estrutura específica da denegação retida; trata-se, mais precisamente, de *advir* (pela graça), de *devir* (pela perseverança), de *pervir* (pelo mérito) e de *sobrevir* (pelo reconhecimento).

Quatro estratégias de má-fé que induzem, cada uma, a uma inflexão coerente do conjunto de caracteres semióticos da ação, desde a própria forma do processo até os valores e seus efeitos passionais e que, assim, determinam globalmente cada forma de vida. *Graça, perseverança, mérito* e *reconhecimento* são, portanto, as quatro formas de vida que visam às estratégias de má-fé.

As quatro formas de vida são convenções que permitem a cada um encontrar seu caminho em um mundo regido, de um lado, pelas determinações particularmente pregnantes (no domínio da necessidade), e de outro, por um princípio polêmico generalizado, a "competição" para a sobrevivência (no domínio da contingência). Elas oferecem, assim, quatro soluções diferentes para resolver a tensão subjacente entre uma necessidade preestabelecida e um projeto autônomo suscetível de assumi-la e realizá-la.

A *graça* não pode ser manifestada, de má-fé, a não ser pela *inclusão* de um subdomínio de contingência e de liberdade, organizado em torno da necessidade. Essa inclusão instaura um ponto de vista a partir do qual um projeto é concebível, e abre a possibilidade de uma competição com apostas puramente simbólicas.

A *perseverança* pressupõe a redução de todas as necessidades a uma única, e sua *integração* no curso de um projeto, autorizando assim um único ponto de vista, em imersão, e invertido em relação ao da predestinação; nesse caso, a competição é uma manifestação da perseverança, e torna possível a continuação da ação.

O *mérito*, no âmbito da contingência, aparece apenas se uma parte das determinações necessárias interfere na liberdade do projeto, rebaixadas de alguma forma pela própria *inclusão* ao mesmo nível que ele, para perturbá-lo e valorizar assim o esforço competitivo realizado.

O *reconhecimento*, enfim, é uma dívida, um signo que deve ser "entregue" àquele que se atribui isso em nome de uma pretensa necessidade da posição conquistada pelo ator; nesse caso, a contingência é ela mesma integrada como adjuvante dessa conquista.

A diversidade das operações é apenas aparente e resulta da complexidade das manifestações aspectuais, modais e passionais. Mas, se considerarmos apenas as denegações profundas e imanentes como operações que se apoiam nas relações entre os dois domínios modais, observamos claramente que essas operações, em busca de uma convenção, visam ocupar o lugar (I) ou de uma parte da contingência na esfera da necessidade, (II) ou de uma parte da necessidade na esfera da contingência. Em um caso como no outro, escolhemos entre uma *integração* plena e inteira, e uma simples *inclusão* marginal. A *integração* anula a diversidade das necessidades ou das contigências, e a reduz a um *princípio regulador* do âmbito alvo. A *inclusão*, ao contrário, não apreende senão uma parte das necessidades ou das contingências e faz delas um *elemento potencialmente perturbador* no âmbito alvo.

A combinatória se desenha, então, do seguinte modo: (I) *integração* ou *inclusão* de uma parte de contingência no âmbito da necessidade e (II) *integração* ou *inclusão* de uma parte da necessidade no âmbito da contingência. A partir daí, a resolução das tensões entre as duas valências modais (a necessidade e a contingência) repousa somente sobre duas operações que formam quatro possibilidades: (1) a *contingência* pode ser (1a) ou apenas *incluída* no universo da necessidade como escapatória provisória, buscando o *signo da graça*, (1b) ou *integrada* como adjuvante regulador em benefício do *reconhecimento*. Igualmente, (2) a *necessidade* pode ser: (2a) ou apenas *incluída* como perturbação do projeto, produzindo então o efeito de *mérito*, (2b) ou *integrada* como regulação do curso de ação no cerne do domínio da contingência, produzindo o efeito de *perseverança*.

Em síntese no quadro:

	Necessidade ⊃ contingência	Contingência ⊃ necessidade
Inclusão	Graça competitiva	Mérito competitivo
Integração	Reconhecimento competitivo	Perseverança competitiva

Notas

[1] Jean-Paul Sartre, *L'Existentialisme est un humanisme* [O existencialismo é um humanismo], Paris, Livre de Poche, 1996, pp. 68-71.

[2] Esta aproximação entre a má-fé competitiva e a interpretação que propõe Max Weber da fé calvinista foi livremente inspirada em um texto de Jean-Pierre Dupuy, *Self-deception and paradoxes of rationality*, Stanford, CSLI Publications, 1998.

[3] Max Weber, *L'Éthique protestante et l'esprit du capitalisme,* Trad. J.-P. Grossein, Paris, Gallimard, 2003.

[4] Jean-Paul Sartre, *L'Être et le néant*, Paris, Gallimard, 1993, p. 104.

[5] Algirdas Julien Greimas; Jacques Fontanille, *Sémiotique des passions. Des états de choses aux états d'âme*, Paris, Seuil, 1991.

[6] Pierre Bourdieu, *Esquisse d'une théorie de la pratique,* Genève, Paris, Librairie DRZ, 1972, p. 177.

A imagem e o texto na enunciação jornalística

Anne Beyaert-Geslin
Trad. Bruna Paola Zerbinatti

Uma eleição à presidência da República se presta sempre como um objeto de estudo exemplar à semiótica narrativa. Nela é possível encontrar a estrutura polêmica fundadora do esquema actancial, um actante/um antiactante, a busca por um objeto de valor (o poder) e um programa narrativo edificado sobre as provas qualificante, decisiva e glorificante, sucessivamente. Em relação a essa estrutura canônica, a eleição da Costa do Marfim que opôs Laurent Gbagbo a Alassane Ouattara gerou um contratempo uma vez que a prova decisiva realizada, a prova glorificante que supostamente daria acesso ao poder e à conclusão do programa narrativo falhou. Dois artigos publicados no mesmo dia, 19 de janeiro de 2011, no *Le Monde* e no *Libération*, dedicam-se a descrever este "bloqueio" do percurso do presidente Ouattara apresentado como candidato eleito legitimamente. Ambos se apoiam no princípio da entrevista, que solicita a perícia de um protagonista do acontecimento, neste caso o candidato a quem a vitória foi recusada, e coloca em relação duas cenas predicativas, a do hotel de Abidjan em que este foi resguardado isoladamente e a cena política da Costa do Marfim, narrada a partir deste ponto de vista. Se a abordagem da semiótica narrativa se mostra particularmente esclarecedora, é, entretanto, à abordagem da semiótica da enunciação a que gostaríamos de submeter estes artigos. Construídos a partir de uma mesma entrevista com Ouattara, inscrevem-se, entretanto, em gêneros jornalísticos diferentes (a entrevista e a reportagem) e colocam em prática estratégias enunciativas distintas que, apoiando-se nas regras já estabilizadas por seus gêneros, globalizam a relação do texto com a imagem. Desejamos descrever essas estratégias com a finalidade de destacar sua especificidade em relação à definição dos gêneros jornalísticos. Descobriremos também a importância das figuras retóricas que "fazem crer" o texto por meios paradoxais.

Para este estudo de dois enunciados sincréticos associando texto e imagem, seguiremos os passos de Benveniste,[1] pai da teoria da enunciação que, desde os anos 1960, procura a possibilidade de estender tal conceito a diferentes linguagens de manifestação. Entretanto, para além de uma abordagem linguística que seria interessante, gostaríamos de desenvolver um percurso semiótico que, estabelecendo o elo entre percepção e enunciação, a experiência e a discursivização, mostrará como esses enunciados sincréticos colocam em presença um mundo sensível a partir da observação dos usos estáveis de seus gêneros específicos. Bastante resumidamente, poderíamos definir a enunciação de duas maneiras: seja para tornar possível ver a discursivização de uma competência de linguagem, a passagem de um sistema de possibilidades a uma atualização discursiva (o ato de enunciação), seja para se concentrar nas marcas discursivas de intersubjetividade que permite a descrição do lugar "de onde se fala" (enunciação enunciada). Estas duas acepções servirão de guia para nosso estudo.

A entrevista e a reportagem

No artigo de *Libération*, a titulação é constituída por um título e uma manchete de duas frases. No artigo do *Le Monde*, ela se divide em um subtítulo e um título. As duas configurações permitem estabelecer as características circunscrevendo o evento em torno das categorias de pessoa, espacialidade e temporalidade. Os dois componentes da titulação funcionam, assim, como complementos do título, das especificações, que preservam seu caráter sintético e garantem sua eficácia. Preocupados em marcar o princípio dialógico, o título da entrevista retoma uma citação do segundo sujeito "Laurent Gbagbo será submetido a um recurso à força", um extrato do artigo que tem função de síntese. Também fiel aos usos do gênero, o título da reportagem do *Le Monde* tematiza o acontecimento e retoma o princípio do título incitante, historicamente introduzido pelo jornal *Libération*. Este título que resume o fato se apresenta como uma dupla figura tropológica que coloca em tensão um conteúdo atualizado, *Sete semanas de solidão*, e um conteúdo potencializado, o título do filme de Billy Wylder, *Sete anos de reflexão* (*The Seven Year Itch,* 1955). O modo de construção tropológico supõe que uma correspondência seja estabelecida por meio de um conteúdo familiar, no caso o título de um filme famoso por conta da participação de Marilyn Monroe. Coloca também em tensão um evento novo com uma referência conhecida situando o fato descrito pelo jornal frente a um conteúdo ficcional, o que pode parecer inicialmente paradoxal, mas, na realidade, faz parte de uma estratégia global que descreveremos mais adiante.

Mais precisamente, o título coloca em tensão, através da figura do tropo, a menção à duração (sete anos/sete semanas) e à figura cognitiva tematizada (a reflexão/a solidão). Os dois semas correspondentes ao título do filme são convocados pelo ato de enunciação, mas são objeto do que Fontanille chama *indirection*, permitindo a permanência na espessura semântica do discurso.[2] Último componente da titulação, o intertítulo do artigo do *Monde* se conserva único e se coloca no coração do artigo, onde se concentra a atenção. Sabemos que o intertítulo se integra fortuitamente à continuidade da leitura, mas participa sobretudo do primeiro nível de leitura, aquele do título e da imagem. Diferentemente dos outros componentes da titulação (manchete/subtítulo), é muito mais um arejamento visual do que um complemento semântico. A entrevista de *Libération* se constrói inversamente a todo intertítulo. É a lembrança do nome do gênero (entrevista) que se incrusta ente duas colunas, como se a alternância das questões e das respostas bastasse para assegurar o arejamento do texto.

Estabeleçamos agora as regras seminais da enunciação jornalística. A estrutura dialógica do artigo do *Le Monde*, que se inscreve resolutamente no gênero da entrevista, faz valer o princípio de uma coenunciação associando duas instâncias que se encarregam do discurso de maneira equivalente. Neste caso, a cofundação do *eu* e do *você* dá lugar a uma intersubjetividade máxima. Paralelamente, se levarmos em conta o segundo artigo, o de *Libération*, devemos revisar essa primeira aproximação descrevendo, sobretudo, um movimento de debreagem/embreagem que deixa a iniciativa a um sujeito da enunciação assumindo sozinho a heterogeneidade enunciativa e podendo, segundo sua vontade, ceder seu lugar ao interlocutor no discurso em processo de se fazer. Se esta reformulação permite, nos dois artigos, observar um movimento de debreagem/embreagem, a diferença reside na discursivização da heterogeneidade. Esta discursivização diferencial remete à definição de dois gêneros jornalísticos, a entrevista do tipo questão/resposta por um lado e a forma sintética de uma reportagem por outro.

Em conformidade com a forma estabilizada pelo uso, a entrevista faz alternar as questões em negrito e as respostas em não negrito para traduzir a alternância enunciativa. Trata-se, através da operação de debreagem, de canalizar "o conjunto dos procedimentos suscetíveis de instituir o discurso como um espaço e um tempo, povoado de sujeitos diferentes do enunciador",[3] mas fazendo assumir a objetivação da debreagem por um segundo sujeito que recobre por assim dizer o discurso de sua forma. A *segmentação* do artigo em unidades correspondentes às questões e às respostas estando associadas a uma organização sucessiva constrói um ritmo enunciativo fundado no entrelaçamento de duas unidades recorrentes. Na organização da página (espacialidade), esta organização determina um contraste de planos finos (mas em negrito) e espessos (mas não negrito) que, na continuidade da leitura (temporalidade), impõem-se como sequências breves e longas.

Em vez de fazer assumir a enunciação do mundo pelo segundo sujeito, a reportagem mantém, por sua vez, a esquizia criadora. O discurso distingue por um lado o sujeito, o lugar e o tempo da enunciação e, por outro, a representação actancial, espacial e temporal de um mundo objetivado. Ele manifesta assim o primado da debreagem objetivante sobre a embreagem subjetivante. Nesse caso, o segundo sujeito se encontra apenas convocado pontualmente por suas citações por vezes limitadas a duas palavras *("muito frutíferas")*, por vezes mais longas como nesta descrição de Laurent Gbagbo ("Pretenso presidente da República. Obstrução do processo de paz e reconciliação, recusa do resultado da eleição presidencial"). Se, em ambos os casos, o sujeito da enunciação domina a práxis, o acontecimento perceptivo pode ser assumido seja por um segundo sujeito, seja pelo sujeito ele-mesmo. Sobretudo, percebe-se a necessidade de distinguir a experiência propriamente dita, suscetível de uma descrição sensível, e sua discursivização pela língua. Em um caso, a discursivização supõe uma presença do acontecimento, no segundo caso, ela supõe a mediação de um segundo sujeito cujo discurso é controlado pelo primeiro.

Para essa discursivização característica, a reportagem traz à luz um paradoxo dêitico da enunciação sublinhado por Bertrand.[4] Com efeito, se para a semiótica greimasiana a debreagem funde o enunciado separando um "não eu", "não agora", "não aqui" para fundir um ele, então, alhures, esta negação parece ir ao encontro das definições usuais da dêixis ligada ao contrário, a uma tomada direta do sujeito sobre o mundo. Em suma, e como mostra a reportagem, é tomando seu lugar que o sujeito da enunciação objetiviza o mundo.

Mas esse paradoxo inerente à enunciação não saberia ocultar uma particularidade da enunciação jornalística que, antes de toda experiência perceptiva, coloca como primordiais as categorias de pessoa e as categorias espaçotemporais. Nestas, a enunciação se distingue da experiência sensível da presença, uma experiência perceptiva e afetiva que, segundo Fontanille,[5] é sempre primeira e deve ser distinta da "representação simulada do momento (agora), do lugar (aqui) e das pessoas da enunciação (eu/tu) que é o efeito de a embreagem se unir à debreagem". Trata-se então de uma deiscência entre a experiência e a discursivização que, insistindo sobre estas categorias, submete o texto de uma experiência às exigências da enunciação.

A cristalização do acontecimento

Recorrendo ao texto escrito ou à imagem, os gêneros jornalísticos são sem dúvida os mais exigentes frente à instalação das categorias no discurso. Estas fazem referência às questões factuais colocadas pelos enunciados jornalísticos (quem, o quê, onde, como, por que) mas encontram, além disso, uma utilidade ao mesmo tempo narrativa, veridictória e sensível.

Dizendo de maneira muito simples, as menções de identidade do segundo sujeito, da data e do espaço asseguram a ancoragem do acontecimento. Elas permitem não apenas delimitar a cena na qual poderá se construir o texto a partir das formas sensíveis colocadas no discurso, mas constituem também o esqueleto do texto. Tudo se passa como se a temporalidade e a espacialidade afinassem a descrição da cena e, pelas incessantes retomadas da configuração do inventário, a alargasse, encolhesse e deslocasse. Neste teatro minuciosamente desenhado, as menções temporais e espaciais constituem os perfis sobre os quais pode se construir a presença. Elas asseguram assim a cristalização da enunciação jornalística.

Essa hipótese se coaduna às proposições de Bordron,[6] que toma a enunciação como "a arte da tomada". O autor retoma a definição da enunciação de Benveniste[7] como "colocação em funcionamento da língua por um ato individual de utilização" para precisar os elos entre a enunciação e a percepção, entre a língua e o sentido. Segundo ele, "a carne perceptiva deve fazer sentido em uma percepção tanto quanto a língua deve fazer sentido em uma enunciação". Deste modo, "a língua e o sentido devem dar lugar a uma tomada na qual consiste precisamente sua realização comum pela energia colocada em uma enunciação". Ele aponta assim, para aquém da colocação em funcionamento da língua, os estados "pré-subjetivos" e "pré-objetivos" característicos de uma experiência sensível. Estes estados o permitem descrever a enunciação como uma "semiose perceptiva" que põe em equilíbrio as forças e as energias.[8] Essa proposição nos leva a conceber uma cristalização da língua e do sentido em torno das categorias espacial, temporal e de pessoa que tomam o "acontecimento perceptivo". Por meio da enunciação, a língua e o sentido "se tomam" solidariamente em torno desses marcadores que, por sua vez, permitem delinear o acontecimento perceptivo.

Examinemos mais de perto os dois artigos. O de *Libération* inicia-se assim:

> Os últimos rumores em Abidjan consideraram Alassane Ouattara doente, levado ao hospital militar de Val de Grâce, em Paris, e depois realmente morto. Domingo, chegou-se mesmo a cantar e dançar em Yopougon, um bairro aliado a Laurent Gbagbo, para festejar sua morte.

Se, nessas primeiras linhas, vemos bem como o texto progride devagar em torno das coordenadas espaciais e temporais, a semiose perceptiva da enunciação mostra outros dados interessantes. Com efeito, o cruzamento dos fatos particulares como aquele da dança em Yopougon permite dar uma consistência figurativa ao que escapa à presença em ocorrência do rumor, mas também de validar a generalidade por uma particularidade. Entretanto, tais menções, de certo modo, deixam o leitor perplexo em razão de seu caráter contingente. Sobre este ponto, a introdução do artigo do *Le Monde* se mostra exemplar e intrigante:

> as imundícies se consomem, como um estrume gigante, inflamando o ar. O cheiro acre relega a segundo plano os eflúvios leves da lagoa de Abidjan. Os engarrafamentos seguem seu curso habitual, entre as barreiras da polícia e as paradas em fila tripla de veículos cansados. No palácio presidencial, os fotógrafos vestidos com seus coletes laranja fluorescentes esperam na segunda-feira, 17 de janeiro, a chegada do mediador da União africana, o primeiro-ministro queniano, Raila Odinga.

Essas poucas linhas testemunham a importância das categorias fundamentais para o discurso jornalístico, bem como o problema da maior precisão: ao lado da data, é importante reconstituir precisamente a identidade e o título do mediador. Na medida em que os actantes são estritamente controlados por suas coordenadas espaciais e temporais, eles se deixam descrever, antes de toda caracterização, como actantes posicionais, que é sobretudo conveniente localizar em um espaço-tempo. Assim, o campo de presença se deixa descrever como um teatro de forças em que cada coisa se definiu pelo seu lugar. Ademais, impõe-se a preocupação de regulamentar o campo de presença marcando as diferenças de plano e caracterizando o movimento de travessia do campo: o campo de presença é cenográfico. Além da abundância dos marcadores aspectuais que indicam seja a duração (consumir-se, esperar), a incoatividade (inflamar), a terminatividade (cansados), a repetição (habitual), esse preâmbulo remete ao semantismo da imobilidade (engarrafamentos, parada, fila tripla...). Em poucas linhas e pela força figurativa da terminologia é delineado um universo de lentidão, de movimento contrário e de obstrução, tendo assim um universo fortemente modalizado. O mesmo ocorre com a polissensorialidade da cena. Esta é construída em torno da modalidade olfativa, mas colorida em laranja. É presentificado um universo sensível onde agem as forças e as energias de actantes muito diferentes mas igualmente importantes para o texto, os actantes que são todos modalizados por um *poder fazer* e suscetíveis de participar da ação: os fotógrafos, o mediador da União africana como também as imundícies, os carros etc.

Contudo, um ponto suplementar chama nossa atenção, a relação entre a experiência e a discursivização. Na experiência, o sujeito da enunciação ata as sensações e as percepções. Como indica Bordron, "a sensação corresponde ao alargamento de uma força em presença que se exprime em si mesma por meio de um único encontro de dois corpos (enquanto) a percepção [...] se situa na relação intencional que vai de um sujeito a um objeto".[9] Uma vez que a enunciação é a arte da tomada, ela "toma" e cristaliza o todo.

Mas a diferença entre a sensação e a percepção pelo traço de intenção nos leva também a discutir uma proposição de Fontanille que, em sua descrição de reportagem, associa o corpo do redator a uma *"máquina registradora"* caracterizada por sua *"disponibilidade sensorial"*.[10] Ora uma máquina registra automaticamente, ou seja, sem intenção e, visto que ela se coloca em funcionamento, age de modo autônomo frente a frente ao corpo, como notou Eco.[11] Ela remete necessariamente, então, às sensações muito mais que a uma percepção.

É então que esta nuance permite interrogar o princípio mesmo da verdade autêntica colocada por Fontanille.[12] Com efeito, a enunciação jornalística não saberia reivindicar a autenticidade na medida em que, se nos referirmos ao sentido jurídico, ela não pode afirmar que não haja interferência entre o mundo e sua discursivização. Esta provém necessariamente de uma percepção, uma seleção de dados que é necessário situar em uma dimensão estratégica.

Procurando definir diferentes estratégias da fotografia de reportagem, propusemos em outra ocasião quatro modelos epistêmicos alternativos à improvável verdade autêntica que nos "faz crer" em um certo ser no mundo e os qualificamos de verdade típica, didática, acidental e insólita.[13] Nessa passagem, a discursivização reproduz o caráter desorganizado da percepção, mascarando toda diferença entre sensação e percepção. Ela constrói uma constelação de dados aparentemente díspares que remetem a uma verdade insólita, procurando se afastar das formulações estereotipadas e funcionando por negação.

A verdade da contingência

Nesses artigos, é mais precisamente o efeito de contingência que chama a atenção, no qual percebemos o valor de autenticação, de caução pelo acontecimento construído. Essa característica do discurso jornalístico foi estudada por Fontanille, que a relaciona a um modo de percepção superficial: "a reportagem ressalta a anedota porque a inscrição significante sobre o envelope sensorial não tem profundidade", diz ele.[14] Entretanto, a referência a Barthes permite dar uma mais larga extensão a esse efeito de sentido.

Se a contingência está no coração de sua concepção de fotografia,[15] Barthes[16] a relaciona ao gênero romanesco e a projeta igualmente em diferentes textos de

Flaubert e Michelet. A cada vez, ele observa as "notações escandalosas"[17]que se desviam da estrutura do texto e "parecem afinadas a uma espécie de luxo da narração". Esses detalhes "inúteis" que não ressaltam, *a priori*, a "ordem do notável" participam da descrição que ele define como "uma espécie de essência das linguagens ditas superiores, na medida, aparentemente paradoxal, em que ela não se justifica por nenhuma finalidade de ação ou de comunicação".[18] De modo mais geral, essas menções contingentes ressaltam a hipotipose. Trata-se de colocar sob os olhos, mas não, como insiste ainda Barthes, "de um modo de constatação, mas deixando à representação todo impacto do desejo".[19] Tudo se passa como se o mundo despertasse sob nossos olhos, diríamos. Na continuidade desta proposição, é preciso juntar a essas menções uma função autentificadora. Elas colocam em cena o real unindo-se a algumas saliências que dão ao mundo uma evidência sensível: as imundícies, o cheiro acre, os coletes laranja fluorescentes etc. Nisso, elas produzem um efeito veridictório que reavalia a relação com a significação.

Brandt[20] propôs renovar a terminologia greimasiana da veridicção qualificando o esquema modal *ser+não parecer* de *dissimulação* e seu oposto, *parecer+não ser* de *simulação*. Esta terminologia apresenta como primeira vantagem a restituição da deiscência dos dois universos de sentido, a oposição entre as "coisas causais" e os "signos intencionais", diz ele. Essa transposição permite fazer o esquema *ser+parecer* corresponder não mais a uma verdade semioticamente neutra e genérica, mas à *evidência* atribuindo estas menções salientes a uma capacidade de "colocar sob os olhos". Se seguirmos este raciocínio, estas menções se beneficiam do privilégio não da convicção que supõe uma argumentação que elas não saberão encarnar, mas da *persuasão*: elas *fazem ser* o acontecimento pela força da evidência perceptiva,[21] o *impacto* da cor laranja e do cheiro *acre* do estrume. É pela *evidência* que esse discurso manipula a veridicção e se autentica ele mesmo, uma evidência que é apenas um efeito de sentido construído.

Essa constatação leva a situar a enunciação frente a uma relação de comunicação pela qual um destinador se dirige a um destinatário por meio de signos. Ela permite também descrever o processo retórico como um empréstimo da enunciação jornalística à enunciação romanesca. Trata-se de produzir o efeito de real diante do romance, mas esse procedimento erigido em "método ficcional" permite a construção do acontecimento pelo viés da ficção, pelo efeito de evidência da ficção, poderíamos dizer. Tudo se passa como o crer-verdadeiro, como se a verdade do acontecimento dependesse da capacidade do discurso de construir uma ficção.

A imagem no enunciado sincrético

Este estudo, porém, ficaria incompleto se não integrasse a imagem à estratégia discursiva e a dissociasse do enunciado sincrético. Este integra dois retratos de formatos diferentes, vertical em *Libération* e horizontal em *Le Monde*: duas "representações de pessoas ocupadas em se parecer". Ambos representam Alassane Ouattara atrás de uma pequena mesa coberta por uma toalha branca formando uma tribuna plena de microfones, em frente à bandeira tricolor da Costa do Marfim. Trata-se realmente da mesma entrevista coletiva, de fotos feitas no mesmo momento, como mostra a legenda das fotografias que, em acordo com o uso de retratos de imprensa, indicam o patrônimo, o local e a data ("Alassane Ouattara por ocasião de uma coletiva de imprensa no Hotel de Golf, em Abidjan, dia 6 de janeiro" em *Le Monde* e "Alassane Ouattara, dia 6 de janeiro, em Abidjan", em *Libération*). Na fotografia vertical – vertical como são mais frequentemente os retratos que reproduzem a direção do corpo humano –, Ouattara se dirige a um auditório situado fora do campo, no espaço de enunciação, abrindo os braços diante dele. Na segunda, ele mantém os braços ao longo do corpo e olha à frente, boca cerrada. Mas esses contrastes superficiais não ocultariam uma diferença massiva ao encargo assumido diferentemente pelo enunciador. A fotografia de *Libération* aproxima-se de Ouattara e reproduz esta distância pessoal que Hall descreve como propícia à percepção dos detalhes da aparência e à expressão das emoções. Porque ela mistura de modo otimal as informações cognitivas e afetivas, essa distância especializada no retrato predispõe, além disso, à empatia, o outro o "tocando" no sentido figurado porque ele o toca por assim dizer no sentido próprio.[22]

Na foto do *Le Monde*, o fotógrafo optou por um certo recuo – algo como um passo atrás – e associa sobretudo a essa tomada de distância um movimento lateral que descentraliza seu sujeito à esquerda. Caracterizado por esse duplo deslocamento topológico (para trás + ao lado), o encargo do enunciador atribui uma nova posição ao sujeito em cena, não mais ao centro, mas deslocado à esquerda, como ele modifica o volume do corpo que, como indicava Merleau-Ponty, é sempre determinado pela distância, que ele qualifica de *profundidade*.[23] Porém, mais que a posição do sujeito no espaço e sua relação com a instância de observação, importa aqui a proporção desse sujeito. Do mesmo modo que um objeto tem que se significar ele mesmo – de acordo com a expressão de Brandt, "ele se significa como objeto, e ele significa outra coisa que não ele, como signo"[24] – pode ser construído um efeito de sentido espacial que permitirá ao espaço tomar parte na significação, não apenas a título de categorias topológicas que fazem significar as figuras pela confrontação das categorias plásticas, mas por um efeito de sentido independente e sobretudo suplementar. Neste caso, a modificação das proporções que parecem testemunhar uma debreagem do enunciador indica, ao contrário, uma tomada de posição do enunciador que foge ao enquadramento, ao formato e à distância canônicas do retrato para propor um desenquadramento fazendo força de negação frente ao enquadramento normativo estabilizado pelo uso. No momento em que ele renega o enquadramento canônico, o desenquadramento propõe também uma alternativa à empatia. Não se trata mais de construir uma presença sensível recorrendo à distância pessoal, mas modificando a relação entre as forças do corpo e do espaço, "sensibilizando" o espaço[25] por uma inversão da proporção: Ouattara tornou-se muito pequeno pelo aumento do espaço. A enunciação isola e esmaga o sujeito para produzir o efeito de fragilidade e de solidão que corrobora o sentido do título ("sete semanas de solidão").

Contudo, convém melhor descrever o procedimento que, pelo simples fato de uma translação espacial conjugada a um movimento de debreagem, reorienta a significação. Os objetos assumem então o sentido de acessórios cênicos. Isso quer dizer que eles permanecem operatórios como mesa, microfone ou bandeira, mas que eles reivindicam a ultrapassagem da presença genérica por uma *presença teatral*. O distanciamento recobre diversos procedimentos, uma vez que ele se junta aos gêneros do teatro – este que teve iniciada sua teorização por Bertold Brecht[26] – à pintura ou ao *design*.[27] Nesse caso, o distanciamento teatral se impõe como um conteúdo que deve ser homologado a um distanciamento pragmático no plano da expressão. Ele transfigura assim os objetos, produzindo certa reflexividade que os permite "mostrar que eles mostram", como recomenda Brecht a seus comediantes.[28]

A fotografia do *Le Monde* não adiciona nenhum valor suplementar em relação ao de *Libération* e, se a proporção do corpo e o formato foram repensados, as figuras constitutivas do plano de expressão estão conservadas. Segundo o princípio do "isso ocorreu" fotográfico (Barthes),[29] o mesmo sujeito passou diante da objetiva e se deixou "capturar" pela imagem. A textualidade restitui sua forma em sua integralidade. Entretanto, a discursivização desses mesmos elementos produziu um efeito de distanciamento, uma ênfase particular, que desloca o sentido de operatório a operável. O centro dêitico da fotografia é ressemantizado, teatralizado. Fincado no centro de uma cena delimitada pelas bordas de um tapete vermelho tal um personagem de um quadro de Francis Bacon no meio de sua pequena cena estreita (um tapete ou uma jaula),[30] Ouattara torna-se um ator solitário – um ator que se beneficia também da translação semântica e se impõe como um ator no sentido tanto teatral quanto semiótico.

Conclusão

Nosso estudo revelou como a enunciação permite ultrapassar a heterogeneidade texto-imagem. Uma estratégia global permite ao enunciador tomar posição no enunciado sincrético organizando as convergências isotópicas em torno dos efeitos de sentido de contingência e de solidão. O estudo forneceu dois modelos da enunciação jornalística fundados sobre duas maneiras de controlar a práxis e duas maneiras de assumir o movimento da embreagem/debreagem. Um primeiro modelo, conforme ao princípio da entrevista, organiza uma tomada de fala alternada que determina o ritmo enunciativo característico deste gênero jornalístico. Na reportagem, o enunciador assume sua responsabilidade de jornalista assumindo totalmente o discurso. As duas estratégias enunciativas recorrem, entretanto, ao mesmo procedimento retórico que permite ficcionalizar o acontecimento por um efeito de contingência situando o enunciado dos fatos à vista de um romance ou de um filme, construindo um mundo de saliências perceptivas que reivindica a autenticação da evidência. Assim, antes mesmo que a imagem coloque o mundo sob seus olhos e aproveite sua capacidade de persuadir, o texto nos mostra já a evidência.

Contingência, evidência, ficção, esses diferentes recursos paradoxais do efeito de verdade são suficientes, em todo caso, para atestar o caráter de representação e de texto do mundo. Em suma, a entrevista e a reportagem são representações que supõem uma correspondência com o mundo natural, o estabelecem e o argumentam, mas, através de uma retórica ficcional, desenham o quadro do crer e do crível em torno das prescrições narrativas do jornalismo.

Notas

1. Émile Benveniste, *Problèmes de linguistique générale 1*, Paris, Gallimard, 1966.
2. Jacques Fontanille, "Le Trope visuel entre présence et absence", em *Protée*, v. 24, n. 1 Rhétoriques du visible, printemps 1996, pp. 47-54.
3. Algirdas Julien Greimas; Joseph Courtés, *Dictionnaire raisonné de la théorie du langage*, Paris, Hachette, 1989, p. 127.
4. Denis Bertrand, "Déixis et opérations énonciatives, dans Monticelli", em Pajusalu; Treikelder (eds.), *De l'énoncé à l'énonciation et vice-versa. Regards multidisciplinaires sur la déixis*, Studia Romanica Tartuensia, Iva Tartu University Press, 2005, pp. 171-85.
5. Jacques Fontanille, *Sémiotique du discours*, Limoges, Pulim, 1998, p. 98. Ver também a excelente síntese sobre a questão da enunciação feita por Marion Colas-Blaise, "L'Énonciation à la croisée des approches. Comment faire dialoguer la linguistique et la sémiotique", em *Signata* n°1 Cartographie de la sémiotique actuelle, Liège, Presses Universitaires de Liège, 2011, pp. 39-89.
6. Jean-François Bordron, "Perception et énonciation dans l'expérience gustative. L'exemple de la dégustation d'un vin", em *Questions de sémiotique* (A. Henault dir.), Paris, PUF, 2002, pp. 639-40.

[7] Émile Benveniste, *Problemes de linguistique générale*, II, Paris, Gallimard, 1974, p. 80.

[8] Jean-François Bordron, op. cit., pp. 656-57.

[9] Idem, p. 48.

[10] Jacques Fontanille, *Soma & séma, Figures du corps*, Paris, Maisonneuve et Larose, 2004, p. 230.

[11] Umberto Eco, *Kant et l'ornithorynque*, Paris, Grasset, 1999 (1997), p. 370 ss.

[12] Jacques Fontanille, 2004, op. cit.

[13] Anne Beyaert-Geslin, *L'Image préoccupée*, Paris, Hermès-Lavoisier, 2009.

[14] Jacques Fontanille, 2004, op. cit., p. 233.

[15] "(La photographie) ramène toujours le corpus dont j'ai besoin au corps que je vois; elle est le particulier absolu, la Contingence souveraine, mate et comme bête, le *Tel* (telle photo et non la photo), bref le *Tuché*, l'Occasion, la rencontre, le réel, dans son expression infatigable", em Roland Barthes, *La Chambre claire: note sur la photographie*, Cahiers du cinéma-Gallimard, Paris, Seuil, 2004 (1980), p. 15. (N. T.: "ela [a fotografia] reduz sempre o *corpus* de que tenho necessidade ao corpo que vejo; ela é o Particular absoluto, a Contingência soberana, fosca e um tanto boba, o *Tal* (tal foto, e não a Foto), em suma a *Tique*, a Ocasião, o Encontro, o Real, em sua expressão infatigável," Roland Barthes, *A câmara clara: nota sobre a fotografia*, trad. Júlio Castañon Guimarães, 1984, p. 13).

[16] Roland Barthes, L'Effet de réel, em *Œuvres complètes*, t. II 1966-1973 (E. Marty dir.), Paris, Le Seuil, 1994, pp. 479-84.

[17] Idem, p. 479.

[18] Idem, p. 480.

[19] Idem, p. 482

[20] Per Aage Brandt, "Quelque chose, nouvelles remarques sur la véridiction", em P.A. Brandt; R. Flores, *Niveaux et stratégies de la véridiction, nouveaux actes sémiotiques*, n. 39-40, 1995.

[21] A diferença entre convicção e persuasão foi aplicada à cartografia em Anne Beyaert-Geslin, "Stratégies cartographiques", em Isabel Marcos (dir.), *A semiótica como estratégia de comunicação: as profissões da semiótica*, Lisbonne, no prelo.

[22] Referindo-se ao pintor Maurice Grosser, Hall faz da distância a condição da empatia: "ce sont seulement la solidité et la profondeur des objets tout proches qui nous permettent d'éprouver de la sympathie ou de nous identifier à ce que nous voyons. A la distance normale de l'intimité sociale, l'âme du modèle commence à transparaître". Edward T. Hall, *La Dimension cachée*, Paris, Seuil, 1978, p. 101. (N. T.: "são somente a solidez e a profundidade dos objetos muito próximos que nos permite provar a simpatia ou de nos identificar com isso que nós vemos. À distância normal da intimidade social, a alma do modelo começa a transparecer".)

[23] Maurice Merleau-Ponty, *Phénoménologie de la perception*, Paris, Gallimard, 1993 (1945).

[24] Per Aage Brandt, op. cit., p. 3.

[25] Esta sensibilização do espaço foi problematizada por diferentes quadros em Anne Beyaert-Geslin, "La figure, le fond, le gouffre", em *Actes du colloque Le Groupe μ, Quarante ans de recherche collective*, Nouveaux actes sémiotiques, disponível em <http://revues.unilim.fr/nas/document.php?id=3265>, acesso em: 2010.

[26] A noção de distanciamento (Verfremdung) foi iniciada por Brecht em 1936 e foi objeto de incontáveis retomadas em seus trabalhos teóricos, fossem eles consagrados ao teatro ou à pintura. Notadamente, Brecht estudou o distanciamento nas obras de Breughel l'Ancien.

[27] Nós mesmos estudamos esse efeito de sentido em uma obra de Max Beckman. Ver a este respeito Anne Beyaert-Geslin, "Temps narratif, temps dialectique. Une étude d'un panneau de Max Beckmann", em *Protée*, v. 37, 2011. A teatralização do objeto de *design* é estudada em *Sémiotique du design, Eloge de la créativité*, Paris, PUF, 2012.

[28] Bertold Brecht, "Montrez que vous montrez", trad. J. Tailleur, em *Poèmes IV*, trad. M. Regnaut et al., Paris, L'Arche, 1966 (1934-1941).

[29] Roland Barthes, op. cit.

[30] Ver a esse respeito Gilles Deleuze, *Francis Bacon, logique de la sensation*, Paris, Le Seuil, 2002.

Discurso jornalístico e ideologia no livro didático

Luís Alexandre Pessôa

A qualidade e a adequação do livro didático nos níveis fundamental e médio do ensino brasileiro são temas recorrentes e, geralmente, polêmicos na grande mídia. No momento em que este texto começou a ser produzido, em maio de 2011, os veículos de comunicação dedicavam razoável espaço à discussão em torno de livros de Língua Portuguesa e de Matemática distribuídos pelo Ministério da Educação (MEC). O livro de Língua Portuguesa *Por uma vida melhor* é questionado pela forma como aborda o tema do preconceito linguístico a partir dos conceitos de norma culta e norma popular e de língua falada e língua escrita, sendo acusado, por vezes, de ensinar os alunos a escrever e a falar errado.[1] Já os livros de Matemática e de Língua Portuguesa da "coleção Escola Ativa" têm apontados erros em contas simples de subtração, além de falhas no texto.[2]

Percebe-se, portanto, que, ao lado de erros grosseiros e de correção simples – embora de impacto econômico-financeiro relevante, considerando o volume e a capilaridade da distribuição dos livros –, são discutidas questões sensíveis que, além de aspectos didáticos e pedagógicos, envolvem posturas ideológicas em relação ao ensino e aos usos da língua.

Nesse contexto, este capítulo tem por objetivo colaborar para a melhor compreensão do caráter político-ideológico do discurso da imprensa a respeito do livro didático no Brasil. Para tal, foi analisada a construção do discurso jornalístico sobre o viés ideológico do livro *Nova história crítica, 8ª série*, nos meses de setembro e outubro de 2007, no jornal *O Globo*.

Perspectiva teórica

A perspectiva teórica adotada para a análise dos textos será a de semiótica discursiva de linha francesa.

Importante destacar, também, que este capítulo assenta-se sobre a visão da narrativa histórica como uma construção linguística intrinsecamente ideológica[3] e na qual os limites entre realidade e ficção são, por vezes, tênues. Rejeita-se, portanto, a visão do relato histórico preconcebido como verdade.

Sobre o *status* da narrativa histórica, considerada como um artefato verbal que pretende ser um modelo de estruturas e processos ocorridos no passado e, portanto, não sujeitos a controles experimentais ou observacionais, White[4] pondera que, não obstante os bons historiadores reconheçam a natureza provisória e a suscetibilidade a uma revisão infinita das representações históricas,

> [...] de um modo geral, houve uma relutância em considerar as narrativas históricas como aquilo que elas manifestamente são: ficções verbais cujos conteúdos são tanto inventados quanto descobertos e cujas formas têm mais em comum com os seus equivalentes na literatura do que com os seus correspondentes nas ciências.

Sobre esse ponto, Mignolo[5] acrescenta que

> ao fazer essa observação, White pressupõe que ela pode ofender alguns historiadores ou incomodar certos teóricos da literatura que mantêm uma concepção da literatura segundo a qual há uma oposição radical entre a história e a ficção, e entre os fatos e a fantasia.

Conforme observa Hutcheon,[6] em texto que analisa a metaficção historiográfica,

> todos os documentos processam informações, e, em si mesma, a própria maneira como o fazem é um fato histórico que limita a concepção documental de conhecimento histórico [...]. Esse é o tipo de *insight* que conduz a uma semiótica da história, pois os documentos passam a ser signos de acontecimentos que o historiador transmuta em fatos [...]. É claro que eles também são signos dentro de contextos já construídos semioticamente, contextos que são, eles próprios, dependentes de instituições (se forem registros oficiais) ou de indivíduos (se forem relatos de testemunhas oculares). Assim como ocorre na metaficção historiográfica, nesse caso a lição é a de que o passado já existiu, mas nosso conhecimento histórico a seu respeito é transmitido semioticamente.

Sobre a narrativa histórica, deve-se observar, ainda, que a objetividade é perseguida metodológica e linguisticamente por pesquisadores cujas narrativas criam efeito de distanciamento e isenção do enunciador. Com base na leitura de Fiorin,[7] pode-se, inclusive, atribuir aos recursos linguísticos, mais do que aos metodológicos, as estratégias de ocultação da ideologia e da subjetividade no texto científico.

Para compor o contexto teórico do presente trabalho, faz-se necessário, portanto, abordar os conceitos de dialogismo e de polifonia.

Em *Marxismo e filosofia da linguagem*,[8] publicado originalmente na Rússia, em 1929, a partir da crítica às duas orientações do pensamento filosófico-linguístico – o subjetivismo individualista e o objetivismo abstrato –, Bakhtin estabelece a enunciação como a real unidade da comunicação discursiva.

Em contraposição à oração e à palavra (unidades da língua), a enunciação possui duas particularidades constitutivas: a alternância dos sujeitos do discurso e o caráter conclusivo do enunciado, ou seja,

> o enunciado não é uma unidade convencional, mas uma unidade real, precisamente delimitada da alternância dos sujeitos do discurso, a qual termina com a transmissão da palavra ao outro, por mais silencioso que seja o "dixi"percebido pelos ouvintes [como sinal] de que o falante terminou.[9]

É importante destacar que o primeiro e mais importante critério referente ao caráter conclusivo do enunciado é a possibilidade de responder a ele, de ocupar em relação a ele uma posição responsiva que, no caso do discurso científico, permite que se possa concordar ou não concordar (inteiramente ou em parte) com ele. Portanto, cada enunciado deve ser visto como uma resposta, no sentido amplo da palavra, aos enunciados precedentes de determinado campo, pois os leva em conta seja para rejeitar, confirmar, completar ou, simplesmente, basear-se neles. Tendo em vista que, seja qual for o objeto do discurso do falante, ele não se torna pela primeira vez objeto de discurso em um dado enunciado e que dado falante não é o primeiro a falar sobre ele (o falante não é um "Adão bíblico", para utilizar uma expressão de Bakhtin), cada enunciado é um elo na cadeia da comunicação discursiva.

As particularidades constitutivas do enunciado permitem afirmar que o dialogismo compõe o "DNA de todo e qualquer discurso", seja qual for seu gênero. Por mais "monológico" que pretenda ser e/ou parecer um enunciado – e o discurso científico geralmente se enquadra nessa pretensão –, por mais concentrado que esteja no seu objeto, não pode deixar de ser, em certa medida, também uma resposta àquilo que já foi dito sobre dado objeto ou questão. No caso do discurso científico, os efeitos de sentido produzidos pelo enunciador ocultam (ou procuram ocultar) seu caráter dialógico, mas, como afirma Bahktin:[10]

> [...] (a responsividade) irá manifestar-se na tonalidade do sentido, na tonalidade da expressão, na tonalidade do estilo, nos matizes mais sutis da composição. O enunciado é pleno de tonalidades dialógicas, e sem levá-las em conta é impossível entender até o fim o estilo de um enunciado. Porque

> a nossa própria ideia – seja filosófica, científica, artística – nasce e se forma no processo de interação e luta com os pensamentos dos outros, e isso não pode deixar de encontrar o seu reflexo também nas formas de expressão verbalizada do nosso pensamento.

Sobre a questão do ocultamento ou não do dialogismo discursivo, Barros[11] distingue os termos dialogismo e polifonia – que nos escritos de Bakhtin são utilizados muitas vezes como sinônimos –,

> reservando o termo dialogismo para o princípio dialógico constitutivo da linguagem e de todo discurso e empregando a palavra polifonia para caracterizar um certo tipo de texto, aquele em que o dialogismo se deixa ver, aquele em que são percebidas muitas vozes, por oposição aos textos monofônicos, que escondem os diálogos que os constituem.[12]

Sob essa perspectiva, o discurso científico é, em geral, claramente monofônico em razão de procedimentos discursivos que procuram criar efeitos de sentido de objetividade.

Sobre o *corpus* do trabalho

Em coluna que o jornal *O Globo* de 18/09/2007 publicou sob o título "O que ensinam às nossas crianças", o jornalista Ali Kamel critica o livro didático *Nova história crítica, 8ª série*, de Mario Furley Schmidt, publicado pela editora Nova Geração e distribuído pelo MEC à rede pública de ensino.

O artigo de Kamel suscitou várias respostas. Em pesquisa realizada nos arquivos da *Agência O Globo*, foi coletado o seguinte material, publicado entre os dias 18/09/2007 e 17/10/2007, quando o tema perde espaço no veículo: 7 colunas (assinadas por colunistas fixos ou eventuais, incluindo a coluna que iniciou o debate), 2 editoriais (não assinados), 5 reportagens (matérias assinadas, não assinadas e uma reprodução de conteúdo da *BBC Brasil*), 18 cartas dos leitores e 1 "nota da redação".

O texto de Kamel foi reproduzido, ainda, por jornais de outros estados e o tema tratado repercutiu em diferentes meios de comunicação (não apenas do grupo econômico ao qual pertence o jornal *O Globo*), como rádio, revista e internet.

O *corpus* deste trabalho foi delimitado de forma a conter apenas material publicado no jornal *O Globo* entre os dias 18/09/2007 e 27/09/2007. Ao delimitar o *corpus* ao veículo de comunicação no qual se originou o debate, pretende-se enfatizar o diálogo entre os textos de diferentes gêneros, cada qual com suas características narrativas e discursivas, que compõem o discurso do veículo. Já a delimitação temporal foi adotada em função do deslocamento do objeto do debate. A "segunda onda" de textos, iniciada com outra coluna de Kamel, "Livro didático e propaganda política", publicada em 02/10/2007, tem por objeto o livro de História *Projeto Araribá: história, ensino fundamental, 8,* que, segundo o jornalista, "tem um pouco mais de compostura que o 'Nova História Crítica'[...], mas, em essência, apresenta os mesmos defeitos e um novo, gravíssimo: faz propaganda político-eleitoral do PT" (*O Globo*, 02/10/2007: 7). A eliminação desses textos do *corpus* não prejudica os objetivos do presente trabalho, embora eles sejam representativos dos desdobramentos do debate.

O *corpus* deste trabalho é, portanto, composto pelos seguintes textos:

TABELA: *CORPUS* DA PESQUISA

Data	Editoria	Tipo de matéria	Assinado	Título da matéria
18/09/2007	Opinião	Coluna	Sim	O que ensinam às nossas crianças
19/09/2007	Opinião	Editorial	Não	Lavagem cerebral
	O País	Reportagem	Não	MEC diz que livro tem problemas conceituais
	O País	Reportagem	Sim	Histórias confusas
	O País	Reportagem	Não	Brasil é o país que menos gasta com educação
	Opinião	Cartas dos leitores (8)[1]	Sim	Ensino às crianças (título geral)[2]
20/09/2007	Opinião	Cartas dos leitores (4)[1]	Sim	Nova História (título geral)[2]
	Opinião	Coluna	Sim	Educação encardida
	Opinião	Coluna	Sim	As elites socialistas
21/09/2007	O País	Reportagem	Sim	MEC distribuirá livro polêmico no ensino médio
	Opinião	Editorial	Não	Meta do MEC
24/09/2007	Opinião	Coluna	Sim	Semeando frustrações
	Opinião	Cartas dos leitores (2)[1]	Sim	Contar a História (título geral)[2]
27/09/2007	Opinião	Coluna	Sim	Contra os capitalistas

[1] O número entre parênteses indica o número de cartas dos leitores (recebidas por carta, fax ou e-mail) publicadas na edição de determinada data.

[2] As cartas dos leitores são agrupadas, em função do tema, sob um título geral.

Segundo Assis,[13] as referências brasileiras de classificação dos gêneros jornalísticos partem de perspectivas teóricas díspares, com foco na intencionalidade do material jornalístico ou na estrutura linguística do discurso. Tendo em vista que o presente trabalho não pretende aprofundar-se na discussão de propostas de tipologia dos gêneros jornalísticos, optou-se por classificar os textos que compõem o *corpus* a partir da nomenclatura usualmente utilizada para "formatos jornalísticos" (coluna, editorial, reportagem e cartas dos leitores), destacando, ainda, a editoria em que a matéria foi publicada (Opinião e O País) e se esta é assinada pelo autor da matéria ou não. O interesse da análise recairá, portanto, nos efeitos de sentido produzidos por cada texto e no diálogo entre eles.

Os textos foram analisados na sequência cronológica de publicação no jornal.

A construção do discurso sobre o livro *Nova história crítica*

18/09: A NARRATIVA DA MANIPULAÇÃO IDEOLÓGICA

Após um parágrafo introdutório, o texto "O que ensinam às nossas crianças" é construído a partir de citações literais de oito trechos do livro *Nova história crítica, 8ª série*, pelas quais o colunista ilustra a visão do livro didático sobre capitalismo, ideal marxista, Mao Tsé-tung, Revolução Cultural Chinesa, Revolução Cubana e os motivos da derrocada da URSS. A título de exemplo, destacam-se dois dos oito trechos citados:

> "O governo decretou que os aluguéis deveriam ser reduzidos em 50%, os livros escolares e os remédios em 25%". Essas medidas eram justificadas assim: "Ninguém possui o direito de enriquecer com as necessidades vitais do povo de ter moradia, educação e saúde."[14]
>
> É claro que a população soviética não estava passando fome. O desenvolvimento econômico e a boa distribuição de renda garantiam o lar e o jantar de cada cidadão. Não existia inflação nem desemprego. Todo ensino era gratuito e muitos filhos de operários e camponeses conseguiam cursar as melhores faculdades. [...] Medicina gratuita, aluguel que custava o preço de três maços de cigarro, grandes cidades sem crianças abandonadas nem favelas... Para nós, do Terceiro Mundo, quase um sonho, não é verdade? Acontecia que o povo da segunda potência mundial não queria só melhores bens de consumo. Prin-

> cipalmente a intelligentsia (os profissionais com curso superior) tinham [sic] inveja da classe média dos países desenvolvidos [...] Queriam ter dois ou três carros importados na garagem de um casarão, frequentar bons restaurantes, comprar aparelhagens eletrônicas sofisticadas, roupas de marcas famosas, joias. [...] Karl Marx não pensava que o socialismo pudesse se desenvolver num único país, menos ainda numa nação atrasada e pobre como a Rússia tzarista. [...] Fica então uma velha pergunta: e se a revolução tivesse estourado num país desenvolvido como os EUA e a Alemanha? Teria fracassado também?[15]

Ao final do texto, o autor opõe sua visão a do livro por meio de quatro perguntas ao leitor-enunciatário para, finalmente, lançar sua conclusão e convocação:

> Esses são apenas alguns poucos exemplos. Há muito mais. De que forma nossas crianças poderão saber que Mao foi um assassino frio de multidões? Que a Revolução Cultural foi uma das maiores insanidades que o mundo presenciou, levando à morte de milhões? Que Cuba é responsável pelos seus fracassos e que o paredão levou à morte, em julgamentos sumários, não torturadores, mas milhares de oponentes do novo regime? E que a URSS não desabou por sentimentos de inveja, mas porque o socialismo real, uma ditadura que esmaga o indivíduo, provou-se não um sonho, mas apenas um pesadelo?
> Nossas crianças estão sendo enganadas, a cabeça delas vem sendo trabalhada, e o efeito disso será sentido em poucos anos. É isso que deseja o MEC? Se não for, algo precisa ser feito, pelo ministério, pelo congresso, por alguém.[16]

Na narrativa construída por Kamel, fundada na oposição de base capitalismo *vs*. socialismo, sendo o capitalismo euforizado, o destinador governo (representado pelo MEC) manipula o destinatário ("nossas crianças") a acreditar "que o capitalismo é mau e que a solução de todos os problemas é o socialismo" (*O Globo*, 18/09/2007: 7). A crítica é, portanto, direcionada aos valores do livro didático.

O tema da doutrinação ideológica é tratado por meio de figuras estereotipadas reproduzidas diretamente de um texto didático escrito para leitores adolescentes entre 13 e 15 anos que, transpostas para as páginas de opinião de um jornal, têm seu aspecto caricatural exacerbado.

O autor constrói seu texto em primeira pessoa, criando efeito de sentido emocional, de intimidade com o destinatário. O uso da figura "nossas crianças" (que aparece no título, duas vezes no parágrafo introdutório e duas no de conclusão) colabora, também, para a leitura passional do tema. A escolha da forma interrogativa para apresentar seu ponto de vista (em oposição direta ao conteúdo do livro criticado) produz, finalmente, efeito de veemência, de força do argumento. Esse tom de comunicação caracterizará a maior parte dos textos seguintes.

19/09: PRIMEIRAS RESPOSTAS

Reportagens

Em 19/09/2007, três matérias são publicadas lado a lado, ocupando meia página no primeiro caderno do jornal (editoria O País), sob o título geral "Polêmica na educação: antes de ser vetado, livro fora aprovado por equipes de universidades contratadas pelo MEC".

Na primeira reportagem, intitulada "MEC diz que livro tem problemas conceituais: editora afirma que professores aprovam", o texto apresenta o processo de escolha dos livros didáticos distribuídos pelo MEC, ressaltando a participação de professores universitários na seleção das obras e a escolha final dos livros a serem adotados pelos professores ou diretores das escolas. Talvez a principal informação da reportagem seja o fato de que o livro *Nova história crítica, 8ª série* já havia sido excluído da lista de livros indicados no Guia do Livro Didático do MEC para o triênio 2008-2010 por apresentar problemas conceituais, segundo o próprio Ministério.

A personagem principal da matéria é o diretor da editora responsável pelo livro, que ressalta o sucesso da coleção *Nova história crítica* nas instituições de ensino público e, sobretudo, nas escolas privadas:

> Na resposta da editora encaminhada por e-mail ao GLOBO, em resposta ao artigo do jornalista Ali Kamel publicado ontem, Arnaldo Saraiva ironiza: "Terão errado todos estes 50 mil professores? Saberá o senhor Ali Kamel escolher melhor que eles? O que devemos fazer com estes milhares de professores que preferem a obra de professor Mario Schmidt às demais? Demitimos? Reeducamos ideologicamente?"[17]

A reportagem informa, ainda, sobre a vinculação dos editores do livro a determinado grupo empresarial de comunicação e seu envolvimento em um escândalo eleitoral.

Na segunda matéria, "Histórias confusas: rede municipal do Rio usa o livro polêmico", assinada pela jornalista Maiá Menezes, um professor da rede municipal de ensino do Rio de Janeiro, qualificado como "entusiasta do autor Mario Schmidt", defende a adoção do livro *Nova história crítica*, em função da "visão diferente daqueles (livros) do passado" que privilegiavam a narração da história ao invés da reflexão. Na reportagem, o depoimento do professor é intercalado com o relato de situações em sala de aula e trechos de entrevistas com alunos que contradizem a fala do professor:

> Os alunos disseram decorar capítulos do livro, ao contrário do que sugere o professor. Perguntados, vários deles não souberam destacar fatos importantes da História do Brasil, não sabiam explicar o que foi a Independência do país ou o que é o socialismo, por exemplo.[18]

A declaração de uma das alunas entrevistadas a favor do livro ("com o livro fica mais claro para a gente entender o que acontece no nosso dia a dia") é complementada da seguinte forma: "Ao pedido para citar um fato importante da História do Brasil, porém, respondeu: – Não sei o que dizer."

A matéria é ilustrada pela foto do professor em sala de aula, que segura o livro, supostamente um exemplar de *Nova história crítica*, em uma das mãos enquanto fala para a turma. Tanto do ponto de vista topológico (posição central, ocupando verticalmente grande parte da área da foto) quanto gestual (a forma de segurar o livro e o olhar levemente direcionado de cima para baixo), a figura do professor é representada em conformidade com a narrativa de manipulação ideológica.

Finalmente, a matéria "Brasil é o país que menos gasta com educação: levantamento analisou gastos de 34 países com ensino" (reprodução de conteúdo da *BBC Brasil*), apresenta dados de um estudo da OCDE (Organização para Cooperação e Desenvolvimento Econômico) divulgado no dia anterior e destaca os seguintes dados sobre o país: o Brasil apresenta o menor investimento por estudante; a maior diferença entre os gastos por estudante no ensino fundamental e secundário, em comparação com os universitários; e um investimento de 3,9% do PIB em educação (à frente apenas da Rússia e da Grécia).

Cartas dos leitores

Das oito cartas dos leitores publicadas no dia 19/09/2007, sob o título "Ensino às crianças", sete alinham-se aos argumentos da coluna de Kamel, recorrendo ao mesmo tom da comunicação ou ao uso das mesmas figuras para qualificar o livro didático como obscurantista e mentiroso. Dentre as manifestações de apoio, destaca-se:

> Sou da juventude (tenho 16 anos) que é doutrinada desde sempre pelos esquerdistas, cujos livros depreciam a burguesia e o liberalismo. Sempre exaltando o comunismo e não dando qualquer ênfase à violência de seus regimes, professores humilham de forma irônica os alunos que manifestem posição contrária e usam seus cargos para se banharem em verdade absoluta, tentando, por muitas vezes, deixar implícito o sarcasmo que será usado contra qualquer um que vier

> a tentar convencer estes jovens do contrário: da verdade. Peço atenção para o assunto. A razão da alienação dos jovens não está sendo focada no verdadeiro motivo, que é o contraponto das posições ouvidas em casa, nas salas de aula e em rodas de conversas de amigos. Pela imparcialidade do ensino![19]

Percebe-se, nesta carta, a "narrativa da manipulação ideológica" com ênfase na relação professor-aluno (como na reportagem "Histórias confusas"), dessa vez, narrada pela ótica do aluno. Interessante observar a contradição do autor da carta que critica professores por se "banharem em verdade absoluta" para estabelecer como "verdade" a negação do discurso docente. Na linha da coluna "O que ensinam às nossas crianças", a crítica permanece nos valores do livro ou, no caso, dos professores.

A única carta contrária à coluna de Kamel é a seguinte:

> O jornalista Ali Kamel usa do mesmo sectarismo de que acusa o livro. Hoje, umas das grandes preocupações da política educacional do país é dotar o aluno de uma consciência crítica que lhe permita, no futuro, exercer e transmitir a outros os conceitos básicos de cidadania. Se Tancredo Neves dizia que a dívida externa não se pagaria às custas do sacrifício do povo brasileiro, qual o problema de estar no livro: "Ninguém possui o direito de enriquecer com as necessidades vitais do povo de ter moradia, educação e saúde". Há alguma inverdade nisso? Acho muito simplista dizer que "nossas crianças estão sendo enganadas, a cabeça delas vem sendo trabalhada...". Ao deixar-se contaminar pela paixão ideológica, o senhor Kamel prejudicou um artigo que poderia ser de grande utilidade principalmente para pais e educadores.[20]

Nesta carta, o autor tangencia a questão do relativismo do relato histórico, que voltará a ser tema de mensagens de leitores.

Editorial

O editorial "Lavagem cerebral" repercute a coluna do dia anterior reafirmando que "a obra é uma assustadora compilação de informações e análises distorcidas, equivocadas e mesmo erradas sobre a História, com um único objetivo: enaltecer o socialismo e seus ícones e qualificar o capitalismo com os piores adjetivos" (*O Globo*, 19/09/2007: 6). O texto amplia a definição de "governo" enquanto destinador, até o momento figurativizado apenas pelo MEC, ao estabelecer a relação entre o conteúdo do livro e o "aparelhamento da máquina pública executado na Era Lula".

Os textos publicados em 19/09/2007 enriquecem e concretizam a "narrativa da manipulação ideológica" dos estudantes (proposta por Kamel em 18/09/2007) que tem, agora, no papel de destinador, não apenas o governo, mas, também, a editora, as universidades e, principalmente, "os professores", responsáveis pela indicação do livro e pela sustentação de seu discurso em sala de aula.

Vale observar que, em duas reportagens e no editorial, insinua-se um movimento que marcará os textos nos dias subsequentes: a ampliação da dimensão social do debate sobre a manipulação ideológica, que deixa de ser restrito ao universo escolar e alcança outras esferas de atuação do governo.

20/09: A AMPLIAÇÃO DA DIMENSÃO SOCIAL DO DEBATE

Colunas

Em 20/09/2007, na coluna "As elites socialistas", Carlos Alberto Sardenberg pontua que o livro *Nova história crítica* não é um caso isolado de "tendência socialista e fortemente anticapitalista" da literatura adotada nas escolas médias brasileiras. Para tal, faz menção a sua coluna publicada em 10/09/2007 em *O Estado de S. Paulo* (anterior, portanto, ao texto que inicia o debate em *O Globo*), no qual critica o texto *A história da riqueza do homem*, de Leo Huberman, um clássico nas escolas públicas e privadas do país. A "retórica socialista" seria característica, segundo Sardenberg, "do PT e de boa parte das elites brasileiras (políticas, intelectuais e civis)". O autor cita a própria política econômica do governo do PT, semelhante àquela implementada por FHC, como um exemplo de contradição, no plano retórico, "entre o mundo real, que exibe um capitalismo globalizado e pujante, levando quase todos os países a uma fase de prosperidade sem precedentes, e o domínio de um pensamento de esquerda anticapitalista".[21]

No mesmo dia, na coluna "Educação encardida", o empresário Odemiro Fonseca, amparado em citações de pensadores das ciências econômicas no século XX, como Hayek e Schumpeter, relaciona a "oposição ao capitalismo empreendedor vigente em nossas escolas" e sustentada pelos "intelectuais" (poetas, escritores, críticos literários, jornalistas e professores) à estagnação econômica do país e à presença do Estado na economia.

Dessa forma, conforme apenas insinuado nos textos do dia anterior, a narrativa de manipulação dos estudantes, origem do debate, ganha novos contornos e é ampliada. A ênfase é, agora, deslocada para as consequências políticas e econômicas do predomínio da ideologia (ou de um imaginário) socialista no pensamento das ditas elites intelectuais do país.

Cartas dos leitores

Sob o título "Nova História" foram publicadas quatro cartas dos leitores, três a favor e uma contra a posição defendida na coluna de Kamel.

Nas cartas de apoio, destacam-se construções como "a história mundial está sendo recontada sob o prisma ideológico da esquerda" e "o uso de material didático para difundir opiniões tendenciosas e induções de caráter político-partidário é um perigo", remontando a narrativa inicial do debate em 18/09/2007. Em uma das cartas, o autor dialoga abertamente tanto com as reportagens quanto com as cartas publicadas em 19/09/2007:

> Algumas palavras usadas nas cartas de leitores (19/09): estarrecedor, obscurantismo, causa espécie, primárias, anticientíficas, imensa angústia. Agora, considerando verdadeira a informação de Antonio Saraiva, editor da obra, que "... 50 mil professores a escolheram livremente...", não existem palavras que possam definir nosso estado de espírito.[22]

A carta que se opõe ao artigo inicial advoga a favor da personagem histórica Mao Tsé-tung com o argumento de que "os governantes se tornam estadistas não por atos isolados ou pelos erros que cometem, mas pelo conjunto da obra, ou seja, pela capacidade de influenciar na História da Humanidade".[23]

21/09: O VETO PARCIAL

Reportagem

Em matéria intitulada "MEC distribuirá livro polêmico no ensino médio: versão da 'Nova História Crítica', reprovada para a 8ª série, foi aprovada para estudantes secundaristas" (editoria O País), assinada pelo jornalista Demétrio Weber, parte do fato de que a coleção de livros didáticos em questão,

> reprovada pelo Ministério da Educação para alunos de 5ª a 8ª série, será distribuída pelo governo federal a escolas públicas no ano que vem, em sua versão para o ensino médio. [...] Trechos polêmicos do livro reprovado para a 8ª série são reproduzidos, mas com ressalvas.[24]

O veto à versão do volume dedicado à 8ª série do livro *Nova história crítica* constava de reportagem publicada no dia 19/09/2007 ("MEC diz que livro tem problemas conceituais"). A informação nova, veiculada 21/09/2007, é a da distribuição de sua versão destinada aos estudantes secundaristas.

A reportagem informa que o autor do livro, Mario Schmidt, não se manifestaria sobre o assunto, enquanto o editor da Nova Geração, que já havia sido entrevistado para a matéria de 19/09/2007, explica que os livros dos níveis fundamental e médio foram avaliados por duas universidades federais diferentes. O editor classificou o veto como uma decisão política e não pedagógica.

A matéria, que destaca citações literais do livro (a exemplo da coluna inicial de Kamel), é acompanhada de um pequeno editorial, na mesma página, intitulado "Meta do MEC" (editoria Opinião):

> Quando perguntado sobre as razões que levam um livro didático bisonho, encharcado de ideologia, a continuar nos bancos escolares, mesmo depois de o ministério tê-lo retirado da lista de obras indicadas aos professores, o ministro Fernando Haddad afirma que o MEC não pode "adotar postura de censor".
> Não se pretende, por óbvio, instituir qualquer censura. Apenas que o MEC ajude a zelar pela qualidade do ensino. Esta é uma questão muito mais séria do que a reputação dos autores desses livros e as ideologias.[25]

24/09: QUESTÕES METODOLÓGICAS

Colunas

Na coluna "Semeando frustrações", o economista Paulo Guedes retoma o debate em torno do livro a partir de uma matéria da revista *Época*, que repercute a coluna de Kamel, qualificado por Guedes como "um dos diligentes construtores da Grande Sociedade Aberta em terras brasileiras". Guedes recorre à obra do pensador da escola austríaca Ludwig von Mises para advertir que o historiador precisa perseguir o conhecimento, livrando-se de qualquer parcialidade e julgamento de valor. Dessa forma, o colunista coloca em cena, pela primeira vez nessa série de textos, as questões epistemológicas e metodológicas sobre as quais poderia ser debatido o viés ideológico no livro didático *Nova história crítica*. O texto, porém, desenvolve-se na direção das críticas de Von Mises às "mentiras salvadoras" dos autores socialistas.

Cartas dos leitores

No mesmo dia, ao lado de uma carta que repete os argumentos iniciais de Kamel, o jornal publica a seguinte mensagem de um leitor:

> Sou professor de ensino superior, com mestrado e doutorado em História. Sempre faço a crítica do baixo nível dos livros didáticos no Brasil, que não expressam a evolução da pesquisa acadêmica. Portanto, não me surpreende o conteúdo denunciado por Ali Kamel (18/9). Mas o livro foi adotado no governo FHC e está sendo retirado pelo governo atual; é usado não só nas escolas públicas, mas em muitas das particulares; preocupa a interpretação no artigo e no editorial do dia seguinte, de que a História contém verdades absolutas que não podem ser questionadas. A História é sempre uma interpretação, mais ou menos objetiva, mais ou menos comprometida pelas motivações pessoais do intérprete, o historiador. O antídoto para isso é o rigor metodológico.[26]

Assim como na carta do leitor publicada em 19/09/2007, o texto anterior faz referência – de maneira mais articulada e clara – à rejeição do relato histórico preconcebido como verdadeiro.

27/09: A SÍNTESE

Colunas

A coluna de 27/09/2007 de Carlos Alberto Sardenberg ("Contra os capitalistas") apresenta sua síntese do debate. O autor relaciona os resultados de uma pesquisa do Banco Mundial na qual o Brasil ocupa a 122ª posição (de um total de 178 países) em relação ao ambiente mais favorável aos empreendimentos a

> uma cultura que desconfia dos capitalistas. O país impõe tantas exigências, regras e controles ao funcionamento de uma empresa porque se desconfia que o empreendedor é um predador e sonegador de impostos. E é assim que a economia de mercado aparece naqueles livros didáticos e quase didáticos adotados em escolas públicas e privadas do país.[27]

Em seu texto, Sardenberg classifica os e-mails e cartas de leitores a propósito do tema em categorias:

- manifestações de surpresa com o uso dos livros e apoio ao questionamento da doutrinação ideológica;
- relatos de pregações socialistas em escolas de vários níveis do ensino;
- relatos de viés ideológico em respostas de provas de concursos públicos;
- manifestações de "intelectuais" pregando que o socialismo e capitalismo devem ser estudados no mesmo nível, pois ambos possuem prós e contras; e
- manifestações a favor do socialismo e contra o capitalismo.

O colunista finaliza o texto com observações em atenção a todos os leitores, ressaltando que "o socialismo deve ser objeto de estudos históricos. O capitalismo é história e realidade atual. Os alunos precisam aprender e entender o regime em que vivem e viverão". E conclui: "por não completar o funeral do socialismo, o Brasil se atrasa e perde as imensas oportunidades que o capitalismo global oferece".[28]

O discurso resultante

O diálogo entre os textos de diferentes gêneros publicados ao longo do período analisado acaba por produzir um discurso monofônico, que euforiza o capitalismo, uma espécie de "espelho reverso" do livro *Nova história crítica*, assentado sobre uma pretensa "verdade histórica".

Interessante observar que o *corpus* é composto, em grande parte, por colunas de opinião, nas quais seria lógico admitir o predomínio de colunistas afinados com determinada linha de pensamento, o que, em última instância, construiria um "*ethos* interdiscursivo" do veículo de comunicação.

A oposição capitalismo *vs*. comunismo, nos textos estudados, definida como capitalismo *vs*. socialismo ou, ainda, direita *vs*. esquerda, é um dos grandes temas polêmicos do discurso político e está devidamente assinalada em certas colunas. Entretanto, em todas as colunas analisadas, a relação interdiscursiva é "contratual",[29] sem espaço para conflitos de ideias entre os colunistas. Soma-se a esse fato a identidade entre as colunas de opinião e os editoriais.

Do ponto de vista narrativo, pode-se dizer que os textos desenvolveram e ampliaram a narrativa de manipulação ideológica dos estudantes proposta pela primeira coluna de Kamel.

Do ponto de vista discursivo, dois recursos caracterizam as colunas de opinião analisadas: o desenvolvimento, ou a simples repetição com o uso de diferentes figuras, de temas de colunas anteriores e o suporte de citações de ícones do pensamento liberal, como Hayek e Von Mises.

Nas reportagens analisadas, percebe-se o mesmo *ethos*. Exemplo cabal é a matéria "Histórias confusas", na qual a opinião de um professor de História favorável ao livro é entremeada com o relato de situações de sala de aula e trechos de depoimentos de alunos que "desmentem" a fala do professor, criando um efeito irônico e revestindo de descrédito a personagem da reportagem. Destaca-se a fotografia que ilustra a matéria, na qual o professor é retratado com gestual impositivo, uma representação imagética da narrativa de manipulação ideológica.

A seção de cartas dos leitores é a única a abrigar relações interdiscursivas polêmicas. Ao lado de onze textos que se alinham à posição de Kamel, fazendo uso, inclusive, das mesmas figuras, foram publicadas três cartas que divergem do texto do jornalista. Merece destaque a carta de um leitor que se identifica como professor de História que coloca em cena o tema do questionamento da verdade absoluta nos relatos históricos. Entretanto, mesmo na coluna em que Sardenberg classifica as diversas cartas recebidas ("Contra os capitalistas"), o tema não é citado.

Com as ressalvas de que o *corpus* do presente trabalho é limitado a um único veículo de comunicação e a um curto espaço de tempo, pode-se dizer que o presente estudo confirma a opinião de Bulik[30] sobre os traços político-ideológicos do discurso da grande imprensa:

> Um olhar mais atento ao conteúdo desses textos [reportagens] descobre um problema, que se desdobra em sucessivas camadas, quais sejam: 1. uma aparente postura ingênua, que consiste em confundir o seu próprio julgamento com a realidade dos fatos, e com a qual se busca a adesão do leitor; 2. essa aparência *naïve* esconde de fato o caráter ideológico, que não é apenas daquele que escreve, mas do próprio editor e da própria empresa de comunicação; 3. apesar da propalada independência que esses periódicos alardeiam nenhuma reportagem publicada contradiz o posicionamento da empresa, ao invés disso simplesmente ironizam, julgam negativamente ou desqualificam os pareceres que não coincidem com os do repórter e nisso este último acaba emitindo seu próprio juízo, que é o que finalmente acaba prevalecendo; 4. os editoriais repercutem de forma articulada as ideias dos formadores de opinião do meio científico com as quais a publicação mais se sintoniza e cujo pensamento ela mesma ajuda a difundir através de artigos, colunas assinadas, seções de debates, entrevistas etc.

O livro *Nova história crítica*

Embora o objeto de estudo deste capítulo não seja o livro *Nova história crítica, 8ª série* e, sim, o discurso jornalístico sobre a obra, esta seção dedica-se a algumas observações sobre o livro didático.

Os trechos do livro citados por Ali Kamel na coluna de 18/09/2007 podem ser considerados representativos do "viés socialista" da obra. De fato, o socialismo é euforizado no texto de Schmidt, marcado, ainda, por um tratamento romântico dado às personagens históricas.

A adoção de um registro de linguagem informal (dentro dos limites de um livro escolar), talvez como recurso para aumentar o interesse dos jovens leitores, por vezes, pode ser interpretada por certo tipo de crítico como um problema metodológico.

O "caráter panfletário" atribuído pelos colunistas de *O Globo* ao livro talvez se manifeste em suas últimas páginas, que tratam do período mais recente da história do país, uma vez que a narrativa se encerra no Fórum Social Mundial 2002, realizado em Porto Alegre. Nesse ponto, a combinação entre o discurso euforizado do socialismo e a pouca distância cronológica dos fatos torna o texto mais parcial.

No entanto, a apresentação de *Nova história crítica, 8ª série* (sob o título "Modo de usar este livro"), assinada pelo próprio autor, destaca o diálogo com outras obras, o confronto de ideias entre correntes historiográficas e o caráter intrinsecamente ideológico do discurso científico:

> Lembre-se de que neste livro você não vai encontrar a verdade definitiva sobre a História. Primeiro, porque em lugar nenhum você encontra uma verdade definitiva. Segundo, porque o choque entre ideias diferentes, o debate, a crítica ao que os outros pensam e ao que nós mesmos pensamos, e a polêmica são fundamentais para a construção do conhecimento.[31]

> Na hora de escrever um livro didático, muitas vezes o autor fica numa encruzilhada: "esse historiador explica um acontecimento dessa maneira. Esse outro tenta mostrar que o acontecimento teve outros motivos. Qual dos dois parece mais verdadeiro?" Quando você ler um livro didático, pode ter certeza de que ele poderia ter sido escrito de outra maneira, tão válida como esta. Por isso, nunca se esqueça de que duvidar e questionar são atividades muito saudáveis.[32]

Certos críticos poderiam dizer que os trechos aqui citados da apresentação do livro são exemplos de um recurso puramente retórico de sedução do jovem leitor (assim como a publicação de cartas dos leitores com opiniões contrárias à linha editorial de um jornal para afirmar independência), em vez de um compromisso metodológico.

De todo modo, vale ressaltar que o autor de *Nova história crítica, 8ª série* deixa claro em seu texto de apresentação a visão da narrativa histórica como uma construção linguística intrinsecamente ideológica e a necessidade do exercício da crítica por parte do estudante. Portanto, o questionamento ao livro deveria partir de uma análise metodológica do conteúdo e da adequação de certos formatos de texto aos níveis fundamental e médio do ensino, mas não aos valores do autor.

Considerações finais

A análise do discurso jornalístico, aqui empreendida sob a perspectiva da semiótica discursiva de linha francesa, teve como objetivo colaborar para a compreensão da construção do discurso jornalístico sobre o viés ideológico no livro didático, bem como do uso de um discurso político-ideológico para fazer a crítica ao livro.

Constatou-se que, ao criticar o viés ideológico do livro *Nova história crítica, 8ª série*, o jornal *O Globo*, por meio de textos de diferentes gêneros, constrói, ao longo de dez dias, um discurso de caráter monofônico. À euforização do socialismo contrapõe-se a euforização do capitalismo, a partir de uma narrativa de manipulação ideológica dos estudantes, progressivamente qualificada e ampliada em sua dimensão social e política, por meio de diversos recursos dos níveis narrativos e discursivos dos textos. Mais grave ainda, do meu ponto de vista, colabora para a difusão da ideia de que o conhecimento da história passa pelo domínio de verdades absolutas, desconsiderando o aspecto semiótico da construção da narrativa histórica.

Ao analisar a narrativa jornalística ou histórica como construção verbal, seu caráter intrinsecamente ideológico apresenta-se como a premissa fundamental deste trabalho. Portanto, não se pretendeu julgar os sistemas de valores, as axiologias dos textos publicados no jornal ou no livro. Por outro lado, entende-se que uma contribuição efetiva ao debate sobre o livro didático no Brasil deveria passar pela discussão epistemológica e metodológica do relato histórico, inclusive em relação aos seus aspectos linguísticos e discursivos.

A discussão sobre sistemas econômicos e políticos patrocinada por veículos de comunicação de massa, cujas tendências ideológicas devem ser respeitadas, é saudável e, sobretudo, necessária ao amadurecimento democrático do país. Entretanto, a contribuição dos textos jornalísticos analisados para o debate sobre o livro didático no Brasil perde relevância – não pelo inexorável viés ideológico dos mesmos, mas pela falta de foco no objeto inicial da polêmica: o livro.

Notas

1 Ver, por exemplo, *O Globo*, 17, 23 e 28 maio 2011.
2 Ver, por exemplo, *O Globo*, 4 jun. de 2011.
3 José Luiz Fiorin, *Linguagem e ideologia*, São Paulo, Ática, 2004.
4 Hayden White, "O texto histórico como artefato literário", em *Trópicos do discurso*, São Paulo, Edusp, 2001, p. 98.

[5] Walter Mignolo, "Lógica das diferenças e política das semelhanças: da literatura que parece história ou antropologia e vice-versa", em Chiappini, L.; Aguiar, F. (org.), *Literatura e história na América Latina*, São Paulo, Edusp, 1993, p. 127.

[6] Linda Hutcheon, *Política do pós-modernismo: história, teoria, ficção*, Rio de Janeiro, Imago, 1991, p. 161.

[7] José Luiz Fiorin, op. cit.

[8] Mikhail Bakhtin (Volochínov), *Marxismo e filosofia da linguagem*, 12. ed., São Paulo, Hucitec, 2006.

[9] Mikhail Bakhtin, *Estética da criação verbal*, 4. ed., São Paulo, Martins Fontes, 2003, p. 275.

[10] Idem, p. 298.

[11] Diana Luz Pessoa de Barros, "Contribuições de Bakhtin às Teorias do Discurso", em Beth Brait (org.), *Bakhtin, dialogismo e construção do sentido*, Campinas, Editora da Unicamp, 2005, p. 34.

[12] Idem, ibidem.

[13] Francisco de Assis, "Fundamentos para a compreensão dos gêneros jornalísticos", em *Alceu: Revista de Comunicação, Cultura e Política*, v. 11, n. 21, jul./dez. 2010, p. 16.

[14] *O Globo*, 18/09/2007, p. 7. Citação de Schmidt (2002: 216), sobre as primeiras medidas do governo de Fidel Castro.

[15] *O Globo*, 18/09/2007, p. 7. Citação de Schmidt (2002: 303-4), sobre os motivos da derrocada da URSS.

[16] *O Globo*, 18/09/2007, p. 7.

[17] *O Globo*, 19/09/2007, p. 13.

[18] Idem, ibidem.

[19] *O Globo*, 19/09/2007, p. 6.

[20] Idem, ibidem.

[21] Idem, 20/09/2007, p. 7.

[22] Idem, p. 6.

[23] Idem, ibidem.

[24] *O Globo*, 21/09/2007, p. 15.

[25] Idem, ibidem.

[26] Idem, p. 6.

[27] *O Globo*, 27/09/2007, p. 7.

[28] Idem, ibidem.

[29] José Luiz Fiorin, op. cit.

[30] Linda Bulik, "Mídia, populismo e eleições presidenciais no Brasil e na França", em *Revista Comunicação Midiática*, n°6, ano 3, dez. 2006), p. 155.

[31] Mario Furley Schmidt, *Nova história crítica, 8ª série*, São Paulo, Nova Geração, 2002, p. 9.

[32] Idem, ibidem.

Bibliografia

Alencar, José de. *Ao imperador*: novas cartas políticas de Erasmo. Rio de Janeiro: Typ. de Pinheiro e Cia. 1867-1868. Disponível em: <http://www.brasiliana.usp.br/bbd/handle/1918/00175510#page/16/mode/1up>. Acesso em: 27 mar. 2011.

_______. *O Protesto*. Rio de Janeiro: Imprensa Industrial, n. 1, 5 jan. 1877; n. 2, 20 jan. 1877.

_______. O tronco do ipê. In: *Obra completa*. Rio de Janeiro: José Aguilar, 1958, v. III, pp. 619-812.

_______. *Obra completa*. Rio de Janeiro: José de Aguilar, 1959, v. I.

_______. Mãe. Drama em quatro atos. In: *Obra completa*. Rio de Janeiro: José Aguilar, 1960, v. IV, pp. 291-348.

_______. *Cartas a favor da escravidão* (org. Tâmis Parron). São Paulo: Hedra, 2008.

Anderson, Benedict. *Imagined Communities*. London: Verso, 1983. (Trad. it. *Comunità immaginate*. Roma: Manifestolibri, 1996.)

_______. *The Spectre of Comparisons*. London: Verso, 1998.

Appadurai, Arjun. *Modernity at Large*. Cultural Dimensions of Globalization. Minneapolis-London: University of Minnesota Press, 1996. (Trad. it. *Modernità in polvere*. Roma: Meltemi, 2001.)

Aristóteles. *Poética*. Trad., prefácio, introdução, comentário e apêndices de Eudoro de Sousa. 2. ed. Lisboa: Imprensa Nacional – Casa da Moeda, 1990.

_______. *Rhétorique*. Paris: Librarie Générale Française, 1991.

Assis, Francisco de. Fundamentos para a compreensão dos gêneros jornalísticos. *Alceu: Revista de Comunicação, Cultura e Política*. Rio de Janeiro: PUC, Dep. de Comunicação Social, v. 11, n. 21 (jul./dez. 2010), pp. 16-29.

Aumont, Jacques et al. *A estética do filme*. Trad. Marina Appenzeller. Campinas: Papirus, 1995.

_______; Marie, Michel. *L'Analyse des films*. Paris: Nathan, 1988.

Bakhtin, Mikhail. *Questões de literatura e de estética*: a teoria do romance. São Paulo: Hucitec, 1988.

_______. *Estética da criação verbal*. São Paulo: Martins Fontes, 1997.

_______. *Estética da criação verbal*. 4. ed. São Paulo: Martins fontes, 2003.

_______ (Volochínov). *Marxismo e filosofia da linguagem*. 12. ed. São Paulo: Hucitec, 2006.

Barros, Diana Luz Pessoa de. Discurso e história: colonização e heróis nacionais. *Cruzeiro Semiótico*. Porto: Associação Portuguesa de Semiótica, v. 1, n. 16, 1992, pp. 11-24.

_______. Contribuições de Bakhtin às Teorias do Discurso. In: Brait, Beth (org.). *Bakhtin, dialogismo e construção do sentido*. São Paulo: Editora da Unicamp, 2005.

_______. *Teoria do discurso*: fundamentos semióticos. 2. ed. São Paulo: Humanitas, 2001.

Barros, José D'Assunção. O conceito de alienação no jovem Marx. *Tempo Social: Revista de Sociologia da USP*. São Paulo: FFLCH/USP, v. 23, n. 1, jun. 2011, pp. 223-45.

Barthes, Roland. L'effet de réel. *Œuvres complètes*, tome II 1966-1973 (E. Marty dir.). Paris: Le Seuil, 1994.

_______. *La Chambre claire:* note sur la photographie. Paris: Seuil, 2004 (1980). (Cahiers du cinéma-Gallimard)

_______. *A câmara clara*: nota sobre a fotografia. Trad. Júlio Castañon Guimarães. Rio de Janeiro: Nova Fronteira, 1984.

Beck, Ulrich. *Was ist Globalisierung?* Irrtumer des Globalismus-Antworten auf Globalisierung. Frankfurt am Main: Suhrkamp Verlag, 1997. (Trad. it. *Che cos'è la globalizzazione?* Roma: Carocci, 1999.)

BENJAMIN, Walter. *Angelus Novus*. Ausgewahlte Schriften 2. Frankfurt am Main: Suhrkamp, 1966. (Trad. it. *Angelus Novus*. Torino: Einaudi, 1995.)

BENSA, Alban. *Nouvelle-Calédonie:* vers l'émancipation. Paris: Gallimard, 1998.

BENVENISTE, Émile. *Problèmes de linguistique générale I*. Paris: Gallimard, 1966.

_______. *Le Vocabulaire des institutions indoeuropeennes*. 1: Economie, parenté, societé. Paris: Les Editions de Minuit, 1969. (Trad. it. *Il vocabolario delle istituzioni indoeuropee*. 1. Economia, parentela, società. Torino: Einaudi, 1988.)

_______. *Problèmes de linguistique générale II*. Paris: Gallimard, 1974.

BERNABÉ, Jean; CHAMOISEAU, Patrick; CONFIANT, Raphaël. *Éloge de la créolité*. Paris: Gallimard, 1989. (Trad. it. *Elogio della creolità*. Como/Pavia: Ibis, 1999.)

BERTRAND, Denis. *Caminhos de semiótica literária*. Trad. Grupo Casa. Bauru: Edusc, 2003.

_______. Déixis et opérations énonciatives. In: MONTICELLI, Daniele; PAJUSALU, Renate; TREIKELDER, Anu (eds.). *De l'énoncé à l'énonciation et vice-versa*: regards multidisciplinaires sur la déixis. Studia Romanica Tartuensia. Tartu: Iva Tartu University Press, 2005, pp. 171-85.

BEYAERT-GESLIN, Anne. *L'Image préoccupée*. Paris: Hermès-Lavoisier, 2009.

_______. La figure, le fond, le gouffre. *Actes du colloque "Le Groupe μ, Quarante ans de recherche collective". Nouveaux actes sémiotiques*. Disponível em: <http://revues.unilim.fr/nas/document.php?id=3265>. Acesso em: mar. 2010.

_______. Stratégies cartographiques. In: MARCOS, Isabel (dir.). *A semiótica como estratégia de comunicação. As profissões da semiótica*. Lisboa: no prelo.

_______. La Théâtralisation de l'objet de design est étudiée. *Sémiotique du design, eloge de la créativité*. Paris: PUF, 2012.

_______.Temps narratif, temps dialectique. Une étude d'un panneau de Max Beckmann. *Protée*, v. 37, 2011.

BOBBIO, Norberto. *Direita e esquerda*: razões e significados de uma distinção política. Trad. Marco Aurélio Nogueira. São Paulo: Editora Unesp, 2001.

BORDRON, Jean-François. Perception et énonciation dans l'expérience gustative. L'exemple de la dégustation d'un vin. In: HENAULT, Anne. *Questions de sémiotique*. Paris: PUF, 2002.

BOURDIEU, Pierre. *Esquisse d'une théorie de la pratique*. Genève, Paris: Librairie DRZ, 1972.

BRANDT, Per Aage. Quelque chose, nouvelles remarques sur la véridiction. In: BRANDT, Per Aage; FLORES, Roberto. *Niveaux et stratégies de la véridiction, nouveaux actes sémiotiques*, n. 39-40, 1995.

BRAUDEL, Fernand. *Civilisation matérielle, économie et capitalisme, 15.-18. Siècle*. Paris: A. Colin, 1979. (Trad. it. *Civiltà materiale, economia e capitalismo*. Torino: Einaudi, 1993.)

BRECHT, Bertold. De l'imitation. Trad. J. Tailleur. *Poèmes IV*. Trad. M. Regnaut et al. Paris: L'Arche, 1966 (1934-1941).

_______. L'Effet de distanciation dans les tableaux narratifs de Breughel l'ancien. *Considérations sur les arts plastiques*. Trad. A. Gisselbrecht. Paris: L'Arche, 1970 (1935-1939).

_______. *Petit organon pour le théâtre*. Trad J. Tailleur. Paris: L'Arche, 1970 (1948).

_______. Montrez que vous montrez. Trad. J. Tailleur. *Poèmes IV*. Trad. M. Regnaut et al. Paris: L'Arche, 1966 (1934-1941).

BULIK, Linda. Mídia, populismo e eleições presidenciais no Brasil e na França. *Revista Comunicação Midiática*. Bauru: Unesp, ano 3, n. 6, dez. 2006, pp. 149-68.

CANDIDO, Antonio. *Formação da literatura brasileira:* momentos decisivos. 3. ed. São Paulo: Livraria Martins, 1969, v. 2. (1836-1880).

CHAMOISEAU, Patrick. Universalità e diversalità. *Lo Straniero*, rivista mensile, anno IX, n. 61, lug. 2005, Contrasto, pp. 72-7.

CHARNEY, Leo; SCHWARTZ, Vanessa R. (org.). *O cinema e a invenção da vida moderna*. Trad. Regina Thompson. São Paulo: Cosac Naify, 2001.

CHAUI, Marilena. *O que é ideologia*. São Paulo: Brasiliense, 1997.

CLIFFORD, James. *The Predicament of Culture*.Twentieth-Century Ethnography, Literature and Art. Cambridge (Mass.), London: Harvard University Press, 1988. (Trad. it. *I frutti puri impazziscono*. Torino: Bollati Boringhieri, 1999.)

_______. *Routes*: Travel and Translation in the Late Twentieth Century. Cambridge (Mass.), London: Harvard University Press, 1997. (Trad. it. *Strade. Viaggio e traduzione alla fine del secolo XX*. Torino: Bollati Boringhieri, 1999.)

_______. Indigenous Articulations. *The Contemporary Pacific*, 13 (2) fall, 2001, pp. 468-90.

_______. Prendere sul serio le politiche dell'identità. *Aut Aut*, n. 312, nov./dic., 2002, pp. 97-114.

_______. *On the Edges of Anthropology*. Chicago: Prickly Paradigm Press, 2003. (Trad. it. *Ai margini dell'antropologia*. Interviste. Roma: Meltemi, 2004.)

Colas-Blaise, Marion. L'Énonciation à la croisée des approches. Comment faire dialoguer la linguistique et la sémiotique. *Signata n°1, Cartographie de la sémiotique actuelle*. Liège: Presses Universitaires de Liège, 2011, pp. 39-89.

Costa, Flávia Cesarino. *O primeiro cinema*: espetáculo, narração, domesticação. São Paulo: Scritta, 1995. (Coleção Clássica)

De Certeau, Michel. Le Croyable. Préliminaires à une anthropologie des croyances. In: H. Parret, Herman; Ruprecht, Hans-George (dirs.). *Exigences et perspectives de la sémiotique:* recueil d'hommages pour A. J. Greimas, t. II Les domaines d'application. Amsterdam: John Benjamins Publishing Company, 1985, pp. 689-707.

Deleuze, Gilles, *Francis Bacon, logique de la sensation*. Paris: Le Seuil, 2002.

Diamond, Jared. *Guns, Germs and Steel:* the Fates of Human Societies. London-New York: W. W. Norton & Co., 1997.

_______. *Collapse:* How Societies Choose to Fail or Succeed. New York: Penguin Books, 2005.

Discini, Norma. *O estilo nos textos*. São Paulo: Contexto, 2003.

Dupuy, Jean-Pierre. *Self-deception and Paradoxes of Rationality*. Stanford: CSLI Publications, 1998.

Eco, Umberto. *Dire quasi la stessa cosa:* esperienze di traduzione. Milano: Bompiani, 2003.

_______. *Kant et l'ornithorynque*. Paris: Grasset, 1999 (1997).

Fabbri, Paolo. *Elogio di Babele*. Roma: Meltemi, 2000.

Fausto, Boris. *História do Brasil*. 12. ed. 1. reimp. São Paulo: Edusp, 2006.

Ferrara, Alessandro. *The Force of the Example*. New York: Columbia University Press, 2008.

Field, Syd. *Manual do roteiro:* os fundamentos do texto cinematográfico. Trad. Álvaro Ramos. Rio de Janeiro: Objetiva, 1995.

Fiorin, José Luiz. *O regime de 1964*: discurso e ideologia. São Paulo: Atual, 1988.

_______. *As astúcias da enunciação*. São Paulo: Ática, 1996.

_______. *Linguagem e ideologia*. São Paulo: Ática, 2004.

Fontanille, Jacques. Le Trope visuel entre présence et absence. *Protée*, v. 24, n. 1 Rhétoriques du visible, printemps 1996, pp. 47-54.

_______. *Sémiotique du discours*. Paris: Pulim, 1998.

_______. *Soma & séma, figures du corps*. Paris: Maisonneuve et Larose, 2004.

_______. Sémiotique et éthique. *Nouveaux actes sémiotiques* [en ligne]. Prépublications, 2006-2007: le sens éthique et les figures de l'ethos. Disponível em: <http://revues.unilim.fr/nas/document.php?id=1795>. Acesso em: 7 jul. 2011.

_______. Jacques; Zilberberg, Claude. *Tensão e significação*. Trad. Ivã Carlos Lopes, Luiz Tatit e Waldir Beividas. São Paulo: Discurso/Humanitas, 2001.

Friedman, Thomas L. *The World is Flat. A Brief History of the Twenty-First Century*. London: Allen Lane, 2005.

Fulaneti, Oriana de Nadai. *Utopias em rotação*: análise do discurso da esquerda armada brasileira. São Paulo, 2010. Tese (Doutorado em Semiótica e Linguística Geral) – FFLCH/USP.

Gaspari, Elio. *A ditadura envergonhada*. São Paulo: Companhia das Letras, 2000.

_______. *A ditadura escancarada*. São Paulo: Companhia das Letras, 2002.

Geninasca, Jacques. *La Parole littéraire*. Paris: Presses Universitaires de France, 1997. (Trad. it. *La parola letteraria*. Milano: Bompiani, 2000.)

Ghandi, M. K. *Teoria e pratica della non-violenza* (a cura di G. Pontara). Torino: Einaudi, 1996.

Girardet, Raoul. *Mitos e mitologias políticas*. São Paulo: Companhia das Letras, 1987.

Glissant, Edouard. *Introduction à une poétique du divers*. Paris: Gallimard, 1996. (Trad. it. *Poetica del diverso*. Roma: Meltemi, 1998.)

Goodman, Nelson. *Ways of Worldmaking*. Hassocks: Harvester Press, 1978. (Trad. it. *Vedere e costruire il mondo*. Roma-Bari: Laterza, 2008.)

Gorender, Jacob. *Combate nas trevas*. 5. ed. São Paulo: Ática, 1998.

Greimas, Algirdas Julien. *Du sens*. Paris: Seuil, 1970. (Trad. it. *Del senso*. Milano: Bompiani, 1996.)

_______. *Sobre o sentido*: ensaios semióticos. Petrópolis: Vozes, 1975.

_______. *Semiótica e ciências sociais*. São Paulo: Cultrix, 1976.

_______. *Du sens II*: essas sémiotiques. Paris: Éditions du Seuil, 1983. (Trad. it. *Del senso 2*. Milano: Bompiani, 1994.)

_______. Un Problème de sémiotique narrative: les objets de valeur. In: Greimas, Algirdas Julien. *Du sens II*: essays sémiotiques. Paris: Éditions du Seuil, 1983, pp. 19-48.

_______. Les Actants, les acteurs e les figures. In: Greimas, Algirdas Julien. *Du sens II*: essays sémiotiques. Paris: Seuil, 1983, pp. 49-66.

Greimas, Algirdas Julien; Courtés, Jacques. *Sémiotique. Dictionnaire raisonné de la théorie du langage*. Paris: Hachette, 1986, t. 2.

_______. *Dictionnaire raisonné de la théorie du langage*. Paris: Hachette, 1989

_______. *Dicionário de semiótica*. São Paulo: Cultrix, s.d.

_______. *Dicionário de semiótica*. Trad. de Alceu Dias Lima et al. São Paulo: Contexto, 2008.

_______; Fontanille, Jacques. *Sémiotique des passions:* des états de choses aux états d'âme. Paris: Seuil, 1991.

_______. *Semiótica das paixões:* dos estados de coisas aos estados de alma. São Paulo: Ática, 1993.

Hall, Edward T. *La Dimension cachée*. Paris: Seuil, 1978.

Hall, Stuart. *Politiche del quotidiano:* culture, identità e senso comune. Milano: Il Saggiatore, 2006.

Hjelmslev, Louis. *Prolegomena to a Theory of Language*. University of Winsconsin, 1961. (Trad. it. *I fondamenti della teoria del linguaggio*. Torino: Einaudi, 1968.)

_______. *Prolegômenos a uma teoria da linguagem*. 2. ed. São Paulo: Perspectiva, 2003.

Hobsbawm, Eric. *A era dos extremos*. Trad. Marcos Santarrita. São Paulo: Companhia das Letras, 2004.

Houaiss, Antônio; Villar, Mauro de Salles. *Dicionário Houaiss da língua portuguesa*. Rio de Janeiro: Objetiva, 2001.

Houaiss Eletrônico. *Dicionário Houaiss da língua portuguesa*. Rio de Janeiro: Objetiva, 2009. CD-Rom, versão monousuário, 3.0.

Hutcheon, Linda. *Política do pós-modernismo*: história, teoria, ficção. Rio de Janeiro: Imago, 1991.

Ianni, Octávio. *Pensamento social no Brasil*. Bauru: Edusc, 2004.

Landowski, Eric. *Passions sans nom. Essais de socio-sémiotique III*. Paris: PUF, 2004.

Le Goff, Jacques. *São Luís*. Biografia. Rio de Janeiro: Record, 1999.

Lebel, Jean-Patrick. *Cinema e ideologia*. Trad. Jorge Nascimento. São Paulo: Mandacaru, 1996.

Leite, Maria de Paula. *O que é greve*. São Paulo: Brasiliense, 1988.

Lotman, Jurir M. *La semiosfera*. Venezia: Marsilio, 1985.

_______. *Kul'tura I vzryv*. Moskva: Gnosis, 1993. (Trad. it. *La cultura e l'esplosione*. Prevedibilità e imprevedibilità. Milano: Feltrinelli, 1993.)

_______. *Tesi per una semiotica delle culture* (a cura di F. Sedda). Roma: Meltemi, 2006.

_______; Uspenskij, Boris A. *Tipologia della cultura*. Milano: Bompiani, 1973.

Merleau-Ponty, Maurice. *Phénoménologie de la perception*. Paris: Gallimard, 1993 (1945).

_______. *Le visible et l'invisible*. Paris: Gallimard, 1964. (Trad. it. *Il visibile e l'invisibile*. Milano: Bompiani, 1999.)

_______. *Fenomenologia da percepção*. São Paulo: Martins Fontes, 1999.

Mignolo, Walter. Lógica das diferenças e política das semelhanças: da literatura que parece história ou antropologia e vice-versa. In: Chiappini, Ligia; Aguiar, Flávio (org.). *Literatura e história na América Latina*. São Paulo: Edusp, 1993.

Morin, Edgar. *Terre-patrie*. Paris: Seuil, 1993. (Trad. it. *Terra-Patria*. Milano: Raffaello Cortina, 1994.)

Moura, Carlos Alberto Ribeiro de. *Racionalidade e crise:* estudos de História da Filosofia Moderna e Contemporânea. São Paulo: Discurso/Editora da UFPR, 2001.

_______. *O nascimento do conceito husserliano de "fenômeno"*. 2011 (versão xerocopiada).

Nancy, Jean-Luc. *La communauté désoeuvrée*. Paris: Christian Bourgois Editeur, 1990. (Trad. it. *La comunità inoperosa*. Napoli: Cronopio, 1995.)

_______. *Être singulier pluriel*. Paris: Galilée, 1996. (Trad. it. *Essere singolare plurale*. Torino: Einaudi, 2001.)

Negri, Toni; Hardt, Michael. *Impero:* il nuovo ordine della globalizzazione. Milano: Rizzoli, 2002.

Oliveira, Antonio Xavier de. Os três heróis da campanha antinipônica no Brasil. *Revista de Imigração e Colonização*. Rio de Janeiro, ano VI, n. 2-3, 1945.

Pievani, Telmo. *Homo sapiens e altre catastrofi*. Per un'archeologia della globalizzazione. Roma: Meltemi, 2002.

Reis Filho, Daniel Aarão. *A revolução faltou ao encontro*. São Paulo: Brasiliense, 1990.

_______; Sá, Jair Ferreira (orgs.). *Imagens da revolução*: documentos políticos das organizações clandestinas de esquerda dos anos 1961-1971. 2. ed. São Paulo: Expressão Popular, 2006.

Ridenti, Marcelo. *O fantasma da revolução brasileira*. São Paulo: Editora Unesp, 1993.

Robertson, Roland. *Globalization:* Social Theory and Global Culture. New York: Sage Publications, 1992. (Trad. it. *Globalizzazione*. Teoria sociale e cultura globale. Trieste: Asterios, 1999.)

______; White, Kathleen E. La glocalizzazione rivisitata ed elaborata. In: Sedda, Francescu (a cura di). *Glocal:* sul presente a venire. Roma: Sossella, 2004, pp. 13-41.

Rosenau, James. *Distant Proximities:* Dynamics beyond Globalization. Princeton: Princeton University Press, 2003.

Rotterdam, Erasmo. *Educación del príncipe Cristiano.* 2. ed. Madrid: Editorial Tecnos (Grupo Anaya, S.A.), 2007.

Sahlins, Marshall. Addio tristi tropi: l'etnografia nel contesto storico del mondo moderno. In: Borofsky, Robert (ed.). *Assessing Cultural Anthropology*, New York: McGraw-Hill, 1993. (Trad. it. *L'antropologia culturale oggi*. Roma: Meltemi, 2000, pp. 457-75.)

_______. "Sentimental Pessimism" and Ethnographic Experience. Or, Why Culture is not a Disappearing "Object". In: Daston, Lorraine (ed.). *Biographies of Scientific Objects*. Chicago and London: University of Chicago Press, 2000, pp. 158-202.

Sartre, Jean-Paul, *L'Être et le néant*. Paris: Gallimard, 1993.

______. *L'Existentialisme est un humanisme*. Paris: Livre de Poche, 1996.

Saussure, Ferdinand. *Curso de linguística geral.* São Paulo: Cultrix, 1970.

Schmidt, Joël. *Dicionário de mitologia grega e romana*. Lisboa: Edições 70, 1985.

Schmidt, Mario Furley. *Nova história crítica, 8ª série*. São Paulo: Nova Geração, 2002.

Schwarcz, Lilia Moritz. *As barbas do imperador:* D. Pedro II, um monarca nos trópicos. 2. ed., 9. reimp. São Paulo: Companhia das Letras, 2007.

Sedda, Francescu. *Tradurre la tradizione*. Sardegna: su ballu, I corpi, la cultura. Roma: Meltemi, 2003.

_______ (a cura di). *Glocal:* sul presente a venire. Roma: Sossella, 2004.

_______. Riflessioni sul glocal a partire dallo studio semiotico della cultura. In: Sedda, Francescu (a cura di). *Glocal:* sul presente a venire. Roma: Sossella, 2004, pp. 231-51.

_______. *Imperfette traduzioni*. Introduzione a Lotman. Tesi per una semiotica delle culture. Roma: Meltemi, 2006, pp. 7-68.

Silva, Antonio Ozai da. *História das tendências no Brasil*: origens, cisões e propostas. São Paulo: Proposta, 1987.

Silva, Odair José Moreira da. Das origens do cinema às teorias da linguagem cinematográfica: um breve panorama sobre os modos de abordagem do texto fílmico. *Visualidades – Revista do Programa de Mestrado em Cultura Visual*. Goiânia: UFG/FAV, v. 7, n. 2, jul./dez., 2009, pp. 206-35.

Sloterdijk, Peter. *Die letzte Kugel, in Im Weltinnenraum des Kapitals*. Frankfurt am Main: Suhrkamp Verlag, 2005. (Trad. it. *L'ultima sfera*. Breve storia filosofica della globalizzazione. Roma: Carocci, 2005.)

Spinoza, Baruch. *L'éthique*. Paris: Flammarion, 1993.

Takeuchi, Márcia. A comunidade nipônica e a legitimação de estigmas: o japonês caricaturizado. *Revista USP*, n. 79, 2008. pp. 173-82.

Tomlinson, John. *Globalization and Culture*. Chichester: Polity Press, 1999. (Trad. it. *Sentirsi a casa nel mondo*. La cultura come bene globale. Milano. Feltrinelli, 2001.)

Valéry, Paul. *Regards sur le monde actuel et autres essais*. Paris: Gallimard, 1945. (Trad. it. *Sguardi sul mondo attuale*. Milano: Adelphi, 1994.)

Voloshinov. Discourse in Life and Discourse in Art. *Freudianism*. New York: Academic Press, Inc., 1976 (Appendix I, pp. 93-116).

Weber, Max, *L'Éthique protestante et l'esprit du capitalisme*. Trad. J.-P. Grossein. Paris: Gallimard, 2003.

White, Hayden. O texto histórico como artefato literário. In: White, Hayden. *Trópicos do discurso*. São Paulo: Edusp, 2001.

Wollen, Peter. Cinema e política. Trad. Mauro Baptista. In: Xavier, Ismail (org.). *O cinema no século*. Rio de Janeiro: Imago, 1996, pp. 71-85.

Zilberberg, Claude. *Élements de grammaire tensive*. Limoges: Pulim, 2006.

Os autores

Oriana N. Fulaneti – professora de Linguística na Universidade Federal da Paraíba. Tem doutorado em Semiótica e Linguística Geral pela Universidade de São Paulo, com estágio doutoral na Université Paris VIII e pós-doutorado em Semiótica pelo Departamento de Ciências da Linguagem da Universidade Federal Fluminense. Possui publicações em temáticas de Semiótica, discurso político e discurso social.

Alexandre Marcelo Bueno – professor visitante da Universidade Nacional de Timor-Leste (durante o ano letivo de 2012). Mestre e doutor em Semiótica e Linguística Geral pela Universidade de São Paulo com estágio doutoral na Université Paris VIII. Tem pesquisas e publicações nas seguintes temáticas: imigração, intolerância linguística e sociossemiótica.

Anne Beyaert-Geslin – professora na Université de Limoges, onde leciona Semiótica Visual e Semiótica da Mídia. Editora responsável da revista *Nouveaux Actes Sémiotiques*. Publicou, entre outros, *L'Image préoccupée* (2009), obra sobre a fotografia de reportagem.

Franciscu Sedda – estudioso de Semiótica das Culturas, é professor de Semiótica na Universidade de Roma "Tor Vergata". Foi vice-presidente da AISS (Associação Italiana de Estudos Semióticos), no período de 2007 a 2009. Nos últimos anos foi várias vezes professor visitante na Pontifícia Universidade Católica de São Paulo, onde ministrou vários cursos (entre eles: Semiótica Geral e Semiótica das Culturas e Semiótica do Espaço Urbano) e proferiu conferências em algumas universidades públicas e privadas de Rio de Janeiro, São Paulo, Araraquara e Bauru. Alguns de seus ensaios sobre a semiótica da cultura foram traduzidos e publicados no Brasil.

Jacques Fontanille – professor de Linguística e Semiótica na Universidade de Limoges (França), titular da cátedra de Semiótica no Instituto Universitário da França, fundador do Centro de Pesquisas Semióticas (CeReS) e diretor do Seminário Intersemiótico de Paris. É autor, entre outros, de *Significação e visualidade* (2005) e *Semiótica do discurso* (2008).

Luís Alexandre Pessôa – Doutor em Letras na área de estudos linguísticos pela Universidade Presbiteriana Mackenzie (2010), tendo realizado estágio doutoral no Institut d'Études Politiques de Paris (Sciences-Po, 2009/2010). Professor do Instituto de Administração e Gerência da Pontifícia Universidade Católica do Rio de Janeiro (IAG/PUC-Rio), onde leciona desde 1996. Pesquisador das áreas de consumo, comunicação e marketing, com interesse na aplicação do aparelho teórico-metodológico da Semiótica na abordagem dos fenômenos relacionados a esses campos.

Norma Discini – professora do Departamento de Linguística da Faculdade de Filosofia, Letras e Ciências Humanas da Universidade de São Paulo. Como pesquisadora voltada para questões do texto e do discurso, concentra suas inquietações nas possibilidades de aprofundar o conceito de estilo e de desenvolver mecanismos de operacionalização desse mesmo conceito no quadro de uma Estilística Discursiva. Conforme tais interesses, publicou, pela Editora Contexto, *A comunicação nos textos* e *O estilo nos textos*, bem como capítulos das obras *Bakhtin: outros conceitos-chave* e *Ethos discursivo*.

Odair Moreira da Silva – bacharel e licenciado em Linguística pela Universidade de São Paulo, é também, pela mesma instituição, mestre e doutor em Semiótica e Linguística Geral. Com pesquisas e trabalhos que tratam das possíveis relações entre as teorias do discurso e as do cinema, atualmente desenvolve, junto ao programa de pós-graduação em Semiótica e Linguística Geral, do Departamento de Linguística da USP, o projeto de pós-doutorado "Prazeres visuais: a significação do corpo nos filmes eróticos *hardcore*" (2012), com apoio da Fapesp.

GRÁFICA PAYM
Tel. (11) 4392-3344
paym@terra.com.br